Roswitha Burgard, Birgit Rommelspacher (Hg.)

LEIDEUNLUST

Der Mythos vom weiblichen Masochismus

Orlanda Frauenverlag

CIP-Titelaufnahme der Deutschen Bibliothek

Leideunlust : der Mythos vom weiblichen Masochismus /
Roswitha Burgard ; Birgit Rommelspacher (Hg.) – Berlin :
Orlanda-Frauenverl., 1989
  ISBN 3-922166-55-5
NE: Burgard, Roswitha [Hrsg.]

1. Auflage 1989
© Orlanda Frauenverlag GmbH
   Pohlstraße 64
   D-1000 Berlin 30

Alle Rechte vorbehalten
ISBN 3-922166-55-5

Lektorat: Andrea Krug
Umschlag: An Dekker, Amsterdam
Fotosatz: Limone, Berlin
Druck: Fuldaer Verlagsanstalt

Inhaltsverzeichnis

Einleitung

Frauen verstricken sich in gewalttätige Beziehungen, sie opfern sich in ihrem Beruf für andere auf, sie sind eilfertig bereit, ihre Interessen für den Dienst an Mann und Kindern aufzugeben ...

Kann dieses Verhalten mit dem Konzept eines weiblichen Masochismus erklärt werden? Einer Lust am Leiden, an Unterwerfung und Demütigung? Oder spiegelt sich in diesem Verhalten die Beschränkung von Frauen auf Beziehungen wider, die Verweigerung von Ressourcen und Lebensmöglichkeiten sowie das Verbot, aggressive und sexuelle Triebhaftigkeit aktiv und positiv zu leben?

Ist der weibliche Masochismus ein Mythos? Ist dieses Etikett ein weiteres Instrument im Arsenal männlicher Diagnosekunst, um »Weiblichkeit« zu definieren? Oder verbirgt sich dahinter auch eine Realität weiblicher Anpassung an Herrschaftsverhältnisse, an Beziehungsmuster und Rollenerwartungen, die den Frauen auch für sie wünschenswerte Positionen sichern?

Die Autorinnen in diesem Band beleuchten diese Fragestellungen von unterschiedlichen Standorten und Erfahrungsebenen aus: von der theoretischen Analyse, von den Erfahrungen und Analysen ihrer therapeutischen Praxis über die Aufarbeitung der eigenen Lebensgeschichte bis hin zur literarischen Darstellung weiblicher Leidenserfahrung.

Zunächst geht Birgit Rommelspacher der Frage nach, was den Masochismus so »typisch weiblich« macht. Warum im Rollenspiel der Geschlechter Frauen die Rolle der Masochistin zugewiesen wird, eine Rolle, in die das Verbot von Lust, Aggression und Autonomie eingewoben ist, wohingegen der Mann nach seinen Rollenvorschriften Triebhaftigkeit und Macht zu repräsentieren hat. Mit einer solchen Dramaturgie wird Herrschaft sexualisiert, d.h. Macht und Sexualität, Unterwerfung und Weiblichkeit werden untrennbar miteinander verknüpft.

Dies gelingt in erster Linie durch die Zuschreibung von Masochismus als weibliches Geschlechtsmerkmal, wofür vor allem auch PsychotherapeutInnen verantwortlich zu machen sind. Sie sind sehr häufig nicht bereit, das Macht/Ohnmacht-Verhältnis zwischen den Geschlechtern in Frage zu stellen. Wie Roswitha Burgard zeigt, bieten sie ihren Klientinnen »Entlastung« durch diese klinische Diagnose an, die Frauen dann bereitwillig für sich in Anspruch nehmen. Damit werden sie aber auch auf dieses Reaktionsmuster festgelegt. Die Brutalität der Männer bleibt dabei unkommentiert. Die Diagnose »masochistische Persönlichkeitsstruktur« macht aus weiblichen Opfern die eigentlichen Täter. Darüber hinaus erfährt weiblicher Masochismus in Form von Sadomasochismus im Zuge der »neuen Weiblichkeit« gerade wieder ein Comeback.

Ulrike Pohl zeichnet anhand ihrer eigenen Geschichte eine weibliche Sozialisation nach, in der die Angst vor dem diktatorischen Vater einerseits und die Verpflichtung auf die Verantwortlichkeit für andere durch eine christliche Erziehung im Nonnenkloster andererseits Selbstaufopferung, Selbstentwertung und Märtyrertum ineinanderfließen lassen und so den Weg vorzeichnen, jede Qual und Demütigung hinzunehmen, um der Idealvorstellung von der »guten Frau« zu entsprechen. Sie beschreibt aber auch die Möglichkeit, sich aus der weiblichen Opferrolle zu befreien, die eigenen Aggressionen zu akzeptieren und sie gegen einstige Autoritäten zu richten.

Dies gelingt offensichtlich sehr wenigen Frauen. Die meisten werden durch solche und ähnliche Sozialisationserfahrungen zur Selbstlosigkeit genötigt, einer Selbstlosigkeit, die ihnen ein Quentchen Zuwendung und Anerkennung verspricht und in dem Phänomen mündet, das Robin Norwood als »Sucht, zu sehr zu lieben« beschrieben hat. Allerdings, so Birgit Rommelspacher, lastet Norwood das aktuell herrschende Beziehungselend ausschließlich den Frauen an. Hier wird der Masochismus erneut als typisch weibliche Beziehungsform festgeschrieben, als die Sucht, zu lieben und zu leiden, und Liebe nur als Leid erfahren zu können, statt diese Beziehungsformen auch als Resultat eines pathologischen Geschlechterarrangements zu sehen, in dem Aktivität und Passivität, Hingabe und Selbstsein, Abhängigkeit und Unabhängigkeit, Triebhaftigkeit und Fürsorge auseinandergerissen und den Geschlechtern zugeordnet werden. Ebensowenig sieht sie, wie diese Spaltung durch das gesellschaftliche Privilegiensystem abgestützt wird, das Frauen von vielen Lebensmöglichkeiten abschneidet und Männer von Verantwortung für die Beziehung freispricht.

Und wie fühlt sich das Ausgesperrtsein von Lebensmöglichkeiten an? Jutta Heinrich: »Sie wird sich langsam wieder so fremd, wie sie sich sonst immer zu sein hat, dann sieht sie sich in Teilbildern und Punkten auf einem Film, den man von ihr gedreht hat. Es ist eine Aussöhnung mit ihrer Ausweglosigkeit, das Einrasten der Sperre, die vor ihrem Ich montiert ist, mehr nicht ... Das unentwegte Nichtvereinenkönnen von Erkennen, Bewußtsein und Realität, das ist nicht normal; ja – sie ist angesteckt von der Ahnung eines eigentlichen Lebens und ihrer Wirklichkeit ...« Sie hat eine Erziehung erhalten, »die einerseits die natürlichen Aktivitäten anregt und sogar fördert, die allerdings später zurückgedrängt werden müssen, um dem gesetzten Ziel der weiblichen Sozialisation zu entsprechen: dem passiven Aktivcharakter und dem aktiven Passivcharakter.«

Wie aber, wenn Frauen ihre Kindheitserfahrungen in ihrem Leiden und in ihren Sehnsüchten weiterleben, sie ausagieren in Form eines sexuellen Masochismus, wo ein »Schwarzer Prinz« gebraucht wird, einer der bestraft, verbietet und entwürdigt, damit sie überhaupt sexuelle Lust erleben können? Wie läßt sich dieses sexuelle Unterwerfungsbedürfnis mit einem bewußten Emanzipationsbedürfnis vereinbaren? Maria Marcus schildert ihre Erfahrungen und ihre Entwicklung als Masochistin und das schwierige Unterfangen, Verantwortung zu übernehmen für die Art, wie sie lebt.

Diese Interpretation von Masochismus als Reinszenierung kindlicher Abhängigkeits- und Schmerzerfahrung bestätigt im Grunde Freuds These vom Masochismus als dem Bedürfnis, wie ein kleines, hilfloses, besonders aber wie ein »schlimmes« Kind behandelt werden zu wollen. Wie weit jedoch Freuds nächster Interpretationsschritt gerechtfertigt ist, nämlich daß MasochistInnen in diesen Phantasien versuchen, sich in Situationen zu versetzen, die für das Weibliche charakteristisch seien – kastriert werden, koitiert werden oder gebären –, untersucht Ulrike Popp in ihrem Beitrag. Sie zeichnet sehr genau den Weg vom »männlichen« zum »weiblichen« Masochismus nach, d.h. der Geschlechtsumwandlung eines psychologischen Deutungskonzepts. Denn damit wurde der Grundstein gelegt für eine Charakterisierung des Weiblichen als unterwerfungsbereit und leidenswillig.

Die bisherigen Analysen beziehen sich auf heterosexuelle Beziehungsmuster. Die Erfahrungen der Therapeutin Monica Streit deuten jedoch darauf hin, daß auch in lesbischen Beziehungen eingefahrene Verhaltensmuster und unbewußte Fixierungen Frauen in analoger Weise auf Problemdruck reagieren lassen. Oft wird aufgrund der notwendigen Abgrenzung von einer feindlichen heterosexuellen Umwelt sogar versucht, in besonderer Weise Intimität und Verschmelzung zu leben. Dann erwarten lesbische Frauen häufig ein Übermaß an Zuwendung voneinander. Sie konkurrieren um die Opferrolle und verfangen sich in gegenseitigen Vorwürfen: »Du gibst mir nicht genug!«

Schließlich gehen Cheryl Benard und Edit Schlaffer darauf ein, wie Frauen sich im Berufsleben oft selbst Möglichkeiten verstellen und sich selbst blockieren. Auch glänzende Erfolge im Beruf hindern sie nicht daran, all das bisher Erreichte aufzugeben, um zum Wohlbehagen des Gatten (und, so vermuten die Autorinnen, vielleicht auch um ihrer selbst willen) ein gemütliches Heim zu gestalten.

Roswitha Burgard und Birgit Rommelspacher
Berlin, im Juni 1989

Birgit Rommelspacher

Der weibliche Masochismus – ein Mythos?

Masochismus ist ein provozierender Begriff. Er provoziert, weil er scheinbar Unvereinbares zusammenbringt: Leid und Lust, Unterwerfung und Freiwilligkeit, Täterschaft und Opfersein. Er unterstellt, daß Leiden und Unterwerfung gewollt sind. Damit widerspricht er dem allgemeinen Verständnis, daß der Mensch vornehmlich nach Lust und Autonomie strebe.

Der Masochismusbegriff widersetzt sich noch weiteren Denkgewohnheiten: So sind wir es inzwischen gewohnt, in der psychologischen Analyse individuelle psychische Entwicklungen zu verfolgen und dabei die real existierenden Machtverhältnisse außen vor zu lassen – Machtverhältnisse, die jedoch die Handlungsalternativen der einzelnen, ihre Chancen zur Triebbefriedigung und ihre Verfügung über materielle Ressourcen und damit auch ihre Verfügungsgewalt über andere unterschiedlich verteilen. Der Masochismus als Lust zur Unterwerfung, als »freiwillige Knechtschaft« (Judith de Soldat) rückt jedoch den Zusammenhang zwischen psychischen Mechanismen und Macht wieder ins Blickfeld.

Ebenso wie er uns auch das Thema von Schuld und Moral aufzwingt. Es wird wohl kaum die Diagnose »masochistisch« gestellt, insbesondere wenn es sich um den sogenannten weiblichen Masochismus handelt, ohne daß dabei nicht zugleich eine moralische Verurteilung mitschwingt: Die Frau wollte ihre Unterwerfung. Nun, dann ist sie auch selbst schuld an ihrer Lage.

Hingegen werden in den gängigen psychologischen Analysen Schuldfragen ausgeklammert. Es gilt aus unschicklich, moralische Urteile zu fällen. Niemand ist hier jemals schuld. Es wird allenfalls vorsichtig nach den unterschiedlichen Anteilen der jeweils Beteiligten gefahndet. Die Schuldfrage wird dem heimlichen, privaten Urteil und anderen Instanzen unseres gesellschaftlichen Lebens überlassen.

Schließlich bringt der Masochismus auch noch die Machtverhältnisse in einen sexuellen Kontext. Macht wird erotisiert. Unterwerfung wird zum sexuellen Bedürfnis. Und damit werden Machtbeziehungen im Geschlechterverhältnis ausgedrückt. Unterwerfung wird zum Charakteristikum des Weiblichen. Frauen sind ihrem Wesen nach unterwerfungsbereit. Männer, die sich unterwerfen, sind infolgedessen weiblich. Damit wird die »Wesenhaftigkeit« des Frauseins zur hinreichenden Erklärung auch für all die eben genannten Widersprüche. (Siehe dazu den Beitrag von Ulrike Popp in diesem Band.) Die freudianische »Erklärung« des Masochismus versucht damit weniger das »Rätsel Weib« zu lösen, als vielmehr die Rätsel des Masochismus dem Weib aufzuladen.

Masochismus wurde so in der Freudschen Tradition von einer engumrissenen Bezeichnung für eine männliche sexuelle »Perversion« ausgeweitet zu einer Charakterisierung weiblicher Unterwerfung. Interessant ist nun, daß der Gegenbegriff, der Sadismus, diese Ausweitung nicht erfahren hat. Und das, obgleich die Lust an Gewalt und Unterdrückung tagtäglich im gesellschaftlichen wie privaten Bereich demonstriert wird. Sadismus ist weder als allgemein gesellschaftliches Phänomen ein Thema, noch wird er mit Männlichkeit gleichgesetzt. Der Sadismusbegriff bleibt reserviert für besonders grausame und uneinsichtige Verhaltensweisen. Rein rechnerisch gesehen müßte es jedoch genauso viele sadistische Männer wie masochistische Frauen geben. Die dominante Seite im Unterwerfungsritual ist jedoch kein Thema. Sie ist Normalität.

Demgegenüber ist die Diagnosestellung »Masochismus« für Frauen bereits ein Teil des Herrschaftsrituals, ein Vergnügen, das sich jeder Mann leisten kann: »Wer die Frauen für masochistisch hält, wird zum Voyeur, und wenn er eine Frau betrachtet und ihre angeblich krankhaften Beweggründe zu 'verstehen' versucht, ist es, als betrachte er die Tiere in einem Zoo.« (Paula Caplan, 1986, S. 42).

Bei der Erweiterung der begrifflichen Reichweite des Masochismus von der sexuellen Perversion zur weiblichen Charaktereigenschaft blieb eben auch die Grenzziehung zwischen gesund und krank im unklaren. Das Bemühen um eine genauere Klärung erübrigt sich wohl auch, wenn Weiblichkeit ohnehin in die Nähe von Krankheit gerückt wird; wenn Frauen vielleicht nicht gerade insgesamt als krank, aber doch eher als kränklich bzw. ein bißchen verrückt angesehen werden. Somit stoßen wir auch beim weiblichen Masochismus wieder auf eine Variation des Themas: die Frau

= der defekte Mann. Oder: Die Definition von Männlichkeit als »gesund« braucht um ihrer Selbstvergewisserung willen die Herabsetzung des anderen Geschlechts als »krank«.

Damit könnten wir bereits am Ende der Geschichte sein: Masochismus wäre demnach eine männliche Zuschreibung, die Frauen einen Unterwerfungswillen unterstellt, um die eigene Herrschaft abzusichern und zu legitimieren. Aber genau gegen ein solch einfaches Verständnis sperrt sich der Begriff. Er betont zugleich die Eigentätigkeit, den eigenen Willen zur Unterwerfung und die Lust daran.

Masochismus versus Lust, Aggression und Autonomie

Das Lustverbot

Eine Facette des Masochismus ist die Lust am Schmerz. Beim sexuellen Masochismus im engeren Sinn muß der Masochist erst Schmerzen erduldet haben und gequält worden sein, bevor er zur sexuellen Befriedigung kommen kann. Bei genauerer Betrachtung zeigt sich, daß der Schmerz keineswegs mit der Lust identisch ist. Was nicht heißt, daß Schmerz nicht auch immer bei jeder starken Erregung mitschwingt oder beteiligt sein kann. Aber über den Schmerz als normalem Bestandteil der Ekstase (Simone de Beauvoir) hinaus, löst er sich im masochistischen Ritual immer mehr vom Lustereignis. Er schiebt sich immer weiter vor und wird schließlich zur notwendigen Vorbedingung. So kann Theodor Reik (1983) aus seinen Beobachtungen zahlreicher Fälle zu dem Schluß kommen, daß Masochismus nicht Lust durch Schmerz, sondern Lust mit Hilfe von Schmerz ist. Der Schmerz wird gesucht, um zur Lust zu gelangen. Er ist der Vorbote, die Begleitung und die vorweggenommene Folge von Lust. Der Masochist im klassischen Sinn läßt sich schlagen und foltern, um zum Orgasmus zu kommen. Er strebt nicht das Schlagen als solches an, sondern kann die Lust nur erreichen, wenn er den Schmerz durchlebt hat. Er nimmt die Bestrafung für die Lust vorweg, und nur wenn er gebüßt hat, darf er sich der Lust hingeben, nach dem Motto: »Erst die Sühne, dann die Sünde« (S. 159).

Diese Differenzierung ist ungemein wichtig, wenn es um die Analyse des sogenannten weiblichen Masochismus geht. Denn zu einem Gutteil lebt der Mythos vom weiblichen Masochismus davon, Frauen Lust an der Unterwerfung selbst zu unterstellen und nicht weiter zu fragen, wofür sie die Unterwerfung in Kauf nehmen, was ihr eigentliches Ziel ist. Sind Unterwerfung, Leiden und Schmerz nicht oft genug *not*gedrungene Bedingungen und Begleiterscheinungen beim Versuch, etwa eine Familie oder eine Beziehung zum Partner aufrechtzuerhalten? Je mehr jedoch dies eigentliche Ziel aus den Augen gerät, desto geheimnisvoller und eben mysteriöser wird dieser Masochismus.

Das Konzept des sogenannten weiblichen Masochismus unterschlägt diese weitergehende Zielsetzung und setzt an deren Stelle die Lust an der Unterwerfung und am Schmerz. Jedoch selbst wenn die Unterwerfung genossen wird, bleibt dieser Genuß ein Ersatz und ein Resultat des Verbots direkter Wunschbefriedigung. Denn in der Tat können aufgrund eines Verbots die Begleitumstände libidinös besetzt und damit genossen werden. Der Trieb äußert sich indirekt. Reik erläutert dies am Beispiel der Angst: Die Angst vor Bestrafung der Lust verhindert deren direkte Befriedigung. Der Trieb bleibt in der Befolgung des Verbots enthalten: »Es kommt zu einer Osmose von Lust und Angst ... Wenn sich der Masochismus konstituiert und in seiner Herrschaft befestigt hat, wird es dazu kommen können, daß durch seelische Akzentverschiebung auch diese Angst gewünscht und genossen wird« (S. 86). In diesem Sinn hat der Masochismus Symptomcharakter, als Kompromißbildung zwischen Trieb und Hemmung: In der Befolgung des Verbots kommt zugleich der Triebwunsch zum Ausdruck.

Bis hierher bleibt die Analyse klassisch »neutral«: Frauen wie Männer können zur selben Form der Symptom- bzw. Kompromißbildung neigen. Der Masochismus wird jedoch dann zu einem geschlechtsspezifischen Phänomen, einem Symptom der geschlechtsspezifischen Arbeitsteilung, wenn die Hemmung, das Triebverbot, der Frau auferlegt, dem Mann hingegen die Triebbefriedigung zugestanden wird. Ein individuelles Symptom wird zu einem Symptom im Rollenspiel zwischen Frau und Mann, d.h. zu einem *inter*individuellen Symptom.

Edmund Leites (1988) hat in seiner Analyse *Puritanisches Gewissen und moderne Sexualität* die Entstehung der männlichen Kontrolle über die weibliche Sexualität aufgezeigt. Ihren Ursprung habe sie im Dilemma unseres neuzeitlichen Verständnisses von Sexualität: Sie soll einerseits spontane Lust und spontanes Begehren sein, andererseits aber auch Beständigkeit und Treue gewährleisten. Es ginge also um das Problem, Leidenschaft mit Treue zu vereinbaren. Auf der Argumentationsbasis gottgewollter Hierarchie, wo Adam um seiner selbst willen erschaffen wurde, Eva jedoch, um ihm Gesellin zu sein, habe die puritanische Ethik dieses Dilemma durch den Entwurf unterschiedlicher Geschlechtscharaktere gelöst. Hier den kraftvollen, sexuellen und gebieterischen Mann ohne Gewissen; dort die keusche und tugendhafte Frau im Dienste des Mannes. Ihre moralische Überlegenheit sichere der Frau ein gewisses Gegengewicht gegenüber dem Mann. Um jedoch ihre Tugendhaftigkeit aufrechterhalten zu können, müsse sie zum Geschlechtsverkehr gezwungen werden. Von ihr dürfe die Initiative keinesfalls ausgehen. »In ihrer Unterwerfung gewinnt sie die Freiheit, gegen ihre eigenen Keuschheitsvorstellungen zu verstoßen.« (S.159) Die Frau werde angezogen von einem Mann, der die Kraft und den Willen hat, sich gegen ihr eigenes Gewissen durchzusetzen.

Damit setzen sie sich zueinander in ein Geschlechterverhältnis, in dem der Mann Überlegenheit qua Triebhaftigkeit und Machtwillen gewinnt, aber als schwach in der moralischen Beurteilung gilt, wohingegen die Frau ihre Stärke aus ihrer moralischen Überlegenheit zieht, jedoch schwach ist bezüglich realer Macht und Triebhaftigkeit. Leites nennt nun dieses Arrangement eine »umgekehrte Hierarchie«, in der die Machtanteile in gegenseitigen Abhängigkeiten diffizil auszubalancieren sind, allerdings mit unterschiedlichem Gewinn.

Er resümiert: »Die neue Idee des moralischen Guten galt für alle. Um die Kosten für die Männer zu begrenzen, wurde eine neue Arbeitsteilung geschaffen, und die Last, die Anforderungen einer gänzlich vom Gewissen bestimmten Lebensweise zu erfüllen, wurde vollständig den Frauen aufgebürdet ... Den expliziten Wert von Männlichkeit sah man nicht in moralischer Vervollkommnung, sondern im Herrschaftswillen.« (S. 167)

Die von den Frauen geforderte Beständigkeit in ihrer Liebesbeziehung wurde auch zum integralen Bestandteil des neuzeitlichen Konzepts von Mutterliebe (Elisabeth Badinter). Beständigkeit wird hier zur Verpflichtung auf die ständige Bereitschaft zu Versorgung und Anteilnahme mit dem dabei auch notwendigen Verzicht auf eigene Triebhaftigkeit. Denn, wie Jessica Benjamin (1986) formuliert: »Die sexuellen Gefühle der Mutter, bedrohlich im Sinne von Eigennutz, Leidenschaftlichkeit und Unkontrollierbarkeit, sind eine irritierende Möglichkeit, was sie selbst Psychoanalytiker in den Bereich des 'Unnatürlichen' verbannen lassen würden. Denn Subjekt der eigenen Begierde zu sein (a desire of one's own), ein sexuelles Agens, bedeutet, Kontrolle über das eigene Schicksal zu haben, eine Freiheit des Wollens, das Müttern oft fehlt« (S. 86).

Interessant ist nun, daß die »umgekehrte Hierarchie« des Philosophen und Sozialhistorikers Leites sich erstaunlich genau mit der Analyse der »Geschlechterarrangements« der feministischen Psychoanalytikerin Dorothy Dinnerstein (1979) deckt. Sie spricht von einer spezifischen Balance zwischen den Geschlechtern, die sich aufgrund der frühen Erfahrungen in der Mutter-Kind-Beziehung für Frauen und Männer etabliert habe: Die Frau übernimmt aufgrund ihrer teilweisen Identifikation mit der Mutter die moralische Verpflichtung des primären Elternteils, während sie real jedoch die Machtlosigkeit des Kindes erleidet. Der Mann hingegen behält wie ein Kind Anspruch auf elterliche Unterstützung und Verzeihung, während er real jedoch die elterliche Macht genießt.

Der Mann will und muß nach Dinnerstein die Kontrolle über die Frau gewinnen, da sie als Lustquelle, wie die Mutter, außerhalb seiner selbst liegt. Er muß sich des Zugangs dazu immer wieder versichern. Am besten, indem er die Frau ganz besitzt. Er muß sie unter Kontrolle halten und über sie verfügen können.

Die Frau hingegen erlebt in ihrer Entwicklung eine Kontinuität mit ihrer Mutter. Im Geschlechtsverkehr mit dem Mann verrät sie jedoch ihr ursprüngliches Liebesobjekt, die Mutter. Um die Angst vor der Übermacht der Mutter bzw. die Angst vor der Rache der Mutter über den Verrat zu bewältigen, versucht sie, sich möglichst weitgehend mit ihr zu identifizieren und die versorgende, anbietende und gewährende Rolle zu übernehmen.

So ist sie auf eine durch das männliche Bedürfnis vermittelte Triebbefriedigung angewiesen. Der Mann übernimmt dabei die Rolle des Kindes, indem er in infantilem Egoismus die Befriedigung seiner Wünsche fordert. Insofern finden wir hier die von Leites postulierte »umgekehrte Hierarchie« zwischen den Geschlechtern in der Form wieder, als in der mütterlichen Sorge um das Wohlergehen des Mannes Beständigkeit, Triebverzicht und Verantwortlichkeit für die Beziehung von der Frau gelebt wird, während der Mann, jenseits moralischer Verantwortung, seine infantile Triebhaftigkeit aufgrund seiner Machtbefugnisse durchsetzt.

Winkt bei Leites für die Frau die »Krone der Tugendhaftigkeit« als Entschädigung für ihren Verzicht, so sind es bei Dinnerstein mütterliche Omnipotenzgefühle, mit denen sie ihren Triebverzicht zu kompensieren versucht. In beiden Fällen kann sie ihre eigenen Bedürfnisse nur vermittelt über seine Triebhaftigkeit befriedigen. Je mehr er nun den starken Mann spielt, desto unschuldiger kann sie bleiben. Unschuldig durch Übertragung ihrer Triebhaftigkeit auf ihn und durch Abspaltung ihrer eigenen Lust.

So kommt auch Angela Carter (1981) in ihrer Analyse der Justine bei de Sade zu dem bemerkenswerten Schluß, daß Justine ihre Jungfernschaft bei den Vergewaltigungen immer neu herstellt, »als ob Keuschheit in der Frigidität weiter bestehen könne«. Im selben Sinn kann sich eine Frau wie beispielsweise Marilyn Monroe als gutes/böses Mädchen präsentieren, als naiv und sexy zugleich, denn sie weiß von sich nichts. »Sie rechtfertigt mit ihrer Unschuld ihren Objektstatus ... Durch ihre freiwillige Kastration«, so Carter, »entschuldigt sie sich ständig für die großzügige Ausstattung ihres Körpers« (S. 88). Sie führt ihre Unschuld vor, als passives Opfer. Ihr ist etwas geschehen, ihr wird etwas angetan. Die Lust wird dabei weitgehend von der eigentlichen Sexualität abgezogen und auf die Ritualisierung des Verbots verlagert. Bewundert zu werden und den anderen zu gefallen wird zum Triebziel. In dieser abgespaltenen Sexualität im Objekt- und Opferstatus erkennen wir die masochistische Kompromißbildung, in der die Triebbefriedigung verweigert und dieses Verbot von der Frau in Form von Tugendhaftigkeit oder nichtwissender Naivität, im Zelebrieren von Keuschheit und Objekthaftigkeit, genossen wird. Der Kompromiß äußert sich so in der libidinösen Besetzung des Verbotes. Dies ist jedoch nicht die einzige Form der Triebbefriedigung, die der masochistische Kompromiß zuläßt: Der Frau bleibt noch die Möglichkeit des stellvertretenden Genießens, indem sie ihre Triebhaftigkeit auf den Mann projiziert, und ihr bleibt noch die Möglichkeit des wenngleich reduzierten Genusses einer Sexualität, die vom Mann bestimmt und nicht von ihr selbst gewollt ist. Hier kann man insoweit von der Möglichkeit eines Genusses sprechen, als das Wollen des Mannes die Skrupel der Frau außer Kraft setzt. Insofern das Wollen des Mannes jedoch darauf abzielt, die Frau zu erniedrigen oder seine Triebbefriedigung gar gewaltförmig auf ihre Kosten zu erzwingen, kann von einem möglichen Genuß seitens der Frau keine Rede mehr sein.

Das Aggressionsverbot

Zur Erklärung des Masochismus wird häufig der Sadismus mit herangezogen, und zwar indem der Sadismus zum eigentlichen Ursprung des Masochismus erklärt wird. (So auch in den ersten beiden Theorien von Freud zum Masochismus.) Der Masochismus entsteht demzufolge dadurch, daß der Sadismus sich aufgrund der Übermacht der Verhältnisse nicht direkt äußern konnte und sich so gegen das Selbst kehrt. Masochismus ist dann eine gegen sich selbst gewendete Form des Sadismus.

Jedoch wäre ein selbstzerstörerisches Verhalten als solches noch nicht masochistisch, sondern eher depressiv. Es fehlt ihm noch der demonstrativ provokatorische Charakter. Erst wenn die gegen sich selbst gerichtete Aggression sich zugleich auch an die anderen wendet, sich auch an die Umgebung richtet, können wir von Masochismus sprechen. »Solch auffällig verborgenes Leiden soll bewundert werden«, schreibt Reik (1983, S. 103). Es geht um ein Rühmen der eigenen Defekte, den Stolz auf das Leiden als Bevorzugung und besondere Auszeichnung. Die Demonstration von Unfähigkeit, Bedeutungslosigkeit und Reizlosigkeit soll provozieren. Reik deutet diese Spaltung der Aggression, die sich sowohl gegen die eigene Person als auch gegen andere richtet, als masochistische Sabotage, als erbitterten Widerstand oder trotzigen Gehorsam. Also als einen Gehorsam, der in seiner Erfüllung die Gefolgschaft verweigert.

Wenn sich also die Frau dem Mann unterwirft, tut sie das so vollständig, daß sie ihn dadurch beschämt, ihm seine Unmenschlichkeit vorführt. Eine Art »Dienst nach Vorschrift« im Geschlechterverhältnis: »Wenn ich ganz so bin, wie du mich haben willst, wirst du ja sehen, was du davon hast.«

Eine andere Strategie der gleichzeitigen Aggression gegen sich und andere besteht darin, Mitleid zu wecken und zu bestrafen: »Sieh welches Unrecht du mir antust, jetzt hast du dafür zu bezahlen.« Oder: »Ich habe alles getan was du wolltest, jetzt mußt du meine Bedürfnisse befriedigen. Ich habe gebüßt, ich bin genug gestraft, jetzt bist du dran.« Mit dem eigenen Leiden wird die »Erlaubnis« zur Bestrafung des anderen erkauft.

Oder, bezogen auf die Lustkomponente: »Sieh her, ich genieße meine Strafe und mein Leiden, deine Unterwerfung trifft mich nicht. Ich lasse mir die Triebbefriedigung von dir nicht nehmen.« So wird ihm der Bankrott seiner Bemühungen vor Augen geführt. Unterwerfung wird zur Unbotmäßigkeit. »Das Opfer ist dem Herrn stets moralisch überlegen, darin liegt sein ambivalenter Triumph.« (Carter, 1981, S. 73)

Nach Reik entsteht der Masochismus psychodynamisch gesehen zunächst aus dem Impuls, das Liebesobjekt besitzen zu wollen, es gewaltsam ergreifen zu wollen. Wenn nun das Objekt unerreichbar und übermächtig ist, wendet sich dieser sadistische Impuls gegen das Selbst. Aber es wird nicht nur die Aggression gegen das Selbst gewendet, sondern auch das Ich durch das Du ersetzt. Nicht das Ich richtet die Aggressionen gegen sich, sondern das geliebte Objekt. Das Ich wird passiv. Damit kann auch jenseits der Ich-Kontrolle ein Teil des sadistischen Impulses gegenüber dem Objekt weiter aufrechterhalten bleiben.

Im Wissen um das real existierende Geschlechterarrangement verwundert es nicht, daß sich auch hier eine stabile Arbeitsteilung etabliert hat. Dem Mann wird dabei die aggressive, sadistische Eroberung und Inbesitznahme des Liebesobjekts zugestanden, die Frau hingegen mit Aggressionsverbot belegt. Und indem sie auch hier die Kontrolle dem Mann übergibt, kann sie nur in der Übererfüllung seiner Forderungen oder in der Erduldung und Demonstration eigenen Leidens Aggressionen gegen ihn äußern, wenn sie gleichzeitig unschuldig, oder besser weiblich bleiben möchte.

Helene Deutsch (1948) wirft in ihrer Untersuchung ein bezeichnendes Schlaglicht auf die Mechanismen, mit denen Frauen diese Verhaltensweisen vermittelt werden. Sie geht davon aus, daß bei der Entwicklung von Aggressivität die Rolle des Vaters von entscheidender Bedeutung ist. Er hat die Aufgabe, das Mädchen wie den Jungen aus ihrer primären Abhängigkeit von der Mutter zu lösen, etwa vermittels Aktivitäten, die aus der Mutter-Kind-Symbiose hinausführen. Und er soll dem Kind als Modell für Durchsetzung und Aggressivität dienen. Die Forderung an den Vater, daß er das Kind in seiner Autonomie unterstützen möge, wird beim Mädchen Helene Deutsch zufolge zwar »manchmal in bezug auf Aktivität erfüllt, jedoch nie in bezug auf Aggression. Hat man je einen Vater mit dem kleinen Mädchen anders als im Liebesspiel raufen sehen? Die Bestechungsprämie, die der Vater als Vertreter der Umwelt dem kleinen Mädchen anbietet, ist Liebe und Zärtlichkeit. Dafür verzichtet es auf weitere intensivierte Entwicklung der Aktivität und vor allem auf die Aggression. Mit einem Worte, das Mädchen gibt seine Aggressionen auf, teils weil sie schwächer sind, teils infolge der von der Außenwelt herkommenden Hemmung, und vor allem für die Liebesprämie, die es als Entschädigung bekommt« (S. 229).

Und Liebesobjekt im weiblichen Sinn sein, heißt eben nicht nur Verzicht auf quasi normale Aggressivität, sondern erfordert auch noch den ständigen Beweis der eigenen Harmlosigkeit. Dinnerstein zufolge würde das »symbiotische Arrangement« sofort gefährdet, wenn die Frau die Allmacht der Mutter ausspielt, Erinnerungen an das hilflose Ausgeliefertsein im Mann wachruft oder gar ausnützt. Im Gegenteil, sie muß ihre Harmlosigkeit immer wieder demonstrieren, um ja nicht das fragile männliche Ich zu gefährden. Denn in bezug auf seine Geschlechtsidentität bleibt der Mann, wie wir sahen, ganz Kind.

Gleichzeitig ist er jedoch im Besitz realer Macht und Ressourcen. Die Frau kann im traditionellen Arrangement der Geschlechter nur über ihn zu Macht und Einfluß gelangen. So wie die Frau die Quelle von Lust für den Mann ist, so ist der Mann die Quelle von Macht für die Frau.

Das Autonomieverbot
Auch bezüglich der Autonomie wird bei der masochistischen Strategie das Ziel dadurch zu erreichen versucht, daß das Verbot befolgt wird, ohne das Ziel aufzugeben: Das Selbst wird durch Selbstlosigkeit gesucht. Das Ich bestätigt sich durch Hingabe an den anderen.

Hingabe ist nun keineswegs immer als Unterwerfung zu verstehen. Sie ist auch im quasi machtfreien Raum denkbar, als Entgrenzung, als Entindividualisierung, als Ekstase. Sie basiert auf der Möglichkeit des Menschen, sich in andere/s hineinzuversetzen und sich zu verströmen. Sie zielt auf das »ozeanische Gefühl« der Grenzenlosigkeit, wie es Freud genannt hat.

Nach psychoanalytischer Auffassung hat die Erfahrung des Einsseins und die Fähigkeit der Identifikation ihren Ursprung im symbiotischen Erleben des Kleinkindes, das ursprünglich nicht zwischen sich und der Umwelt zu trennen vermag. Nun entwickelt sich das einzelne Individuum nach Margret Mahler et al. (1980) im rhythmischen Wechsel zwischen der Erfahrung von Symbiose und Individuation, wie es zum Beispiel in den Szenen zum Ausdruck kommt, wo sich ein Kind immer wieder im Schoß der Mutter aufstemmt, um dann wieder in ihn zurückzusinken. Das Kind wagt sich dann immer weiter vor, um dennoch immer wieder an die Heimatbasis zurückzukehren. Das Kind übt sich in seiner Individuation, wird sich dabei zugleich einer Getrenntheit zunehmend bewußt und benutzt alle erdenklichen Mechanismen, um sich gegen sein faktisches Getrenntsein zu wehren und es ungeschehen zu machen.

Und das gilt vermutlich nicht allein für die frühe Kindheitsphase. Vielmehr spricht einiges dafür, daß das Bedürfnis nach Entindividualisierung um so größer ist, je höhere Ansprüche an die Individuation gestellt werden. Oder, soziologisch gesprochen: Je stärker der Individualisierungsdruck, desto größer der Intimitätsbedarf (Ulrich Beck, 1986).

Der Skandal einer patriarchalen Gesellschaft liegt nun darin, daß sie das Selbstsein und die Hingabe spaltet und sie je einem Geschlecht zuordnet. Die Frau wird auf Hingabe, der Mann auf Selbstsein verpflichtet. Der Frau wird das Streben zum anderen, nach persönlicher Beziehung, Bindung, Nähe zugeordnet; dem Mann das Streben nach Selbstbehauptung, Aktivität, Bewältigung und Erforschung (Jessica Benjamin, 1982, S. 438). Diese Aufspaltung und Zuordnung konstituiert und bestätigt zugleich die Geschlechterhierarchie. Selbstsein und Hingabe sind im sozialen Kontext nicht mehr machtfrei denkbar. Hingabe wird zur Unterordnung, Selbstsein zur Herrschaft.

So hat beispielsweise Jean Baker-Miller (1976) festgestellt, daß Empathie, das Einfühlungsvermögen in andere, immer schon Teil der Überlebensstrategie untergeordneter Gruppen war: Sie mußten wissen, was in den Herrschenden vorging, waren sie doch von deren Absichten und Launen abhängig. Sie mußten möglichst im voraus erahnen, was auf sie zukommen würde.

Im Gegenzug dazu analysiert Richard Senett (1987) die Teilnahmslosigkeit als modernes Charakteristikum von Autorität. Die Attitüde des Unbeteiligten signalisiert dem anderen: »Belästige mich nicht. Im Zweifelsfall ist das dein Problem. Ich bin nicht auf deine Anerkennung angewiesen.« Die Anteilnahme, die die Autorität dem anderen widmet, ist ein Geschenk, und sie gewährt sie nur so lange, wie es in ihrem eigenen Interesse ist. »Wenn ein Mensch von anderen mehr gebraucht wird, als sie ihn brauchen, dann kann er es sich leisten, ihnen gegenüber gleichgültig zu sein … Sie sichern durch Teilnahmslosigkeit ihre Überlegenheit. Reserviert bleiben, wenn andere Ansprüche stellen, ist in der komplexen Form von Autorität ein Mittel, die Oberhand zu behalten.« (ebd., S. 105)

Daraus wird ersichtlich, wie neutral erscheinende psychische Mechanismen mit der Machthierarchie verknüpft sind. Mit Hilfe solcher Mechanismen wie Anteilnahme und Teilnahmslosigkeit stellten sich Machthierarchien her. Auch hier begegnen wir wieder einer »umgekehrten

Hierarchie«: Anteilnahme wird im allgemeinen als wertvoller erachtet als Teilnahmslosigkeit. Diese Wertschätzung muß dann als Entschädigung für die reale Entmachtung herhalten.

Die permanente Festlegung auf Hingabe durch die Geschlechterrolle bedeutet für Frauen Unterordnung. Es bedeutet für sie in erster Linie, sich selbst und ihre eigenen Interessen zurückstellen. Und das ist kein vorübergehender Zustand, sondern ein integraler Bestandteil ihres Selbstverständnisses.

Diese Entmachtung ist jedoch keine vollständige, kann sie doch durch ihre Hingabe die anderen von sich und ihrer Zuwendung abhängig machen. Sie gewinnt also dadurch die Macht der Unentbehrlichkeit. Es steht ihr nun »frei«, die an sie gerichteten Ansprüche nicht zu erfüllen und dadurch die anderen in Bedrängnis zu bringen.

Das eigene Selbst in der Hingabe zu suchen, bedeutet, sein Tun nicht durch selbstgesetzte Ansprüche und eigene Zielsetzungen bestimmen zu lassen, sondern durch die Ansprüche der anderen. Das eigene Selbst wird dann durch seine Erschöpfungsgrenzen markiert – nicht durch das eigene Wollen. Die Frau, die allen Ansprüchen genügen möchte, muß irgendwann also sagen: Ich kann nicht mehr. Sie kann nicht sagen: Ich will nicht mehr. Es sind nicht selbstgesetzte Grenzen, auf die sie verweist, sondern es ist die Grenzziehung durch ihre begrenzte Belastbarkeit. Und diese Grenzen werden, wie wir wissen, oft bis in die physische Zerstörung verschoben, weil die Frau nicht gelernt hat, für sich selbst Verantwortung zu übernehmen und sich zu schützen.

Damit steht die Frau immer unter dem Beweisdruck zu zeigen, daß sie alles in ihren Kräften Stehende getan hat. Die Erschöpfung muß demonstrativen Charakter bekommen. Erst wenn die anderen sehen, daß es wirklich nicht mehr geht, werden sie vielleicht akzeptieren, daß sie nicht mehr tun kann. Und dieser Versuch, das eigene Selbst durch die Grenzen seiner Belastbarkeit bestimmen zu lassen, sabotiert weitgehend die Möglichkeit, Macht durch Verweigerung von Zuwendung auszuüben. Denn sobald die Frau ihre Zuwendung verweigert, läuft sie nicht nur Gefahr, die anderen zu verlieren, sondern auch die Möglichkeit, sich in den anderen selbst zu bestätigen.

Ein Kompromiß zwischen Verweigerung und Selbstdefinition durch Erschöpfungsgrenzen besteht darin, die Belastbarkeitsgrenzen möglichst niedrig anzusetzen, d.h. krank zu werden. Dann kann sich die Frau ein Stück weit verweigern, ohne dafür einstehen zu müssen. Diese Strategie hilft ihr allerdings nicht zu lernen, ihre Grenzen selbst zu ziehen, und ist insofern ebenso wie die Selbstverausgabung eine Form der Selbstentfremdung.

In ihrer Hingabe sucht die Frau jedoch nicht nur die indirekte Bestätigung ihrer Selbst, sondern sie versucht auch, Macht über andere zu gewinnen. Sie wird für andere bedeutsam, d.h. die aufopfernde Mutter und Liebhaberin verliert sich selbst, um sich in ihrer Bedeutung für andere wiederzufinden. Sie verwirklicht sich nicht in ihrer individuellen Besonderheit, sondern durch ihre soziale Funktion. Sie gibt ihr individuelles Selbst auf, um sich in ihrem sozialen Selbst wiederzufinden.

Wir wir bei der Entwicklung des Kindes sehen können, muß das nicht zwangsläufig so sein. Hingabe bedeutet nicht notwendig Aufgabe des individuellen Selbst. Vielmehr kann Hingabe im Wechsel mit Individuation sogar zur Kraftreserve werden. Hingabe resultiert nur unter der Bedingung realer Machtlosigkeit und einer einseitigen Fixierung auf diesen Beziehungsmodus in Selbstaufgabe und Unterwerfung.

Das Christentum, das die Paradoxie von Selbstfindung und Hingabe zum zentralen Thema hat (»Wer das Leben sucht, soll es verlieren, und wer das Leben meinetwegen verliert, soll es gewinnen«), ist selbst ein machtvolles Beispiel für die beiden Arten von Hingabe: Hier Maria, die sich ganz hingibt (»Dein Wille geschehe«) und zu einem »Gefäß« wird, durch das Gottes Wort Fleisch wird. Sie hat alle individuellen Konturen verloren und verkörpert so das Prinzip mütterlichen Daseins. Dort Christus, der sich ebenfalls ganz hingibt, sich der gesamten Menschheit zum Opfer bringt. Er wird zum einzigartigen Lehrer, zum Führer und einflußreichen Religionsstifter. Maria lebt dadurch, daß sie den armen SünderInnen zur Fürsprecherin und Trösterin wird. Jede/r macht sich das Bild von ihr, das sie/er für ihre/seine Belange braucht. Jesus lebt durch sein Wort und seine Taten, an denen sich die Christenheit orientiert. Er hat durch die Hingabe an seinen Auftrag die Kraft, die Macht und das Wissen gewonnen, »das Wort zu verkünden«. Und diese Autorität des Wortes ist in den 2000 Jahren Christentum bekanntlich in Männerhand geblieben. Ebenso wie die Spuren weiblicher Hingabe im wesentlichen in der Namenlosigkeit verschwunden sind.

Diese Unterschiede mögen auch erklären, warum männliche Hingabe – so sie denn vorkommt – im Gegensatz zur weiblichen selten als masochistisch bezeichnet wird. So moniert Caplan meines Erachtens zu unrecht, daß dasselbe Verhalten, einmal von Männern, das andere Mal von Frauen ausgeführt, unterschiedlich benannt und gewertet wird. Männer, die sich in der Arbeit bis zum Herzinfarkt verausgaben oder beim Sport bis zum Krüppel schinden lassen, werden nicht als masochistisch bezeichnet. Hingegen werden Frauen, die sich für ihre Kinder und Liebhaber aufopfern, masochistisch genannt und abgewertet. Der Vorwurf quasi willkürlich unterschiedlicher Bewertung desselben Tatbestandes ist dann nicht stichhaltig, winkt doch im Falle der in diesem Beispiel als männlich bezeichneten Hingabe am Schluß die Prämie von Reichtum, Status und Macht. Hingabe trägt hier zur eigenen Individualisierung bei. Im Falle der aufopfernden Mutter und Liebhaberin hingegen winkt allein die Bedeutung, die sie für andere möglicherweise haben wird. Ihr Selbst erschöpft sich dann in ihrer Funktion für andere.

Wenn die aufopfernde Frau dadurch auch keinen nennenswerten Macht- und Prestigegewinn erzielt, so hat diese Strategie für sie doch auch einen Vorteil: die Entlastung von der Aufgabe der eigenen Selbstfindung. Das selbstlose Selbst übergibt jedes Wollen und jede Zielsetzung anderen. Es spürt sich allein in den Anforderungen, die andere festlegen. Damit entbebt es sich der Aufgabe, seine Ziele selbst zu setzen und sie vor sich und anderen zu begründen. Die Frau entledigt sich so der Sorge um die Legitimation ihrer Existenz. Und in diesem Sinn ist die Frau nach Simone de Beauvoir (1968) einer masochistischen Verführung ausgesetzt – der Verführung, sich nicht selbst zum Subjekt ihrer Lebensgeschichte machen zu müssen, nicht selbst das Risiko der Freiheit eingehen zu müssen –, einer Freiheit, in der sie versagen könnte, in der sie moralisch schuldig würde, in der sie ihre Niederlagen selbst zu verantworten hätte. Vielmehr wird ihr nahegelegt, stellvertretend über andere an der Welt teilzuhaben und identifikatorisch deren Erfolge zu genießen und deren Niederlagen zu erleiden, ohne sich selbst wirklich aufs Spiel zu setzen.

Diese Argumentation aus der Sicht eines »autonomen« Subjekts, das nur die gesellschaftlich anerkannte Tat als individuelle Bewährung begreift und nichts verwerflicher findet, als die Sünde wider die Freiheit, greift jedoch zu kurz: Wie wir oben sahen, gehört in den Lebensrhythmus das Wechselspiel von Selbstsein und Hingabe, von Individuation und Symbiose. Das heißt, die Hingabe der Frau kann nicht allein eine

Flucht vor der Freiheit sein, sondern ist zugleich Ausdruck einer Seinsweise, die für das Leben, das immer auch ein soziales ist, konstitutiv ist: Sie lebt in ihrer Hingabe die subindividuelle Kommunikation und Verbundenheit, in der das Wohlergehen des einen das Wohlergehen des anderen bedingt. Der Akt der Zuwendung reflektiert auf das Selbst zurück und verstärkt im Falle des Gelingens das Erleben von Gemeinsamkeit. Und im Erleben von Gemeinsamkeit kann auch die Last der Einzigartigkeit abgefangen werden. Nach dieser Logik heißt es dann: Geteilte Freude ist doppelte Freude. Geteiltes Leid ist halbes Leid.

So scheinen in der Hingabe, im Verzicht auf das individuelle Lustprinzip in Sexualität und Aggressivität nicht nur der Verlust von Ichhaftigkeit, Selbstbestimmung und eigenem Wollen hindurch, sondern ebenso die notwendige, aber mißachtete Seite des sozialen Lebens: ein Leben in und für soziale Verbundenheit, die notwendig auch Beständigkeit verlangt. Sie verlangt auch die Möglichkeit, abwarten und sich Entwicklungsprozessen anvertrauen zu können und nicht immer zu glauben, Entwicklung oder Veränderung sei allein Produkt individueller Tat. Es geht nicht nur um die Bewährung eines vereinzelten »autonomen« Individuums, sondern ebenso um das Leben mit und durch andere, in sozialer Verantwortung und Verbundenheit.

Das heißt, daß der sogenannte weibliche Masochismus nicht nur ein Abwehrmechanismus von Frauen gegen das Verbot von Lust, Aggression und Autonomie ist – eine mehr oder weniger geglückte Anpassung an geschlechtshierarchische Verhältnisse –, sondern daß in ihm auch notwendige und sinnvolle Lebensformen zum Ausdruck kommen, die aufgrund der Ohnmacht der Frauen und ihrer einseitigen Festlegung darauf in der Tat ein Stück weit pervertiert werden: Hingabe wird dann zur Selbstaufgabe, Beständigkeit zu einem würdelosen Klammern und Fürsorge zur Entmündigung des anderen verzerrt.

Masochismus als Unterwerfung

Im Geschlechterarrangement befinden sich, wie wir bisher sahen, das Wollen, die Lust, die Aggressivität und die Autonomie im wesentlichen auf seiten des Mannes. Diese konstituieren im Verein mit der Verfügung über materielle Ressourcen seine Macht.

Die Tatsache der Unterwerfung von Frauen bedürfte nicht zusätzlich noch einer vergleichsweise komplizierten Theorie wie der des weiblichen Masochismus, wenn Männer nicht damit ihre Herrschaft zu legitimieren trachteten: Wenn Frauen ihre Unterwerfung selbst wollen, dann haben Männer nicht nur das Recht, sondern im Zweifelsfall sogar die Pflicht, den Frauen ihren Willen aufzuzwingen. Zugleich vervollständigen sie ihre Machtposition mit der Annahme eines weiblichen Masochismus, denn dadurch können sie in dem Gefühl schwelgen, Frauen wünschten nichts sehnlicher als männliche Vorherrschaft. Schließlich dient das Konzept eines weiblichen Masochismus dazu, Frauen selbst die Schuld an den geschlechtshierarchischen Verhältnissen zuzuschieben.

Und Frauen nehmen diese Schuldzuweisung an. Bedeutet doch Schuld auch Macht. Zwar keine Macht im positiven Sinne von anerkennenswerter Leistung, so doch Macht im Sinne der Urheberschaft von etwas, selbst wenn es das eigene Elend ist. Die Zuschreibung dieser angeblichen Urheberschaft ist eine Unterstellung und keine reale Ermächtigung und wird so für die Frauen zur Basis illusionärer Selbstermächtigung. Tatsächlich haben Frauen diese illusionäre Selbstermächtigung um so nötiger, je geringer ihre reale Macht ist. Je geringer ihre Verfügung über Ressourcen, je geringer ihr Wissen und ihre reale Macht, die Situation tatsächlich beeinflussen zu können, desto mehr sind Frauen verführt, sich regressiv mit der Muttermacht zu identifizieren und von der Macht ihrer Liebe die Lösung aller Probleme zu erhoffen (Carol Hagemann-White, 1987).

Diese phantastischen Allmachtsgefühle sind Teil des Systems. Sie balancieren die reale Ohnmacht aus. Allerdings sind diese Allmachtsgefühle nicht einfach belanglose Hirngespinste, die Frauen mit Träumen für ihre Einschränkungen entschädigen, sondern sie sind Teil der Unterdrückung.

Es ist eine allgemeine soziale Erfahrung, etwa im Rassismus oder in der Klassenherrschaft, daß den Schwächsten oft die Schuld für Mißstände zugeschoben wird. So wird diese Schuldzuschreibung bereits zum Ausdruck gesellschaftlicher Hierarchie. Der Mächtige wälzt seine Schuld auf den jeweils Schwächeren ab. Das ist die einfachste Lösung. Denn den Vorwurf gegen einen noch Mächtigeren zu richten, würde bereits Widerstand bedeuten. Das heißt, die reale Hierarchie von Macht wird häufig zusätzlich dadurch abgesichert, daß ihr eine umgekehrte Hierarchie von Verantwortung entgegengesetzt wird.

Eklatant deutlich werden diese gegenläufigen Hierarchien von Macht und Verantwortung zum Beispiel beim sexuellen Mißbrauch von Mädchen. In den Alltagstheorien ebenso wie in den wissenschaftlichen Theorien wird in erster Linie immer das schwächste Glied, nämlich das Mädchen, dafür verantwortlich gemacht: Es habe den Vater verführt. Als nächstes wird die Mutter belastet: Sie habe den Mann sexuell nicht genügend befriedigt und ihre Tochter nicht genug beschützt. Und erst dann wird die Tat des Vaters bewertet, was meist einer Entschuldigung gleichkommt.

Die Männer selbst fühlen sich selten schuldig, und sie sind es oftmals auch nicht: weder in der privaten Einschätzung, noch vor dem Gesetz, noch in der Öffentlichkeit. (Allerdings nur, solange er »unser Mann« ist. Der Fremde, Unbekannte hingegen wird schnell zur Bestie und zum Triebtäter; zum bösen »schwarzen« Mann.)

So zeigen Cheryl Benard und Edit Schlaffer (1987) in ihrer Untersuchung über Gewalttaten bei Männern und Frauen, daß Männer sich letztlich im Recht fühlten, weil sie »als Mann« gehandelt hätten. Resolut und kraftvoll. Die Rolle schützt sie, und sie haben es dann nicht nötig, die Gewalttat in ihre Person zu integrieren: Die meisten behaupten von sich, eigentlich seien sie nicht gewalttätig, sondern eher gutmütige Trottel, denen mal die Sicherung durchgebrannt sei. Folglich verzichten sie dann auch auf weiteres Nachdenken: Das bringe nichts. Damit mache man sich nur selber fertig. Und die Resultate der Analysen der psychologischen Experten, wie »emotionale Labilität« oder »belastete Kindheit« etc., werden als Rechtfertigung bemüht und nicht als eine Möglichkeit gesehen, über sich selbst Einsicht zu gewinnen.

Die empirischen Untersuchungen und Erfahrungen von Frauen aus entsprechenden Projekten stimmen in diesem Punkt durchgehend überein: Bei allen sexistischen Straftaten von Männern, bei Vergewaltigungen, Frauenmißhandlung und sexuellem Mißbrauch von Kindern fühlen Männer sich nicht schuldig. Für sie ist das Ganze kein Problem. Insofern haben sie auch kein Motiv, sich zu ändern oder nach Hilfe zu suchen. Sie sind die letzten, die von sich aus eine Therapie beginnen würden (vgl. etwa Irene H. Freize, 1986; Sandra Burtler, 1985; Maria Roy, 1977; Diana E.H. Russell, 1986; Wilfried Rasch, 1987).

Die Entlastung der Männer ist zugleich die Belastung der Frauen. Frauen sind immer schuld: entweder weil sie den Mann verführt haben oder weil sie ihn sexuell frustriert haben. Sie sind schuld als »Emanzen«, die den Mann zunehmend in seiner Rolle in Frage stellen und ihm das sogenannte *role changing trauma* zumuten. Und auf alle Fälle ist noch die Mutter schuld, die schon immer den kleinen Jungen in seiner sich entwickelnden Männlichkeit verunsichert hat.

Selbst die Opfer von Männergewalt, die sexuell mißbrauchten Töchter, machen, nach den Untersuchungen von Russell, in erster Linie die Mutter und dann erst den Vater für das ihnen zugefügte Verbrechen verantwortlich. Die Mütter werden als Täter behandelt, nicht die Väter. Die Mütter hätten sie schützen müssen. Von ihnen wird die Macht erwartet, Unglück abzuwenden, auch wenn sie selbst männlicher Gewalt ausgeliefert sind. Hier scheint deutlich wieder die Projektion von Allmacht auf die Mutter durch, die in der größten Not am nötigsten gebraucht und desto hemmungsloser phantasiert wird. »Die Frau, die uns in die Conditio humana einführte und zu Beginn für jede Beeinträchtigung dieser Situation verantwortlich schien, ist für uns alle mit dem prärationalen Makel behaftet, immer und ewig mit letztlich schuldhafter Verantwortung beladen zu sein.« (Dinnerstein, S. 292 f.)

Die Mutter ist verführt, diese Projektion anzunehmen, denn mit einer Selbstbeschuldigung kann sie sich vor dem Eingeständnis der eigenen Ohnmacht schützen. Sie schützt sich vor der Erkenntnis ihrer Abhängigkeit von jemandem, auf den sie sich nicht verlassen kann. Sie hilft, die hoffnungslose Realität abzuwehren. Wenn wir keine Kontrolle über die Situation haben, dann wenigstens über uns selbst. Und dahinter scheint die Hoffnung durch, aufgrund eigener Anstrengung vielleicht auch den anderen ändern zu können. Und dieser »Ausweg« führt dann direkt in die Falle: Jede weitere Untat des anderen wird zum Beweis ungenügenden Einsatzes.

Nicht nur ihre Ohnmacht, auch die ihr zugewiesene Rolle als Familienmutter macht die Frau anfällig für die Schuldübernahme: Wenn der Lebensentwurf der Frau das Projekt »Familie« ist, so ist sie für ihr Gelingen zuständig, und dann knüpft sie daran auch ihr Selbstverständnis und ihren Lebenssinn. Wenn sie hier versagt, dann ist sie in ihrem Lebensziel gescheitert. Bei einer Lebensplanung, die ausschließlich die Familie zum Inhalt hat, ist die Frau auf Gedeih und Verderb von dieser abhängig und muß dann natürlich alles tun, um das gesteckte Ziel zu erreichen. Auf diese Weise wird auch das Versagen des Mannes zu ihrem eigenen Versagen, und es wird verständlich, daß Mütter, deren Töchter sexuell mißbraucht wurden, als erste Reaktion oft den Töchtern den Vorwurf machen: »Wie konntest du mir das antun?«

Die Frau ist immer bereit, den Mann zu entlasten, ihn zu verstehen, ihm zu vergeben. Das Verstehen, das Vergeben und Vergessen aus der Position der Ohnmacht heraus bedeutet dann zugleich Anerkennung der Machtverhältnisse. Die Übergriffe und Gewalttaten des Mannes werden verziehen auf Kosten der Schwachen. Verzeihen geht mit Machtanerkennung ein Bündnis ein. Unterwerfung findet im Vergeben ihre Ausdrucksform.

Dies ist im übrigen auch das Resultat der meisten therapeutischen Interventionen bei familiären Konflikten: Sie setzen im allgemeinen bei den Schwächsten in der Familie an, bei den Kindern und den Frauen. Mit der einseitigen Intervention werden notwendig Wertungen vorgenommen, auch entgegen der subjektiven Überzeugung der TherapeutInnen, neutral und nicht wertend zu sein. Die Schwächsten müssen sich ändern, und nach ihren Anteilen wird gefahndet, die real Mächtigen werden nicht hinterfragt.

Die Tatsache weiblicher Schuldübernahme bei männlicher Gewalt zeigt Paula Caplan anhand einer Übersichtsstudie auf, die nachweist, daß Frauen übereinstimmend die Gewaltverhältnisse folgendermaßen interpretieren:

1. Gewalt ist normal und passiert allen Frauen.
2. Die Gewalt des Mannes hat einen vernünftigen Grund. Er mißbraucht die Frau, weil er psychisch/physisch krank ist, Alkoholiker ist etc.
3. Gewalt ist gerechtfertigt, weil Frauen sie verdienen, weil sie provozieren, schlecht sind etc.
4. Frauen können die Gewalt kontrollieren, wenn sie gut sind und sich vernünftig und angepaßt verhalten. Frauen wissen, daß sie nicht machtvoll sind. Aber sie wissen auch, daß Männer sie fürchten. Und um »ihre Kehle zu zeigen«, müssen sie immer wieder beweisen, daß sie harmlos sind (S. 180).

Demnach ist also die Konstruktion des weiblichen Masochismus erfolgreich. Die Absicht hat sich erfüllt. Es ist den Männern gelungen, den Frauen die Schuld und Verantwortung für ihre Gewalttaten zuzuschreiben, und die Frauen haben diese Schuldzuschreibung angenommen.

Voraussetzung für diese Schuldübernahme ist das große Verständnis, das Frauen Männern und ihrer psychischen Situation entgegenbringen. Die Fähigkeit zu solch großmütigem Einfühlungsvermögen basiert auch auf der Lebenssituation von Frauen, ihrer tagtäglichen Erfahrung mit der Entwicklung, den Unzulänglichkeiten und den Nöten der Menschen, die nachsichtig macht. Diese Nachsicht wäre moralisch höchst ehrenwert, würde sie nicht zugleich einer Selbstentmachtung gleichkommen und sich damit gegen die Frau selbst wenden. Die Frau spricht über keinen ein Urteil, läßt alles zu, nur sich selbst verurteilt sie, und zwar sehr hart.

Dies Ungleichgewicht in der Bewertung entsteht dadurch, daß in der Einfühlung in den anderen, im Nachempfinden seiner Entwicklung, die Konsequenzen seines Verhaltens für andere nicht gesehen und bewertet werden. Es wird die, wie Simone de Beauvoir es nennt, »Innensicht« verabsolutiert. Betrachtet man hingegen den Menschen von »außen«, als Unbeteiligte(r), fällt die moralische Bewertung meist sehr leicht, erscheint sein Handeln meist entweder böse oder gut. Simone de Beauvoir spricht in dem Zusammenhang von einem »Trugbild der Exteriorität«, das sich jedoch bei näherer Betrachtung zunehmend auflöst: »Von außen gesehen scheinen die Bösen böse und die Guten absolut gut zu sein. Um so näher wir den einzelnen betrachten, um so mehr löst sich dieses eindeutige Bild auf. Kein Mensch *ist* in seinem Innern wirklich etwas ... Durch seine tiefe Unbeständigkeit entgeht er jeder Definition; in allen Menschen ist soviel Elend, sie sind total vom Nichts angenagt, daß wir merken, wenn wir uns einem Gegner nähern, der uns von weitem hart und kompakt wie ein Stein erschien, daß eigentlich niemand vor uns steht, den wir hassen könnten; die skandalösen Handlungen hat niemand tatsächlich gewollt, sie waren nicht beabsichtigt. Kein Mensch ist willentlich böse, sagte Sokrates ... Und selbst wenn sie gewollt sind, sie sind es nicht als Verwirklichung eines Übels gewesen ... Vielleicht war er egoistisch, borniert, leichtfertig; wenn wir aber ehrlich in uns gehen, wer von uns würde dann die Behauptung wagen: Ich bin besser als die Menschen da. – Viel Hochmut und wenig Phantasie gehört dazu, wenn man über einen anderen urteilen will ... Erziehung, Komplexe, Mißerfolge, die gesamte Vergangenheit eines Menschen, die Totalität seines Verstricktseins in der Welt müßten berücksichtigt werden: dann ließe sich sein Verhalten ganz sicher erklären; man kann selbst Hitler erklären, wenn man ihn gut genug gekannt hat. Doch erklären heißt bereits verstehen, heißt bereits: hinnehmen. Als Ergebnis einer bestimmten Situation, eines bestimmten Temperaments verlieren Verbrechen jene Arroganz, die sie hassenswert macht.« (1987, S. 76 f.)

Wir sehen, mit der Innensicht verliert sich auch die moralische Bewertung und Einschätzung der Verantwortlichkeit. Diese wird erst wieder möglich, wenn die Konsequenzen des Verhaltens für andere mitgesehen werden, wenn Innen- und Außenstandpunkt im Wechsel und in ihrem Spannungsverhältnis wahrgenommen werden können.

Bei einer Diskussion über die Parteilichkeit von TherapeutInnen in der Arbeit mit Tätern und Opfern von sexuellem Mißbrauch berichtete eine Familientherapeutin ganz stolz, wie sie es geschafft hätte, den Vater in der Sitzung zum Eingeständnis des sexuellen Mißbrauchs zu bringen, und es ihr gleichzeitig durch viele Gespräche mit dem Richter gelungen wäre, für ihn einen Freispruch vor Gericht zu erwirken. Für die Therapeutin war das ein großer Erfolg. Das muß es auch sein, wenn sie sich mit dem Mann und seinem Anliegen identifiziert. Aus der Sicht der Tochter sieht das jedoch anders aus. Für sie wird die Situation dadurch höchst verwirrend: Ist der Vater nun schuldig oder nicht? Ist der Mißbrauch ein Verbrechen oder nicht? Welche Realität stimmt: die therapeutische Sitzung oder die Gerichtsverhandlung? Für das Mädchen sind diese unterschiedlichen Realitäten nicht nur widersprüchlich, sie heben sich auch bis zu einem gewissen Grad gegenseitig auf im Sinne der Mißachtung ihrer Verletzung.

Das Wohl des einen verfolgend, gerät frau/man notwendig in Widerspruch zum Wohl der oder des anderen. Und dieser Widerspruch löst sich in der Regel entlang der herrschenden Machthierarchie. Für die Mächtigen bringen alle eher Verständnis auf als für die Ohnmächtigen, deren Verletzungen nicht so wichtig zu nehmen sind. Und so wird Verstehen zur Anerkennung der Machtverhältnisse.

Die Innensicht löscht die Verantwortung des Täters aus. Der Täter ist aber zur Verantwortung zu ziehen, soweit die Tat »in seiner Macht stand«, soweit er auch Verhaltensalternativen zur Verfügung hatte. Wir machen in der Regel ein Kind nicht für seine Taten verantwortlich. Je kleiner, desto weniger. Warum? Weil es weder das Wissen, noch die Kompetenz, noch die psychische Reife hat, seine Tat und deren Konsequenzen richtig einzuschätzen. Je mehr es das lernt, desto mehr wird es auch für sich selbst verantwortlich. Es ist eine Frage der dem einzelnen zur Verfügung stehenden Freiheitsgrade, der Eigenmächtigkeit und der ihm möglichen Handlungsalternativen, die den Grad der Verantwortung ausmachen.

Die Betrachtung des einzelnen aus einer »mütterlichen« Sicht tendiert nun dazu, diese Freiheitsgrade zu unterschätzen und die Eigenverantwortlichkeit zu minimieren. Basierend auf dem Miterleben der Bedingtheit menschlicher Handlungsweisen und dem Wissen um die psychische Abhängigkeit des anderen zusammen mit der phantastischen Kompensation der eigenen Ohnmacht, in der sich die Frau selbst für unentbehrlich hält, führt die »mütterliche« Sichtweise zur psychischen Entmächtigung, Depotenzierung und Infantilisierung des Mannes. Sie versteht ihn ganz und verzeiht ihm. Er konnte nichts dafür. All seine Untaten sind nur Ausdruck seiner Probleme. Ja sie selbst ist die eigentliche Ursache, sie selbst hat ihn provoziert, sich nicht genügend um ihn gesorgt ... Und so wird unter der Hand ihr Verstehen zur Selbstermächtigung.

Voraussetzung dafür ist die eigene Selbstmißachtung: Ihr eigenes Wohlbefinden, die Integrität ihrer Person ist nicht von Bedeutung in diesem Geschehen. Ihretwegen sind keine Umstände zu machen. »Ich für meine Person darf ertragen, so viel ich will, aber andere beschuldigen ...« wie Anna O. sagte, um den an ihr verübten sexuellen Mißbrauch zu verschweigen und ihren Vater zu schonen.

Tatsächlich macht sich die Frau gerade dadurch schuldig, daß sie die Schuld auf sich lädt. Sie macht sich schuldig, indem sie das Recht auf die Integrität ihrer Person mißachten läßt.

Masochismus und Sexualisierung von Herrschaft

Auffallend am Konzept des sogenannten weiblichen Masochismus bleibt jedoch, daß hier mit Unterwerfung speziell ein sexuelles Verhältnis gemeint ist. Es betont die sexuelle Lust an der Unterwerfung. Dies ist um so auffallender, als weibliche Selbstlosigkeit in ihrem Prototyp mütterlicher Fürsorge gerade das Verhältnis ist, das am sorgfältigsten von allen sexuellen Konnotationen bereinigt wurde.

Wenn Masochismus die sexuelle Besetzung einer Autoritätsbeziehung darstellt, dann fragt sich, warum die männliche Unterwerfung etwa beim Militär und im Sport zumindest gemeinhin nicht als sexuelle Unterwerfung wahrgenommen wird. Machtbeziehungen zwischen Männern werden im allgemeinen entsexualisiert. Sexualität wird nach außen projiziert, auf Frauen, die den Männerbünden auch möglichst ferngehalten werden sollen.

Auch die sexuelle Bemächtigung der Frau durch den Mann in der Vergewaltigung wird für ihn durch den Bezug zum Männerbund entsexualisiert und zum »normalen« Männlichkeitsbeweis im Wetteifer mit anderen Männern. Insofern überrascht es nicht, daß die Vergewaltigung, die eigentliche Perversion sexueller Beziehungen, nicht als eine solche in der Standardliteratur der Sexualwissenschaft aufgeführt wird, weder bei Krafft-Ebing, noch bei Freud, noch bei Kinsey.

Die Frau wurde in der Mutterschaft entsexualisiert und wird nun durch den weiblichen Masochismus nachträglich resexualisiert. In diesem Sinn mag man tatsächlich von einer Perversion sprechen: Eine unnatürliche Entsexualisierung wird nachträglich wieder in ein sexuelles Verhältnis gesetzt, jetzt allerdings mit dem Charakter der Krankheit behaftet. Dieser Vorgang drückt nicht zuletzt die männliche Obsession einer unterschwellig ständig präsenten weiblichen Sexualität aus, einer ständig drohenden Wiederkehr des Verdrängten.

Psychoanalytisch gesehen ist der Tatbestand der Sexualisierung von Autoritätsbeziehungen kein Problem, ist doch der Kern ihres Theoriegebäudes der Ödipuskomplex, der in seiner vollständigen Form das sexuelle Begehren von Mädchen und Jungen in bezug auf Vater und Mutter umfaßt. Mit dem Untergang, d.h. mit Überwindung und Verdrängung des Ödipuskomplexes muß diese Liebe in jedem Fall ins Unbewußte abgedrängt werden, um später in neuen Autoritätsbeziehungen immer wieder zur Erfüllung zu drängen.

Die darin enthaltene Aussage, alle Autoritätsbeziehungen seien »letztlich« sexueller Art, nivelliert indes in dieser Verallgemeinerung den unterschiedlichen Sexualisierungsgrad, der in der gesellschaftlichen Konstruktion der Geschlechter zum alles entscheidenden Kriterium wird: Je offensichtlicher sexuell, desto »femininer« ist ein Mensch. Oder anders herum: Attribute von Männlichkeit sind nicht solche, die besonders für sexuelle Beziehungen qualifizieren, sondern solche, die aus der Sphäre des Rivalitätskampfes zwischen Männern stammen, wie körperliche Kraft und Größe oder Qualitätsmerkmale, die im beruflichen Konkurrenzkampf Erfolg signalisieren.

Nach den Analysen von Jeff Hearn und Wendy Parkin (1987) sind in erster Linie die in der Öffentlichkeit und Arbeitswelt erfolgreichen Männer zu

Leitbildern von Männlichkeit geworden. Männer, die *coolness,* Rationalität, Funktionalität, Effektivität, Intellektualität und vor allem Status und Reichtum repräsentieren, strahlen Männlichkeit aus. Diese Männer zeichnen sich dagegen nicht durch ein besonderes Bemühen um Frauen oder Sexualität aus. Beides gebührt ihnen quasi wie selbstverständlich. So gibt es dann den Prototypen des schwerreichen, alten, häßlichen Mannes, der von schönen Frauen umgeben ist, und über den Maria Callas treffend bemerkte: »Er ist schön wie Krösus«. Er repräsentiert das Ideal des Mannes, der sich nicht für Frauen attraktiv zu machen braucht. Im Gegenteil, sie fliegen ihm zu, er kann sich ihrer kaum erwehren.

Auch beim Typ des erfolgreichen Geschäftsmannes oder Politikers ist es gerade seine *coolness,* sein Desinteresse an so »niederen Dingen« wie dem weiblichen Geschlecht, das seine Virilität ausmacht. Was diesen Mann aber nicht daran hindert, »sexuelle Unterhaltung« als zu jedem wichtigen Geschäftsabschluß notwendiges Element für sich und andere organisieren zu lassen.

Sie sind asexuell – aber durch ihren Status, ihre Macht und ihr Geld beweisen sie ihre Männlichkeit. Der erfolgreiche Mann ist mit seiner Arbeit »verheiratet«. Dieses Männlichkeitsbild aus der Arbeitswelt hat heute eine sehr viel stärkere normative Kraft als das Bild des Mannes in seiner Rolle als Vater und Liebhaber.

Der weibliche Sozialcharakter wird hingegen primär durch die Funktion der Frau in der Privatsphäre geprägt. Und die Leitbilder von Weiblichkeit in der Arbeitswelt sind in erster Linie Übertragungen dieser privaten Funktionen. Sie soll auch hier den Mann pflegen, versorgen, ihm assistieren und alles tun, was zum Erhalt seiner Arbeitsfähigkeit notwendig ist. Das heißt aber auch, daß sie für seine Sexualität dazusein hat. Und so werden die Prototypen von Weiblichkeit in der Arbeitswelt, die Sekretärin und die Krankenschwester, in zahlreichen Klischees so konstruiert, daß sie eigentlich nur zum Schein ein Arbeitsverhältnis eingehen. Im Grunde geht es ihnen darum, den Chef bzw. den Arzt zu »angeln«. Und es ist dann nur eine Frage der Zeit, bis dieser Chef ihren »Schleier« lüftet, d.h. ihr die Brille abnimmt … (Hearn und Parkin).

Das Verhältnis Sekretärin-Chef ist ein klassisches Beispiel für die Projektion in Umkehrung der Machthierarchie. Eine Umkehrung, in der der real Schwachen die Motive unterstellt werden, die der Mächtige hat. Denn nirgends werden so unverhohlen nach äußeren körperlichen Merk-

malen Menschen eingestellt und nach sexistischen und altersdiskriminie-
renden Kriterien bewertet, wie in diesen »typisch weiblichen« Berufen.

Damit sind auch hier wieder alle Eckdaten gegeben, die die Konstruktion eines weiblichen Masochismus stützen: Die Frau geht eine vermeintlich asexuelle Beziehung ein, um damit ihre eigentliche Triebhaftigkeit zu tarnen. Dies gelingt ihr vor allem, indem sie sich dem Mann
unterwirft und ihm zu Diensten ist.

Wir finden hier, analog zur Zuschreibung von Schuld an die Schwächeren, eine Zuschreibung von Sexualität an die sexuellen Objekte. Nicht
die Subjekte oder Initiatoren sexueller Aktivität sind die Verursacher,
sondern die Objekte oder Opfer. Die Verflechtung von Sexualität und
Herrschaft ist dabei nicht mehr aufzulösen. Unterwerfung wird durch
Vergewaltigung und sexuelle Belästigung erzwungen. Wie viele Frauen
ein Mann »gehabt« hat, wird zum Statussymbol. Sexualität wird somit
ein Mittel geschlechtsspezifischer Positionszuschreibung: Je asexueller
oder sexuell desinteressierter ein Mann sich gibt, desto höher ist er in der
Hierarchie einzuordnen. Und umgekehrt: Je offensichtlicher eine Frau
sich um ihre sexuelle Attraktivität bemüht, desto niedriger wird sie sozial
eingestuft.

Aus der Sicht der Frau wird Unterwerfung damit für sie zu einem Kriterium von Weiblichkeit und sexueller Attraktivität. Je fürsorglicher und
dienender sich die Frau einem Mann gegenüber verhält, desto weiblicher
erfährt sie sich. Und in diesem Sinn kann dann Unterwerfung für sie lustvoll werden. Sie kann dann die Prämien für Weiblichkeit – vor allem in
Form von Zuwendung – genießen. Und sie genießt auch in dem Augen-
blick, wo sie sich weiblich gibt, das Lösen der Spannung zwischen ihrem
individuellen Selbstverständnis und dem, was von ihr erwartet wird, also
ihrer sozialen Rolle. Diese Spannung zwischen Selbstverständnis und
sozialer Rolle ist bei Mädchen und Frauen höher als bei Jungen und Männern. Frauen empfinden im allgemeinen einen relativ großen Widerspruch zwischen dem, wie sie sich selbst fühlen und dem, was als weiblich gilt (Carol Hagemann-White). Diese Spannung löst sich im Augen-
blick der Anpassung, um sich dann aus der neu erstehenden Diskrepanz
zwischen Rolle und eigenem Selbstverständnis wieder aufzuladen.

Der weibliche Masochismus - ein Mythos?

Kommen wir auf diese eingangs gestellte Frage zurück. Das Prinzip Mythos bedeutet nach Roland Barthes (1964), Geschichte in Natur zu verwandeln. Der Mythos ist durch den Verlust der historischen Eigenschaft bestimmt, die Dinge verlieren in ihm die Erinnerung an ihre Herstellung. Das Bild verliert den Zusammenhang zur wirklichen sozialen Struktur, zur Macht der Herstellung der Welt als geschichtlich bedingte, hergestellte Eigenschaft. Der Mythos reinigt die Dinge. »Er macht sie unschuldig, er gründet sie in Natur und Ewigkeit, er gibt ihnen eine Klarheit, die nicht die der Erklärung ist, sondern die der Feststellung« (S.131).

In diesem Sinn ist der Begriff vom weiblichen Masochismus ein Mythos. Ein Mythos, indem er Unterwerfung an das weibliche Geschlecht bindet, sie mit der Wesenhaftigkeit der Frau »erklärt« und somit die Notwendigkeit jeder weiteren Analyse des Herstellungszusammenhangs abschneidet. Er ist auch insoweit ein Mythos, als er Realitätsbeziehungen kappt und isoliert. Die Suche nach Schmerz und Unterwerfung wird verabsolutiert. Dies ist eine Realitätsverdrängung, die das Wozu des Schmerzes, das Weshalb der Unterwerfung nicht weiter verfolgt. Der Mythos errichtet ein Denkverbot gegenüber der Forschung nach Ursachen, aus denen Leiden in Kauf genommen wird. Und er ist eine Mystifizierung von Herrschaft, indem der Masochismusbegriff die Herstellung des Phänomens verschleiert: die Herstellung von geschlechtsspezifischen Machtverhältnissen, die Frauen zu Unterwerfung und Anpassung zwingen. Er läßt die wahren Urheber der Geschichte im Dunkeln.

Dieser Mystifizierungsschritt gelingt mit Hilfe der unzulässigen Analogiebildung von weiblichem und sexuellem Masochismus. Beim sexuellen Masochismus stellt der Masochist selbst die Verhältnisse her: Er befiehlt seiner Domina, ihn zu unterwerfen. Er allein ist es, nach dessen Wunsch und Willen die Verhältnisse gestaltet werden. Darauf gründet sich auch ein Vertrauensverhältnis, in dem die Beteiligten die Grenzen genau kennen und einhalten. Die Übertragung dieses Masochismusbegriffs auf weibliche Unterordnung suggeriert, daß frau ebenfalls die Verursacherin des Geschehens sei, daß es nach ihren Wünschen geschehe, ja daß sie auch Vertrauen in dieses Verhältnis haben könne, da es ja letztlich ihrer Befriedigung diene. Aus den Problemen des traditionellen Geschlechterarrangements wird eine Krankheit der Frau, d.h. aus einem *inter*individuellen wird ein individuelles Problem gemacht. Durch die Übertragung des Begriffs wird die männliche Urheberschaft des Arrangements verschleiert.

Der Skandal dieser Mystifizierung sollte uns jedoch nicht daran hindern, zu dem Phänomen selbst vorzustoßen, dem Phänomen der Anpassung von Frauen an die *herr*schenden Machtverhältnisse. Diese Anpassung ist *not*wendige Überlebensstrategie und birgt ihre inwendigen Belohnungen. Frauen nehmen dabei die Privilegien wahr, die sich ihnen bieten, und ohne die das System schon längst auseinandergefallen wäre. Sie genießen ihre Attraktivität für andere im Objektstatus, ihre Tugendhaftigkeit, die Möglichkeit, stellvertretend an Macht und Status teilzuhaben. Sie genießen ihre Unentbehrlichkeit für andere. Und doch sind all dies abgeleitete Genüsse. Genüsse, die sich aus dem Verbot eigener Triebbefriedigung und Selbstverwirklichung ergeben.

Aber dennoch, nicht zuletzt steckt in diesem Genuß auch ein Widerstand, im Unterschied zu einem ausschließlich selbstzerstörerischen Verhalten: der Widerstand des Selbst, das sich in seiner Verleugnung, in seiner Unentbehrlichkeit für andere konstituiert. Der Widerstand einer Unterwerfung, die damit den Unterwerfenden schuldig macht, und der Widerstand in einer *Lust*losigkeit, die dem anderen zumindest den Spaß verdirbt.

Es ist ein Sieg in der Niederlage (Reik), der damit auch die Bedingungen der Niederlage immer wieder bestätigt. Aber nicht ein Sieg, der die Bedingungen selbst setzt. Frauen führen nicht Regie über die Bedingungen, sie entscheiden sich nicht dafür, sie suchen sie nicht aktiv auf, sondern sie arrangieren sich damit. Es ist ein Arrangieren in selbst- und fremddestruktiver Form. Die Frau beraubt sich dabei ihrer Trieb- und Aktivitätsimpulse und ihres Selbst. Sie überläßt die Macht des Wollens dem Mann. Zugleich unterläuft sie seine Machtpose, indem sie ihn infantilisiert und ihn in mütterlicher Sorge depotenziert.

Angesichts der Mystifikationen durch den Begriff des weiblichen Masochismus wäre es ratsam, ganz vom Konzept des weiblichen Masochismus Abstand zu nehmen, da er Ursachen, Bedingungen und Rollenverteilung im geschlechtshierarchischen Arrangement verschleiert. Statt dessen sollten wir sich eher auf Konzepte besinnen, die das Problem der Anpassung von Frauen und Männern an eine männerdominierte Gesellschaft verdeutlichen.

Ein solches Konzept ist etwa die von Gail Pheterson (1988) entwickelte Theorie »psychopolitischer Abwehrmechanismen« mit den Mechanismen der »internalisierten Unterwerfung« und der »internalisierten Dominanz«. »Internalisierte Unterwerfung« bedeutet nach ihrer Definition, daß Angehörige der unterdrückten Gruppe die Vorurteile der dominanten Gruppe gegen sich selbst internalisiert und akzeptiert haben. Sie geht meist einher mit Selbstverachtung, Selbstverleugnung, Angst vor Gewalt, Minderwertigkeitsgefühlen, Resignation, Isolation, Ohnmacht, Scham und der Dankbarkeit, leben und überleben zu dürfen.

Hingegen bedeutet »internalisierte Dominanz«, daß die Angehörigen der dominanten Gruppe die Vorurteile gegen die Diskriminierten internalisiert und akzeptiert haben. Sie geht meist einher mit Gefühlen der Überlegenheit, der Normalität, der Selbstgerechtigkeit zusammen mit Angst, Furcht, Projektion, Realitätsverleugnung und Entfremdung von sich selbst und der Natur. Sie hält die Unterdrückung anderer und die Selbstentfremdung aufrecht, entweder durch Verleugnung oder durch Abwertung aller außer einer sehr geringen Anzahl menschlicher Möglichkeiten. Und einen wesentlichen Teil dieser von der dominanten Gruppe verleugneten und abgewerteten Möglichkeiten menschlichen Lebens bilden die Hingabe, die Fürsorge und Beständigkeit, die durch ihre einseitige Bindung an das weibliche Geschlecht im sogenannten weiblichen Masochismus nur deformiert zum Ausdruck kommen können.

Literatur

Arbeitskreis »Sexuelle Gewalt« beim Komitee für Grundrechte und Demokratie e.V.(Hg.): *Gewaltverhältnisse. Eine Streitschrift für die Kampagne gegen sexuelle Gewalt.* Sensbachtal, 1987

Baker-Miller, Jean: *Die Stärke weiblicher Schwäche.* Frankfurt, 1980

Barthes, Roland: *Mythen des Alltags.* Frankfurt, 1964

Beauvoir, Simone de: *Das andere Geschlecht. Sitte und Sexus der Frau.* Reinbek, 1968

Beauvoir, Simone de: *Auge um Auge. Artikel zur Politik, Moral und Literatur, 1945–1955.* Reinbek, 1987

Beck, Ulrich: *Risikogesellschaft. Auf dem Weg in eine andere Moderne.* Frankfurt, 1986

Benjamin, Jessica: »Die Antinomien des patriarchalischen Denkens. Kritische Theorie und Psychoanalyse.« In: Bonze (Hg.): *Sozialforschung als Kritik.* Frankfurt, 1982

Dies.: »A Desire of One's Own: Psychoanalytic Feminism and Intersubjective Space«. In: Lauretis, Teresa de (Hg.): *Feminist Studies, Critical Studies.* Regents of the University of Wisconsin, 1986

Benard, Cheryl und Edit Schlaffer: *Im Dschungel der Gefühle. Expeditionen in die Niederungen der Leidenschaft.* Reinbek, 1987

Burtler, Sandra: *Conspiracy of Silence. The Trauma of Incest.* San Francisco, 1985

Carter, Angela: *Sexualität ist Macht. Die Frau bei de Sade.* Reinbek, 1981

Caplan, Paula J.: *Frauen sind keine Masochisten. Das Ende eines Vorurteils.* Köln, 1986

Dinnerstein, Dorothy: *Das Arrangement der Geschlechter.* Stuttgart, 1979

Deutsch, Helene: *Psychologie der Frau.* Eschborn, 1988 (reprint v. 1948)

Freize, Irene H.: »The Female Victim: Rape, Wife Battering and Incest.« Vortrag vor der American Psychological Association Convention, Washington, 1986, Audio Transcript 93-297-86 B

Hagemann-White, Carol: *Sozialisation: weiblich-männlich?* Opladen, 1984

Hagemann-White, Carol: »Macht und Ohnmacht der Mutter.« In: Rommelspacher, Birgit (Hg.): *Weibliche Beziehungsmuster. Psychologie und Therapie von Frauen.* Frankfurt, 1987

Hearn, Jeff und Wendy Parkin: »*Sex« at »work« – The Power and Paradox of Organisation Sexuality.* Brighton, 1987

Leites, Edmund: *Puritanisches Gewissen und moderne Sexualität.* Frankfurt, 1988

Mahler, Margret, Fred M. Pine und Anni Bergmann: *Die psychische Geburt des Menschen. Symbiose und Individuation.* Frankfurt, 1980

Pheterson, Gail: »From the Therapeutic to the Political Stage. Psychological Disciplines in Feminist Thought and Action«. Manuskript eines Vortrags auf dem International Congress on Mental Health Care for Women. Amsterdam, 19.–22. Dez. 1988.

Rasch, Wilfried: »Motivische Hintergründe von Vergewaltigungen.« In: Arbeitskreis »Sexuelle Gewalt«

Reik, Theodor: *Aus Leiden Freuden. Masochismus und Gesellschaft.* Frankfurt 1983 (1941)

Roy, Maria: *Battered Women. A Psychological Study of Domestic Violence.* New York, 1977

Russel, Diana E.H.: *The Secret Trauma. Incest in the Lives of Girls and Women.* New York, 1986

Senett, Richard: *Autorität.* Frankfurt, 1985

Roswitha Burgard
Weiblicher Masochismus legitimiert Männergewalt

Ich möchte mich anhand eines Beispiels aus meiner beruflichen Praxis mit dem vermeintlichen Masochismus von Frauen befassen
und auf die Bedeutung eingehen, die dieser Mythos heute noch hat bzw.
im Gewand des Sadomasochismus zunehmend gewinnt. Ich zitiere zunächst die amerikanische Psychologin Paula J. Caplan (1986), die in
ihrem Buch *Frauen sind keine Masochisten* u.a. Freuds These von der
weiblichen Lust am Leiden als männliches Vorurteil entlarvt: »Der Mythos vom weiblichen Masochismus hat – auf bedrückend erfolgreiche
Art – das Ziel verfolgt, die wahren Gründe für das Leiden der Frauen zu
verschleiern, und hat somit den Weg zu Änderungen versperrt. Diejenigen, welche an der andauernden Unterdrückung der Frau ein Interesse
haben – die politisch und ökonomisch Mächtigen, welche die Unterwür-
figkeit und Leidensfähigkeit der Frau zu ihrem eigenen Vorteil ausnutzen
und sie zur Legitimation ihrer Macht benutzen –, sind nur allzu gern
bereit, den Mythos zu akzeptieren und aufrechtzuerhalten.« (S. 266)
Diesen Mythos wollte in den siebziger Jahren auch der amerikanische
Psychiater John R. Lion (1977) aufrechterhalten, der klinische Aspekte
bei der Mißhandlung von Frauen untersuchte. Er will herausgefunden
haben, »daß gewisse mißhandelte Frauen eine psychische Befriedigung
durch das Schlagen und Mißhandeln finden.« (S.127) Weiterhin wollen
J.F. Snell u.a. (1964) in ihrer Untersuchung Masochismus bei mißhan-
delten Frauen festgestellt haben. Die Beziehungen zwischen den unter-
suchten Paaren wurde von den Autoren als »Rollentausch« bezeichnet:
Schüchterne und passive Männer waren von dominanten und tüchtigen,
also nach der Terminologie der Psychoanalyse »kastrierenden« Frauen
abhängig. Bei diesen Frauen wurden »auffallend masochistische Persönlichkeitszüge« festgestellt. Laut Snell u.a. finden beide Ehepartner in

diesen Beziehungen große Befriedigung: Die Frau hat Schuldgefühle, weil sie als dominanter Teil die Beziehung beherrschen möchte. Beide gehen davon aus, daß ihr diese Rolle nicht zusteht. Der Mann, der im Grunde von ihr abhängig und ohne Verantwortung bleiben möchte, muß ihr durch Schlagen seine zumindest körperliche Überlegenheit beweisen. Mit keinem Wort wird in dieser Untersuchung die Gewalt, der die Frau ausgesetzt ist, problematisiert, und erst recht nicht verurteilt. Das Hauptproblem der Männer besteht den Autoren zufolge nicht in ihrer Gewalttätigkeit, sondern in ihrer vermeintlichen Schwäche. Indem sie »Rollentausch« konstatieren, weisen die Autoren darauf hin, daß bei Frauen Dominanz und Selbstbewußtsein und bei Männern Abhängigkeit und Entscheidungslosigkeit pathologisch sind und daß auf dieses pathologische Verhalten mit »weiblichem Masochismus« reagiert wird. Ihrer Meinung nach wird das Gleichgewicht innerhalb der Beziehung durch den Masochismus der Frau und die Gewalttätigkeit des Mannes hergestellt. Das bedeutet auch, daß die männliche Dominanz, die die Norm ist, auf den psychopathologischen Bereich übertragen wird: weiblich=passiv= masochistisch und männlich=aktiv=sadistisch.

Selbst wenn berücksichtigt wird, daß Masochismus bei Frauen als Versuch interpretiert werden könnte, eine Situation der Hilflosigkeit dahingehend umzudefinieren, daß aus ihr Befriedigung gezogen werden kann, habe ich während meiner jahrelangen praktischen Arbeit keine Frau kennengelernt, die das Einschlagen von Zähnen oder das Brechen eines Nasenbeins und eheliche Vergewaltigungen als stimulierend oder befriedigend erlebt hätte. Frauenmißhandlung mit dem Masochismus der Frau zu erklären, ist angesichts des ungeheuren Ausmaßes von Gewalt gegen Frauen ganz einfach zynisch. Der Masochismustheorie, mit der Frauenmißhandlung erklärt werden soll, liegt das gleiche Denken zugrunde wie dem Provokationsargument: Ob die Frau die Mißhandlung »genießt« oder »provoziert«, sie trägt in jedem Fall die Verantwortung für die Gewalt des Mannes. Diese Argumentation paßt in ein Schema, nach dem Männer freigesprochen und Frauen, die es angeblich nicht anders wollen, für schuldig befunden werden. Interessant ist, daß bei dieser Sichtweise ausschließlich die Motivation des Opfers, also der Frau, interpretiert wird. Es ist meines Wissens nie der Versuch unternommen worden, die Gewalttätigkeit der Männer mit dem Phänomen des Sadismus in dieser Breite zu erklären. Wenn Gewalt gegen Frauen mit dem psychopathologischen Ansatz zu erklären wäre, dann bestünde unsere Gesellschaft bei dem ungeheuren Ausmaß von Männergewalt überwiegend aus männlichen Sadisten und weiblichen Masochisten.

Auf den Mythos vom weiblichen Masochismus wird immer dann verstärkt zurückgegriffen, wenn das Macht/Ohnmacht-Verhältnis zwischen den Geschlechtern in Frage gestellt werden könnte. Ich habe erlebt, daß Psychoanalytiker, Psychiater und Sozialarbeiter Frauen, deren Männer gewalttätig wurden und die Unterstützung suchten, als »masochistische Persönlichkeit« stigmatisierten.

Mit dieser vernichtenden Diagnose wird die gesellschaftliche Realität, in der Männern erlaubt ist, Gewalt gegen Frauen auszuüben, nicht nur nicht in Frage gestellt, sondern legitimiert. Diese Sicht von männlichen und oft auch weiblichen Experten hat Auswirkungen auf die betroffenen Frauen, die diese Sichtweise häufig übernehmen. Zum einen können sie ihr in der Regel aus Unwissenheit nichts entgegensetzen, und zum anderen fühlt sich eine Frau dadurch manchmal kurzfristig entlastet. Da es sich um eine »Krankheit« handelt, kann sie diese ohne fachliche Hilfe nicht überwinden. Eine Klientin erzählte mir, sie habe sich mit diesem Wissen resigniert in den Trümmern ihres Lebens eingerichtet. So kann die Diagnose »masochistische Persönlichkeitsentwicklung« zugleich situativ entlastend und bezüglich der eigenen Handlungsmöglichkeiten perspektivisch lähmend sein. Frauen, die sich für masochistisch halten, stellen sich vielleicht nicht die Aufgabe, ihre Lebensumstände realistisch wahrzunehmen und zu verändern.

Abgesehen davon, Männergewalt mit weiblichem Masochismus zu erklären bzw. zu entschuldigen, gibt es in den letzten Jahren eine zunehmende Tendenz, Sadomasochismus als »neue Sinnlichkeit und Leidenschaft« zu propagieren. Masochismus hat in diesem Kontext viel mit Leidenschaft bzw. sexueller Ekstase zu tun. VerfechterInnen des Sadomasochismus gehen davon aus, daß keine Lust ohne Leiden sein kann oder wie Barbara Sichtermann es audrückt: »Eine sexuelle Beziehung ohne 'Militanz', ohne Schmerz-Lust ist etwas Gekünsteltes, ein Unding.« (1983, S. 38) Dieser »Liebeskampf« im Zuge der »neuen Sinnlichkeit« sieht allerdings auch heute noch so aus, daß in der Regel von weiblicher Hingabe und männlicher Eroberung ausgegangen wird. Von der weiblichen Hingabe ist es nicht weit zum weiblichen Masochismus, der, modisch zum Sadomasochismus aufbereitet, als abenteuerlich und chic gilt. Die Rolle, die Frauen in der Regel dabei spielen, ist altbekannt; mit den Folgen habe ich in meiner therapeutischen Praxis zu tun. Beim Sadomasochismus soll Frauen die Fähigkeit zur Passivität als Steigerung der Lust wieder attraktiv gemacht werden. Ulrike Heider (1986) sieht dies ganz ähnlich: »Als Wegbereiterin zum Siegeszug der 'neuen Sinnlichkeit' darf man die 'neue Weiblichkeit' betrachten. Diese schon seit Mitte der siebziger Jahre wirksame Rückbesinnung der Frauen auf ihre scheinbar biologisch bedingten Eigenschaften hat dem neuen Gefühls- und Sinnen-Kult Tür und Tor geöffnet. Das angeblich der Natur näherstehende weibliche Geschlecht wurde auf diesem Wege in den fragwürdigen Rang erhoben, Sachverwalterin von Körperlichkeit und Sinnlichkeit zu sein. Damit einher ging folgerichtig die Idealisierung und Erotisierung der Gebär- und Mutterfreuden.« (S.13)

Diese angeblich neue Weiblichkeit verlangt natürlich ihr Pendant in der »starken Männlichkeit«, um so zu einer Vollendung zu gelangen. Männer, die den Trend der Zeit erkannt haben, bestehen in Beziehungen darauf, ihre sexualisierten Aggressionen ungehemmt ausleben zu dürfen. Ich erinnere mich an eine junge Klientin, die in der Therapie damit kämpfte, die Wünsche ihres Freundes, sie während des sexuellen Aktes zu fesseln und zu schlagen, zurückweisen zu dürfen. Sie befürchtete, für prüde und langweilig gehalten und verlassen zu werden. Hierbei geht es also nicht um das sexuelle Lustempfinden der Frau, sondern ihre erzwungene »freiwillige« Unterwerfung gekoppelt mit physischer Gewalt steigert die Lust (welcher Art sie auch immer sein mag!) des Mannes. Verbrämt wird dies alles mit der These, sexuell ausgelebte Aggressionen dienten dazu, allgemeine zwischenmenschliche und soziale Brutalität zu verhindern. Wenn ich von der Realität der meisten Frauen ausgehe, halte ich diese Behauptung für einen Zynismus. Nach meiner Erfahrung sind sexuell ausgelebte Aggressionen dazu geeignet, die totale Kontrolle über den anderen immer wieder zu bestätigen. Insofern dient die S/M-Propagierung wie die Pornografie-Befürwortung nicht dazu (wie so gern behauptet wird), Grenzen zu sprengen, sondern im Gegenteil wird damit das bestehende Machtverhältnis zwischen den Geschlechtern bestätigt und zementiert – allerdings in modisch aufbereiteter Art und Weise. Der subtile bis offene Zwang, der hierbei wieder auf Frauen ausgeübt wird, bleibt in der Regel unsichtbar, denn: Welche junge Frau läßt sich schon gern für langweilig und frigide halten, wenn sie scheinbar die Chance langweilig und frigide halten, wenn sie scheinbar die Chance hat, für leidenschaftlich und unkonventionell gehalten zu werden?

Ein besonders krasses Beispiel zeigt der 1988 in vielen Medien ganz bewußt hochgejubelte amerikanische Spielfilm *Eine verhängnisvolle Affäre.* Obwohl die Hauptdarstellerin anfänglich als souverän, berufsorientiert und ökonomisch unabhängig dargestellt wird (wenngleich in aller Kürze), wird sie im Laufe des Films zum klassischen Weibchen – allerdings im neumodischen Gewand – stilisiert. Ihre Souveränität verliert sie durch eine Wochenend-Affäre mit einem verheirateten Mann. Sie entdeckt ihre »wirkliche Bestimmung« als liebende Frau, wird schwanger und will ihre Identität in der Mutterschaft und im Kampf um diesen unerreichbaren Mann ausleben. Sie wird bis zum bitteren Ende des Films ausschließlich als dämonisch-animalisches Naturgeschöpf, als überweibliche, unberechenbare Frau gezeigt, die durch eine einzigartige, unerfüllte Leidenschaft buchstäblich ihren Kopf verliert und verrückt wird. So ein breit diskutierter Film hat natürlich Auswirkungen sowohl auf das Bewußtsein von Frauen als auch von Männern, jedoch mit entgegengesetzten Konsequenzen: Für Frauen und Männer existieren nicht die gleichen sexuellen Freiheiten. Frauen sind von ihrer Psyche her so »konditioniert«, Männern die primäre Bedeutung in ihrem Leben beizumessen, d.h. die Beziehung zu einem Mann zum vorrangigen Ziel ihrer Wünsche zu machen. Für Männer dagegen sind Liebesbeziehungen zu Frauen nur ein Aspekt ihres Lebens.

Im folgenden Beispiel will ich verdeutlichen, welche lähmende und gleichzeitig partiell stimulierende Funktion der Mythos vom Masochismus besitzen kann. Hierbei handelt es sich *nicht* um eine Frau aus dem Frauenhaus, der von anderen eingeredet wurde, sie könne masochistisch sein. Anke ist eine 46-jährige, beruflich äußerst erfolgreiche und ökonomisch unabhängige Frau mit einem heranwachsenden Kind. Ich lernte sie auf einer Veranstaltung kennen, und sie sagte recht beiläufig, sie sei gern masochistisch und fände es aufregend. Dies brachte meine bisherige Theorie und Praxis durcheinander. Sie war die erste Frau, die ich traf, die ihren Masochismus offen und relativ selbstbewußt zugab. Wenn Frauen im Frauenhaus von der Möglichkeit berichteten, eventuell masochistisch zu sein, war dies in der Regel mit Resignation, Ratlosigkeit, Scham- und Schuldgefühlen verbunden. Im folgenden gebe ich Auszüge eines intensiven Gesprächs mit Anke wieder. Ich bin sicher, daß sich viele Frauen, die von *der* großen

Leidenschaft zu einem Mann träumen, zumindest ansatzweise in Anke wiedererkennen werden.

Ich bin gern masochistisch

Roswitha: Wann ist dir zum erstenmal bewußt geworden, daß du masochistisch sein könntest?
Anke: Erstmal weiß ich nicht genau, ob ich es jetzt noch bin. Denn ich bin nicht mehr gewillt, es mit mir machen zu lassen. Aufgefallen ist es mir, als Bekannte sagten, du kannst ja mit deinem Freund aufhören, wenn es dich so stört. Du mußt das Verhältnis nicht weiterführen. Die Liebesbeziehung ist eines Tages ganz plötzlich entstanden. Zu diesem Zeitpunkt war seine Freundin weg. Er sagte, er sei getrennt. Dann ist sie wiedergekommen, um ihre Wintersachen zu holen. Da hätte ich gleich sagen müssen, das mache ich nicht mit. Ich habe mich aber darauf eingelassen. Ich hatte unheimliche Angst vor einer Trennung. Dann hat er sie weggeschickt, dann kam sie wieder, dann hat er sie wieder weggeschickt – also ein ewiges Hin und Her. Ich habe mich am Anfang auch mit der Freundin unterhalten, weil ich die kannte. Mir wurde klar, daß sie noch denkt, sie ist seine Freundin, während er mir immer weismachen wollte, sie ist es nicht. Also, das Schlimmste an unserem Verhältnis war, daß er mich immer so hinstellen wollte, als sei ich so dämlich zu glauben, daß er mit ihr kein Verhältnis hat. Er sagte immer wieder, die wohnt nur bei mir, schlief aber mit ihr in ein und demselben Bett. Er hätte es aufgrund der Wohnsituation auch anders einrichten können. Er hat immer wieder gesagt, da wäre nichts. Ich habe immer wieder gesagt, wenn da was ist, dann ist das auch egal, aber verkauf mich nicht für blöde.
Roswitha: Du hast ihm also nicht geglaubt.
Anke: Vielleicht hat er sogar die Wahrheit gesagt, ich weiß es nicht. Ich habe natürlich alle möglichen Nachforschungen angestellt und mich ausschließlich mit ihm beschäftigt. Das hat mich so absorbiert, das Ganze. Und das fünf Jahre lang. Es ist jetzt fast zwei Jahre zu Ende. Ich habe immer noch gehofft, daß es wieder o.k. wird. Zwischendurch war immer mal Schluß. Wenn er dann wiederkam, habe ich gedacht, ich nehme es ja trotzdem gern in Kauf. Genauso hat sie übrigens gehandelt. Sie hat immer gesagt, es macht nichts, du kannst sie ruhig als Geliebte haben.

Hauptsache, du bleibst bei mir. So unter dem Motto, Hauptsache wir beide werden zusammen alt. (…)

Roswitha: Wie bist du auf die Idee gekommen, masochistisch zu sein?

Anke: Ja, weil es doch selbstquälerisch ist, wenn du längst kapiert hast, daß aus dem Verhältnis nichts werden kann. Aber vielleicht verstehst du Masochismus anders. Daß man sich selber körperlich quält, das meine ich nicht. Ich meine rein seelisch. Wenn ich also meinen Verstand, den ich eigentlich habe, zusammengenommen hätte, dann hätte ich sagen müssen, es hat überhaupt keinen Sinn, mit so einem Mann zusammenzusein. Aber je weniger er für mich zu haben war, desto mehr wollte ich ihn. Hätte ich ihn haben können, wäre ich ihn vielleicht sogar leid gewesen. Ich weiß es nicht. Er hat immer gesagt, wenn wir heiraten, würdest du es doch nicht mit mir aushalten. Du hältst es doch mit mir nur aus, weil es immer so ungewiß ist, also ein Abenteuer.

Roswitha: War das auch dein Eindruck?

Anke: Nein, aber inzwischen denke ich schon etwas anders. Ich kenne im Moment viele arbeitsmäßig selbstbewußte Männer, das sind alles potentielle Verehrer von mir. Und wenn ich merke, die sind hinter mir her, interessieren die mich wirklich herzlich wenig. Wenn ich mich verliebe, ist es eben genau umgekehrt. Das sind immer die Typen, an die ich nicht ran kann. Und insofern meine ich, das hat mit Masochismus zu tun. Erst in dieser Beziehung ist mir die Idee vom Masochismus gekommen und eigentlich nur durch die Diskussionen, in denen alle immer sagten, Mensch, hör doch auf, immer nur zu jammern über dieses Verhältnis. Entweder du machst es so, wie es ist, mit, oder du trennst dich. Du mußt ja nicht.

Roswitha: Hast du denn irgendeine Befriedigung daraus gezogen?

Anke: Ja, z.B. diese Versöhnungen, nachdem er mich völlig fertiggemacht hatte und dann wieder mit mir ins Bett ging. Das war natürlich das Tollste. Und das hat er auch voll ausgenutzt. Er war auch zwölf Jahre älter als ich und hatte viel Erfahrung. Ich glaube, diese Kräche, die hat er oft provoziert, weil er wußte, wenn wir uns dann versöhnten, ist die Liebe noch ein Stück stärker.

Roswitha: Die »Kräche« könntest du ja auch provoziert haben, weil du wußtest, hinterher kommt dann wieder die Versöhnung.

Anke: Ich finde nicht, daß ich die provoziert habe. Aber ich bin immer voll darauf eingestiegen, habe immer gemerkt, gleich schlägt es wieder um. Dann dreht er mir wieder die Worte im Munde um und behauptet, dies und das hätte ich gesagt. Und wenn ich daraufhin fragte, was habe ich denn gemacht, meinte er immer, das mußt du doch selber wissen. Also ich kam nie klar, was da eigentlich passiert war. Und wenn ich merkte, jetzt kriegt er wieder diesen Umbruch, diese schlechte Laune, und das war fast alle drei, vier Tage soweit, dann habe ich mich also auf den Kopf gestellt, damit er nicht schlecht gelaunt wurde. Das hat ihn im Grunde genommen nur noch rasender gemacht. Ich hätte ihm sagen sollen, du, heute hast du schlechte Laune, hau ab, wir treffen uns ein andermal. Aber ich immer mit dieser Gier nach diesem Mann. Und wenn er schon mal da war, sich also losgeeist hatte von seiner Freundin, dann wollte ich auch einen schönen Abend mit ihm haben. Ich habe so viel Energie darauf verwandt. Wenn er also so um vier Uhr morgens aus dem Haus ging und sagte, ich ruf dich morgen vormittag an, dann habe ich die Wohnung nicht verlassen. Mein Tagesablauf richtete sich nur nach diesem Mann.

Roswitha: Hast du das Gefühl, daß die Beziehung in den ganzen fünf Jahren von der gleichen Intensität war?

Anke: Liebesmäßig ist es immer stärker geworden. Also, ich war richtig süchtig nach dem.

Roswitha: Was hat dich so fasziniert an ihm? Die Sexualität, die Position, oder hatte er besondere Fähigkeiten?

Anke: Die Person als solche. Die Position war mir scheißegal. Er sah schon toll aus, wir waren irgendwie ein Superpaar. Also, äußerlich hat er mir gefallen, und wahrscheinlich hat mir auch so seine ganze männliche Lässigkeit gefallen. Es gibt ein seltsames Beispiel, ich steh' eigentlich auf Jeans, Cordhosen und Pullover, und der lief immer im Anzug rum, immer elegant, und plötzlich fand ich das super. Dann kam die neue Modewelle: Hemdstulpen und Manschettenknöpfe waren sowieso wieder in. Also ich kann das nicht mehr unterscheiden, ob das jetzt auf der Welle lag oder mein Geschmack war. Meistens läuft es so, ich finde oder entdecke irgend etwas und sehe dann, das läuft zur Zeit sowieso gerade. Also, es hat mich schon erstaunt, daß ich plötzlich so einen Herrn gut fand.

Roswitha: War er eher eine Vaterfigur für dich?

Anke: Das habe ich mich auch gefragt. Als mein Vater starb, sagte ich zu ihm: »So, jetzt kannst du mich adoptieren.« Das hat ihn sehr verletzt. Aus Spaß habe ich das zu ihm gesagt. Und ein paar Tage später war es dann auch zu Ende.

Roswitha: Siehst du in der Trennung irgendeinen Zusammenhang mit dem Tod deines Vaters?

Anke: Indirekt. Also solche Sachen kann der nicht aushalten. Mit solchen Sachen wird er nicht fertig. Ich war ja unheimlich traurig, als mein Vater starb. Da hätte ich eigentlich erwartet, daß er mir so ein bißchen unter die Arme greift. Also Zuhören hat er immer sehr gut gekonnt. Wir führten tolle Gespräche. Er ist immer auf alles von mir eingegangen. Oft hatte er so seine eigenen Ansichten, die überhaupt nicht mit meiner beruflichen Praxis übereinstimmten.

Roswitha: Das heißt, nachdem dein Vater gestorben war, hat er sich auch von dir getrennt.

Anke: Ja, und meine Mutter und mein Stiefvater haben sich ein paar Monate nach dem Tod meines Vaters auch von mir getrennt. Das war 1986. Und seitdem fühle ich mich absolut gut, ich fühle mich wesentlich besser als vorher. Ich habe früher morgens rumgehangen. Ich habe geheult, schlechte Laune gehabt und mich alleine gefühlt. Ich konnte abends nicht zu Hause bleiben, mußte immer in der Kneipe sitzen. Heute werde ich nicht mehr nachts wach. Ich habe einen wunderbaren Schlaf, ich mache meine Arbeit. Nun habe ich auch irre viel zu tun. Also darin sehe ich einen Zusammenhang. Daß ich Erfolg habe, liegt nur daran, daß ich meine Energie jetzt in die Arbeit stecke.

Roswitha: Glaubst du, es geht dir auch besser, weil du klare Entscheidungen getroffen hast?

Anke: Ich habe ja keine Entscheidung getroffen. Die haben sich von mir getrennt, und es ist bitter, dies zuzugeben. Aber so ist es nun mal. Ich hätte mich nie getrennt.

Roswitha: Es könnte ja auch sein, daß du Trennungsschwierigkeiten hast und darauf gewartet hast, daß sich die anderen von dir trennen?

Anke: Also, ich habe schon darauf gewartet, daß er wiederkommt. Bei meinen Eltern weniger. Das war ja vorher ein paarmal durchgespielt, daß wir uns auf irgendeine Weise in der Stadt wiedertrafen. Also, ich wußte, daß er samstags morgens oft in einem bestimmten Laden war, und so habe ich mich um die Zeit in der Nähe aufgehalten. Im Grunde genommen habe ich es immer wieder gekittet, und er war heilfroh darüber. Er hat dann immer gesagt, ach bin ich froh, daß du wieder angerufen hast oder daß wir uns wiedergetroffen haben.

Roswitha: Wenn ihm so viel daran gelegen war, warum ging die Initiative nie von ihm aus?

Anke (nachdenklich, fragend): Stolz vielleicht ...

Roswitha: Es könnte auch Bequemlichkeit gewesen sein, da er wußte, daß du dich immer wieder um ihn bemühst.

Anke: Ja, könnte auch sein. (...)

Roswitha: Was, würdest du heute sagen, hast du von dieser Beziehung gehabt?

Anke: Bis vor kurzem hätte ich gesagt, das war meine allertollste Liebesbeziehung. Das kriege ich auch nie wieder hin. Ich habe ja jetzt auch fast zwei Jahre gebraucht, um mich mit jemandem wieder neu einzulassen. Also, das war wirklich die schönste Liebesbeziehung, die ich je hatte. Andererseits bin ich jetzt wahnsinnig auf der Hut.

Roswitha: Was war für dich schön daran?

Anke: Ja, er war eben so ein richtiger Mann, ich weiß nicht, so ein Mann-Mann.

Roswitha: Was ist für dich ein richtiger Mann?

Anke (nach langer Pause): Na ja, das bezieht sich natürlich auf die Erotik, daß er das kann. Er hatte Erfahrung und drückte nicht nur irgendwelche Knöpfe. Dann sollte mir ein Mann nicht intellektuell unterlegen sein. Er war mir intellektuell gleichwertig. Also, er hatte wohl mehr Erfahrung, aber in manchen Sachen hat er nur irgendwas gequasselt, das ging mir auch sehr oft auf den Wecker.

Roswitha: Hast du das gesagt?

Anke: Nein. Dann wäre der Krach ja wieder losgegangen.

Roswitha: Hast du ihn nie kritisiert?

Anke (zögernd): Doch. Wenn ich aber nur sagte, du hast ein bißchen Zahnpasta auf der Backe, dann hieß es aufbrausend, du kannst dich ja trennen. Also, Kritik war das schlimmste für ihn. Dann bin ich dazu übergegangen, ihn immer zu loben. Und zwar so offensichtlich und so albern, indem ich sagte, also, ich finde dich toll, so wie du diskutierst, daß ich dachte, mein Gott, dicker kann man es ja kaum auftragen. Der muß es doch merken. Aber er hat es nicht gemerkt.

Roswitha: Was hattest du anschließend ihm gegenüber für Gefühle? Du hast ihn ja damit nicht mehr ernstgenommen?

Anke: Nee, im Grunde genommen nicht. Aber das war auch in der späteren Phase.

Roswitha: Wo du selbstsicherer wurdest in der Beziehung?

Anke: Nein, eben nicht. Ich bin nicht selbstsicherer geworden in dieser Beziehung.

Roswitha: Das setzt allerdings eine Distanz voraus, daß du ihn auf diese Weise nicht ernst nehmen konntest. Oder bist du dir in dieser Situation anbiedernd vorgekommen?

Anke: Nee, anbiedernd überhaupt nicht. Aber schon clownesk. Auch nicht überlegen oder naserümpfend, kann ich auch nicht sagen. Aber ich habe gedacht, wie blöd du doch bist, daß du das überhaupt nicht durchschaust, daß ich dich jetzt so lobe. (...) Wir sind fast jeden zweiten Tag schick essen gegangen, also sehr teuer. Entweder man ging vorher ins Bett oder nachher. Oder wir kriegten beim Essen schon Krach unter Einfluß von Alkohol. Wir haben immer kräftig getrunken.

Roswitha: Welche Rolle spielte der Alkohol?

Anke: Also für mich, daß ich dann immer gefügiger werde, aber auch viel schneller in Wut gerate. Oft genug bin ich bei ihm in Wut geraten.

Roswitha: Konntest du die Wut auch zeigen?

Anke: Ja, aber dann war er natürlich erst mal wieder ärgerlich. Daraufhin zog er sich zurück.

Roswitha: Dann bist du im Grunde immer für das Zeigen deiner Gefühle bestraft worden.

Anke: Ja, immer. Aber jetzt fällt mir was Irres ein, wo du das sagst. Wenn ich irgend etwas sagte, was ihm nicht paßte, dann hat er mit dem Auto nur die Kurve gedreht und mich zu Hause wieder abgesetzt mit den Worten: »Geh jetzt!« oder »Kümmere dich um dein Kind!« Und dasselbe, also was Vergleichbares, habe ich jetzt gemacht mit einem Mann, von dem ich wußte, der ist mir sehr zugetan, allerdings ohne den strafen zu wollen, also nicht bewußt. Irgendwie kam der mir blöd, und ich sagte o.k., habe die Kurve gemacht mit meinem Auto und ihn vor seiner Tür wieder abgesetzt mit der Bemerkung: »Wir können uns ja morgen wiedertreffen oder übermorgen«. Dann habe ich nichts von mir hören lassen. Er hat Briefe geschrieben und versucht, mich zu erreichen. Ich habe gemerkt, wie schofelig ich sein kann. Ich nehme jetzt genau die Position ein, die der Mann vorher bei mir eingenommen hat. Darüber ist mir klar geworden, daß der gar nicht so hundertprozentig engagiert gewesen sein konnte. Ich fand mich voll in seinen Mechanismen wieder, indem ich einen Mann, den ich nicht liebte, so behandelte, wie der andere mich vorher behandelt hat.

Roswitha: Hast du dieses Gefühl auch gehabt, während ihr zusammen wart?

Anke: Doch, ja. Wenn wir dann auseinander waren, war ich heilfroh und habe mir gesagt, so jetzt ist Schluß, nun kann er mich mal. Aber es dauerte keine zwei Tage; schon am nächsten Morgen habe ich mir überlegt, wie kriege ich ihn jetzt wieder rum, daß er wieder lieb zu mir ist. Immer, wenn ich sagte, hab mich doch lieb, hat er gesagt, laß mich in Ruhe. Der hat mich ja, wie gesagt, zu Hause abgesetzt, dann habe ich ihn noch mal umarmen und küssen wollen und kriegte zu hören: »Laß mich in Ruhe«. Ich: »Mensch, ich will dir doch nur einen Abschiedskuß geben.« Er hat mich immer weggestoßen – also wenn er keine Lust hatte, war der wirklich unerbittlich. Oder er hatte Angst, daß ich ihn doch wieder rumkriege, ich weiß es nicht.

Roswitha: Wenn er dich so zurückgestoßen hat, wie hast du dich dann gefühlt, wenn du nach Hause gegangen bist?

Anke: Ja, beschissen natürlich.

Roswitha: Nie wütend?

Anke (lange Pause): Doch, ich habe bestimmt so zwei-, dreimal die Tür geknallt, wenn ich dann wirklich ging. Aber beim allerletzten Mal habe ich die Tür ganz leise zugemacht, bin in meine Wohnung gegangen und habe mich oben gefragt, bin ich eigentlich blöde, mich hier so absetzen zu lassen? Ich habe mein eigenes Auto genommen und bei ihm geklingelt. Dann sind wir drei Stunden um den Häuserblock gegangen, bis er mich so verprügelt hat, daß ich ins Krankenhaus mußte. Das war unser letztes Treffen. Aber da bin ich selbst schuld. Ich habe ihn ja auch gereizt.

Roswitha: Hat er dich häufiger geschlagen?

Anke (überlegt lange): Häufig nicht, so drei-, viermal in fünf Jahren.

Roswitha: Wie war das eigentlich beim erstenmal, als er gewalttätig wurde?

Anke: Also es ging immer um Eifersucht. Daß ich angeblich mit irgendwelchen Kerlen was gehabt hätte, mit denen ich nichts gehabt habe. Er war tierisch eifersüchtig. Ich durfte mit keinem sprechen unterwegs.

Roswitha: Hast du das als übergroße Zuneigung ausgelegt oder war dir das zuviel?

Anke: Abwechselnd beides. Einerseits hat es mich gefreut, weil ich wußte, gut, dann muß ihm doch mehr an mir liegen, wenn er so eifersüchtig wird. Andererseits fand ich es manchmal absolut lächerlich. Wenn ich ihn mit zu beruflichen Verabredungen nahm, war er manchmal unerträglich. Sobald ich mit jemandem auf der Treppe drei Sätze wechselte, sagte er: »So, ich gehe jetzt nach Hause.« Dann bin ich immer hinter ihm hergelaufen und habe gebettelt: »Komm, den kenn' ich doch gar nicht, bleib doch hier.«

Roswitha: Hatte er angedroht, dich zu schlagen?

Anke: Nein. Im Grunde genommen kam es dadurch, daß ich ihn immer am Arm gepackt habe, wenn ich nicht weiterkam. Dann habe ich immer ganz eindringlich gesagt, hör mir doch mal richtig zu oder guck mir in die Augen, ich lüge nicht. Ich habe mit dem nichts gehabt.

Roswitha: Hast du dich wehren können?

Anke: Nee, der ist doch viel stärker.

Roswitha: Du hast es auch nicht probiert?

Anke: Doch, ich habe auch die Wut gekriegt. Dann habe ich schon versucht, zurückzuschlagen. Aber du kommst ja nicht ran bei so langen Kerlen. Mein Ehemann war genauso lang, der hat mich auch aus Eifersucht geschlagen und in die Badewanne geschmissen. Ich bin ganz stark, wenn ich Wut habe, und trotzdem kam ich nicht gegen ihn an. Ich meine, so etwas Gemeines wie in die Eier treten, würde ich nie machen. Also, das finde ich gemein, degradierend.

Roswitha: Und wie hat er dich geschlagen?

Anke: Nicht ins Gesicht, sondern in die Rippen.

Roswitha: Du sagst krankenhausreif. Ist das nicht gemein?

Anke: Krankenhausreif ist ein bißchen übertrieben. Ich bin am nächsten Tag – nachdem mir die Rippen so fürchterlich weh taten, daß ich dachte, die sind gebrochen – ins Krankenhaus gegangen. Sie waren sich unsicher, ob gebrochen oder nicht. Ich hatte sechs Wochen mit dieser Prellung zu tun.

Roswitha: Ich staune, daß du solche Unterschiede machst. Dich ernsthaft zu wehren, ist degradierend und gemein, und dir fast die Rippen zu brechen, ist weniger gemein.

Anke: Ja, ich meine, vielleicht würde ich ihn vor das Schienbein treten, aber nicht in die Eier.

Roswitha: Hat er darauf geachtet, wo er hinschlug?

Anke (ganz kleinlaut): Ich glaub' ja, sonst würde er ja nicht auf den Brustkorb hauen, das ist ja die relativ ungefährlichste Stelle.

Roswitha: Er ist stärker als du, und er schlägt dich krankenhausreif. Was gibt es denn da noch für ein Tabu, dich ernsthaft zu wehren?
Anke: Ich nehme an, der hat sich auch von mir bedroht gefühlt. Irgendwann hat er mal gesagt, du bist ja ganz schön stark. (…)

Kein Recht auf Aggressionen

Ein kleiner Exkurs in Ankes Kindheit, die einiges erklärt: Sie entwickelte als Kind eine übertriebene Frömmigkeit bis zur Bigotterie. Sonntags ging sie oft zweimal in die katholische Kirche. Die Bestrafung zu Hause sah so aus, daß sie nicht geschlagen wurde, sondern auf Holzscheiten knien mußte. Heute glaubt sie, damals schon masochistisch gewesen zu sein: Sie schichtete die Holzscheite nach einer gewissen Zeit neu auf, damit sie wieder schmerzten. Anke übernahm die Werte der katholischen Kirche in extremer Form: Sie hatte immer das Gefühl, Buße tun zu müssen, wenn sie etwas Schönes erlebt hatte. (Auf die Hintergründe der katholischen Mädchenerziehung geht Ulrike Pohl in ihrem Beitrag ein.) Ihr Vater war homosexuell. Die Mutter heiratete in dem Glauben, ihn »umpolen« zu können. Der Vater war innerhalb der Familie eine absolute Autorität. Er brachte seine Freunde zum Wochenende mit nach Hause und lebte seine Homosexualität vor den Augen seiner leidenden Frau, die ihn »innig liebte« und später haßte, wie Anke sagte, und seinen bedrückten Kindern aus. Anke war also von klein auf daran gewöhnt, sich männlicher Autorität widerspruchslos zu beugen und schweigend wie die Mutter Demütigungen hinzunehmen. Gleichzeitig hoffte sie, durch Überanpassung und Wohlverhalten die Aufmerksamkeit und Zuwendung des Vaters zu erhalten. Es ist erschreckend, wie ungebrochen Anke das gesellschaftliche Paradigma – das Verhalten des weiblichen Opfers dient zur Erklärung und Entlastung des männlichen Täters – auf ihre individuelle Situation überträgt: Sie hält sich für masochistisch, um überhaupt eine Erklärung für das »Leiden« in der Beziehung zu finden, und kommt erst gar nicht auf die Idee, den geliebten Mann für sadistisch halten zu können.

Anke ist heute »nicht mehr gewillt, es mit sich machen zu lassen«. Im Widerspruch dazu: Die Trennung war nicht ihre Entscheidung, sondern der Mann hat sie verlassen. Trotzdem wird an dieser Stelle eine deutliche

Distanzierung zu ihrer ersten Aussage, es sei schön, masochistisch zu sein, sichtbar. In Ankes Klischeevorstellung ist Masochismus eng verknüpft mit bedingungsloser, süchtigmachender Liebe, bei der alles in Kauf genommen werden muß, auch Leiden, um das Liebesobjekt immer wieder zu erobern. Ihren Verstand hat sie in dieser Beziehung weitgehend ausgeschaltet, weil ihr ansonsten die Aussichtslosigkeit und ihre unwürdige Position klargeworden wären. Durch Leugnung der Realität, die einhergeht mit Verdrängung ihrer aggressiven Gefühle, erhält sie sich etwas vermeintlich Abenteuerliches, Atemberaubendes, Leidenschaftliches, nachdem sie sich schon immer gesehnt hatte. Das Zulassen der bedrückenden Realität würde bedeuten, die Situation zu ihren Gunsten zu verändern.

Anke interessiert sich für Männer, an die sie nicht »rankommt« – ein weit verbreitetes Phänomen. Anders ausgedrückt: Männer, die sie schätzen und nicht herablassend behandeln, die sich also für sie als Person interessieren, haben keine sexuelle Attraktivität für sie. Sexualität und Erotik scheinen bei ihr mit ständiger Unsicherheit, mit Demütigung, Kraftaufwand und Verleugnung ihrer tatsächlichen Gefühle über ein geringschätzendes Verhalten verbunden zu sein. Dies spiegeln auch ihr geringes Selbstwertgefühl und ihre Selbstablehnung wider. Es ist möglich, daß Anke in diesem Zusammenhang u.a. auch Kindheitsmuster wiederholt: Ihr Vater schien für sie und ihre Mutter stets unerreichbar, und doch das Ziel ihrer Wünsche zu sein.

Diese »Gier nach diesem Mann«, von der Anke spricht, heißt für sie: Sie mußte sich durch Anpassung bis zur Unterwerfung die Zuwendung dieses Mannes immer wieder verdienen. Der Preis ist dementsprechend hoch: Sie hat sich »auf den Kopf gestellt«, um seine aggressiven Gefühle abzuwenden und ihre eigenen aggressiven Gefühle, die eine adäquate, »normale« Reaktion auf sein demütigendes und gewalttätiges Verhalten gewesen wären, abzuspalten bzw. umzuwandeln und gegen sich selbst zu richten. Die Folge des Leugnens der Realität und der eigenen aggressiven Gefühle ist eine zunehmende Verunsicherung in ihrem Empfinden und Verhalten. Ihr eigenes Fühlen und Verhalten ordnet sie seinem Gefühlsleben unter in der Hoffnung, ihn dadurch beeinflussen und für sich gewinnen zu können.

Sie fühlte sich während dieser Beziehung absorbiert, gelähmt und relativ handlungsunfähig in ihrem Beruf. Üblicherweise wird dies als depressive Verstimmung bezeichnet. Sie verschwendete ihre Energie für die Verwirklichung ihres romantischen Traums: einen Mann haben zu wollen, der sich permanent entzog. Je mehr sie sich in ihrem Tagesablauf auf ihn konzentrierte, desto mehr löste sie sich als berufsorientierte eigenständige Frau auf und entfernte sich von ihren eigenen Interessen. Dieser Prozeß geht normalerweise mit zunehmender Selbstverachtung und Selbstentwertung einher.

Ihre »Sucht« nach diesem Mann steigerte sich mit der Zunahme seines geringschätzenden, erniedrigenden Verhaltens. Da sie mit ihm in Harmonie verschmelzen wollte und sich nur noch in Relation zu ihm wahrnahm, mußte sie ihre Energie darauf verwenden, befriedigende Situationen herzustellen, um sich durch ihn aufgewertet zu fühlen. Gleichzeitig trug sie jedesmal einen »Sieg« davon, wenn sie ihn wieder »umstimmen« konnte. So hatten ihre Bemühungen in ihren Augen Erfolg: Ihr gelang es, den geliebten Mann immer wieder zurückzuerobern, ganz im Gegensatz zu den vergeblichen Bemühungen ihrer Mutter um ihren Vater.

Wesentlich finde ich, daß sie sich als 46-jährige Szene-Frau in ihre Jungmädchenträume verstrickt, die sie als Mitträgerin der sachlich »coolen« Studentenbewegung bisher nicht auszuleben wagte. Diese verdrängten romantischen Träume feiern im Zuge der »neuen Sinnlichkeit« Triumphe und gipfeln häufig in der sogenannten »neuen Weiblichkeit«, die wieder mit Anpassung bis zur Unterwerfung einhergeht. In kindlicher Weise werden Oberflächlichkeiten wie lässige Männlichkeit – die sie auch bei ihrem Vater bewunderte – und die Phantasien vom Traumpaar als wesentliche Merkmale der Beziehung angegeben. Ihre Realitätsleugnung wird an dem Punkt besonders deutlich, wo sie die Erinnerung verklärt und sich damit die Sehnsucht nach dieser Beziehung erhält: »Wir haben tolle Gespräche geführt« steht im Widerspruch zu: »Seine Ansichten stimmten nicht mit meiner beruflichen Praxis überein.« »Das war wirklich die schönste Liebesbeziehung« klingt nach bittersüßer Romantik oder, wie Christina Thürmer-Rohr sagen würde: »Die Gewalt der Männer wird so zur Herausforderung der Liebesfähigkeit der Frau. Trotz allem, was er ihr antut, haßt sie ihn normalerweise nicht, verletzt sie ihn nicht, tritt sie ihm nicht zu nahe, läßt sie ihn sein, wie er nun mal ist und will ihn trotzdem.« (1987, S. 170)

Auf Nachfrage fängt die »tollste Liebesbeziehung« an zu bröckeln, denn »in manchen Sachen hat er irgendwas gequasselt«. Aus der heutigen

Distanz heraus kann sie vor sich selbst und vor mir zugeben, daß sie das ärgerte, sie jedoch damals bereit war, ihre aggresiven Gefühle abzuspalten. Ihre Ansprüche waren auf ein Minimum an Kommunikation und Selbstachtung reduziert. Aus dem Gedanken, wie »blöd« er doch war, daß er ihr übertriebenes Lob nicht bemerkte, zog sie keinerlei Konsequenzen. Damit brauchte sie sich ihrer situativen Distanzierung nicht bewußt zu werden, die ein Wiederentdecken ihrer Autonomie bedeutet hätte bei gleichzeitiger Lockerung dieser Beziehung. Als Mann durfte er sich auch geistige Beschränktheit leisten, wenn er dabei nur ein richtiger Mann blieb. (Offensichtlich war er so von sich überzeugt, daß er ihr übertriebenes Loben für angemessen hielt.) Anke hielt das Macht/Ohnmacht-Verhältnis aufrecht, indem sie nur wagte, sich kindlich wie ein Clown zu fühlen und den Eindruck, er sei dumm und eitel, schnell wieder verwarf.

Bezeichnend ist der Rat von Ankes Freundeskreis: Entweder du läßt alles über dich ergehen oder du trennst dich. Die Idee, Bedingungen und Forderungen stellen zu können und aktiv eine Beziehung mitzugestalten, ist besonders bei Frauen schwer vorstellbar und natürlich in diesem Stadium der Beziehung aussichtslos. Es ist inzwischen eine Vater-Tochter-Konstellation eingetreten, in der man dem Kind nichts mehr zu erklären braucht, z.B. wenn Anke fragt: »Was habe ich denn gemacht?«

Es ist kein Zufall, daß Anke sich beim Tod ihres Vaters von ihrem Freund adoptieren lassen möchte. Der Vater blieb bis zu seinem Tod eine Autorität und beruflich maßgebend für sie. Obwohl sie in unserem Gespräch zugab, ihre Kindheitserinnerungen verdrängt zu haben – sicherlich aus gutem Grund, da sie vermutlich sehr schmerzhaft sein würden –, vermutet sie, einige ihrer Wünsche aus der Kindheit auf ihren zwölf Jahre älteren Freund übertragen zu haben. Interessant ist in diesem Zusammenhang, daß Anke bis zur Scheidung ihrer Eltern die Stütze ihrer verbitterten Mutter war und diese sich nach dem Tod ihres ersten Mannes abrupt von ihrer Tochter trennt. Ich vermute, daß Ankes Vater auch nach der Scheidung eine zentrale Rolle im Leben ihrer Mutter gespielt hat.

Indem Anke heute Männer so herablassend behandelt, wie sie behandelt wurde, wird ihr klar, daß ihr Freund nicht sehr an ihr interessiert gewesen sein konnte. Damals war sie sich dessen zwar auch ansatzweise bewußt, doch führte dieses Wissen nicht zu irgendwelchen Konsequenzen, da ihre Trennungsängste alles andere überschatteten. Heute ist es ihr möglich, eine Situation herzustellen, in der sie die aktiv Handelnde ist und vermutlich ihre abgespaltenen aggressiven Gefühle von einst an anderen Männern auszuagieren versucht.

Nicht nur gibt sie die körperliche Gewaltanwendung erst zum Schluß des Gesprächs zaghaft zu und spielt sie gleichzeitig herunter, sondern sie hält sich auch noch für schuldig, weil sie geschlagen worden ist. Das ist ein Phänomen, das ich bei sehr vielen Frauen, die Gewalt in irgendeiner Form erfahren haben, feststellen konnte. Indem sie zu Beginn der Gewalttätigkeiten die Schuld dafür bei sich suchen, glauben sie gleichzeitig, Einfluß auf die Brutalitäten des Mannes nehmen zu können. Wenn sie sich nur genügend anpassen bzw. unterwerfen, können sie sich die Illusion erhalten, seine Brutalitäten auf diese Weise von sich abzuwenden. Dies sind Allmachtsphantasien von Frauen, die ihnen eine scheinbare Macht verleihen: Ihr Verhalten ist der Schlüssel für die Brutalität des Mannes. Gleichzeitig können Wut und Empörung auf den Mann, der sie geschlagen hat, unter diesen Schuldgefühlen so tief begraben werden, daß sie fast nicht mehr spürbar sind. In dieser Phase der Realitätsleugnung befindet sich Anke heute noch. Dahinter steht auch die Wunschvorstellung, das Verhalten eines anderen Menschen kontrollieren und verändern zu können. Damit steckt sie in einer Falle. Sie verschwendet ihre Energie in der trügerischen Hoffnung, sein Verhalten verändern zu können, und vergißt dabei, daß sie ausschließlich Einfluß auf ihre eigenen Verhaltensweisen hat.

Für Anke ist es in der heutigen Situation noch immer unvorstellbar, sich ernsthaft wehren zu dürfen und den Mann als Gegner zu betrachten. Frauen können sich in der Regel nicht vorstellen, einen Mann, mit dem sie sich noch eine Gemeinsamkeit wünschen, ernsthaft zu verletzen. Die Folge ist, daß sie keine ernstzunehmenden Gegnerinnen bei männlichen Angriffen sind und keine Grenzen setzen können. Anke spricht von ihrer Angst, ihrem Freund bei entschlossenem Wehren weh zu tun und ihn zu demütigen. Hinzu kommt die Hemmung, ihr Selbstbild als liebevolle, unaggressive Frau in Frage zu stellen. Da Anke von ihrem Recht, sich zu wehren, nicht überzeugt ist, fehlt ihr auch die notwendige Durchsetzungskraft. Alle diese Hemmungen fielen bei ihrem Freund weg. Solange Frauen wie Anke aus Schuldgefühlen mit Schweigen und verstärkter Anpassung auf Gewaltanwendungen des Mannes reagieren, sind sie subjektiv nicht in der Lage, sich zu wehren. Dabei spielt es keine Rolle, ob sie körperlich genauso stark oder vielleicht sogar stärker sind als er; es spielt keine Rolle, ob sie ökonomisch unabhängig sind oder sich durch Kinder am Weggehen gehindert fühlen. Die Entwicklung von Widerstand gegen einen gewalttätigen Mann hängt sowohl von den subjektiven als auch von den objektiven Bedingungen der jeweiligen Frau ab. Anke konnte die objektiv existierenden Möglichkeiten – sie besaß eine eigene Wohnung und war ökonomisch unabhängig – nicht wahrnehmen, solange ihre Realitätsleugnung funktionierte: Solange sie noch eine minimale Hoffnung auf Veränderung hatte, konnte sie sich keine Perspektive ohne diesen Mann vorstellen.

Ernest Borneman, ein vermeintlicher Sympathisant der Frauenbewegung, macht es sich dagegen im *Lexikon der Liebe* (1978) mit der Interpretation von Frauen wie Anke sehr einfach. Unter sexuellem oder Konjunktionsmasochismus schreibt er folgendes:»Masochismus dieser Art tritt häufiger bei Männern als bei Frauen auf, aber man findet gerade heute im Zeitalter der bürgerlichen Frauenbewegung immer öfter politisch aktive, sich ausdrücklich für die Rechte der Frau einsetzende, öffentlich besonders aktiv gegen männliche Aggression argumentierende Frauen, die ihre nominellen Emanzipationsbestrebungen sexuell zu kompensieren suchen, indem sie sich besonders aggressive männliche Partner aussuchen, um sich von ihnen im geheimen demütigen zu lassen. Solche Frauen können mit Männern ihrer eigenen Bildungs- und Kulturstufe keine Befriedigung erlangen, weil diese zu höflich, zu feinfühlig, zu dezent sind. Sie suchen deshalb systematisch gefühlsrohe, ungebildete, kaltsinnliche Männer aus und provozieren sie zu Formen der Vergewaltigung und Erniedrigung«. (S. 825)

Borneman geht also auch wie die eingangs zitierten amerikanischen Autoren bei männlicher Gewaltanwendung von der weiblichen Provokation aus. Er ist offen und zynisch zugleich, indem er eine weitverbreitete Männerphantasie ausspricht, die ebenfalls zur Legitimierung männlicher Gewalt dient: Je vehementer Frauen sich öffentlich gegen Männergewalt wehren, desto sehnsüchtiger wünschen sie insgeheim, von einem brutalen Mann vergewaltigt zu werden. Darüber hinaus ist Männergewalt bei ihm eine Frage der Schichtzugehörigkeit. Bornemans Sichtweise liefert billige Argumentationshilfe für frauenfeindliche Witze, die besonders die Abwertung engagierter Feministinnen zum Ziel haben.

Bei Borneman wird deutlich: Die weibliche Lust am Leiden ist ein Wunschprodukt der männlichen Phantasie und dient zur Stigmatisierung von Frauen mit dem Ziel, die Passivität der Frauenrolle zu manifestieren und männliche Gewalttätigkeiten jeder Art zu legitimieren.

Ich bin wie Paula Caplan der Meinung, daß die Definition des Masochismus als »Lust am Schmerz« absurd ist, denn »da Lust mit angenehmen und Schmerz mit negativen Gefühlen verbunden ist, ergibt die Definition 'Lust durch Schmerz' keinen Sinn. Genausogut könnten wir 'Länge durch Kürze' und 'Reichtum durch Armut' definieren.« (S. 264)

Da inzwischen bekannt ist, daß auch Gewalt durch Sprache stabilisiert und weitergegeben werden kann, müssen wir auf neuen Definitionen bestehen. Amerikanische Feministinnen haben durchgesetzt, daß bei den internationalen Diagnosebezeichnungen (ICD) der *American Psychiatric Association* der Begriff Masochismus durch »selbstschädigendes« oder »selbstzerstörerisches Verhalten« ersetzt wird. Mit dieser neuen Definition entfernen wir uns von bisherigen frauenfeindlichen Interpretationen. So ist z.B. für Anke das Leiden um den Mann keineswegs lustbesetzt, sondern Lust und Genugtuung bereiten ihr die Momente, in denen er sich ihr zuwendet, sie also Erfolg hat mit ihrem »Leiden«, das sie notgedrungen, in der Hoffnung auf Verbesserung, in Kauf nimmt. Die Ambivalenz von Ankes Wahrnehmung und ihren dazugehörigen Gefühlen schwankt zwischen realer Einschätzung und Selbstabwertung, noch immer praktizierter Realitätsleugnung, eigener Schuldzuschreibung sowie Verklärung und Entlastung des Mannes. Solange sie sich nicht von ihren romantischen Phantasien von süchtig machender Liebe, gieriger Sinnlichkeit und lässiger Männlichkeit verabschiedet, könnte sie ihr selbstschädigendes Verhalten mit einem Mann, der Ähnlichkeit mit ihrem Vater besitzt, wiederholen. Solange sie nicht bereit ist, Eigenverantwortung für sich selbst und Eigeninitiative für die Gestaltung ihrer Beziehung zu übernehmen, bleibt sie ein Opfer ihrer Phantasien und Klischeevorstellungen und unbearbeiteten Kindheitserlebnisse. Überwiegend auf Erfolg und Beruf orientiert, fühlte sie sich zeitweilig um die »wirkliche Leidenschaft«, so wie sie jetzt zu Zeiten der Wende als »neue Sinnlichkeit« propagiert wird, betrogen wie so viele Frauen ihres Alters und ihrer Position, die dieser aufpolierten Weiblichkeit zum Opfer fallen. Der Preis ist hoch: Anke muß ihre aggressiven Gefühle abspalten, gegen sich selbst wenden und bei zunehmendem Verlust ihrer Selbstachtung jahrelang eine depressive Verstimmung in Kauf nehmen.

Ankes extreme Realitätsleugnung kann auch als »Konzept der Selbst-feindschaft«, wie Klaus Holzkamp (1983, S.376 ff.) dies (nicht nur auf Frauen bezogen) genannt hat, bezeichnet werden. Diese Selbstfeind-schaft oder Selbstverleugnung ist meiner Meinung nach Bestandteil der gesellschaftlich gewünschten »Weiblichkeit«: ständige unkritische Be-reitschaft zum Verstehen, Verzeihen, bedingungslosen Anpassen und Ertragen von Demütigungen. Je mehr sich eine Frau an diesem gesell-schaftlich erzeugten und verordneten Entwurf von »Weiblichkeit« orien-tiert, desto geringere Chancen hat sie, sich einem Mann gegenüber zu wehren und desto größere Chancen hatte sie bisher, als masochistisch und selbst schuld an ihrem Leid bezeichnet zu werden. Frauen wird es leichter fallen, ihr selbstschädigendes Verhalten zu verändern, wenn sie dies nicht mehr für eine Krankheit, für etwas Unabänderliches, Wesen-haftes, Fatalistisches halten, sondern den Mut finden, sich die Hinter-gründe anzusehen: Sie schlucken ihre Wut über ein achtloses und ernie-drigendes Verhalten herunter aus Angst, den Mann verlieren zu können, nicht mehr liebenswert zu sein, in dem Glauben, kein Recht auf ihre Empörung und Wut zu haben, einen geliebten Menschen weder psy-chisch noch physisch verletzten zu dürfen usw. (Burgard, 1988). Sobald Frauen beginnen, in den Augen von Männern »unbescheiden« und »unbequem«, also »unweiblich« zu werden, ihre eigene Person und Selbstachtung wichtig zu nehmen, Forderungen zu stellen und Grenzen zu setzen, sind sie auch in der Lage, ihr Unbehagen in Beziehungen als Möglichkeit zur Veränderung zu nutzen. Ich gehe also davon aus: Frauen haben die Möglichkeit – wenn auch unter erschwerten Bedingungen – und sich selbst gegenüber die Verpflichtung, ihre oft bedrückende Reali-tät zu verändern. Voraussetzung ist allerdings, daß sie bereit sind, ihre Realität in ihrer ganzen erschreckenden Dimension wahrzunehmen: ein Leben mit einem Mann, der sie mißachtet, demütigt, häufig auch be-droht und schlägt. Die mit dieser Erkenntnis einhergehenden Gefühle von Empörung und Wut werden dann nicht mehr verdrängt bzw. gegen sich selbst gerichtet, sondern gegen den Mann. Auf diesem Wege können Frauen ihre häufig verschüttete Selbstachtung und ihr Selbstvertrauen wiedergewinnen.

Es ist ein langer, oft dorniger, aber stets lohnender Weg, sich neue Bewußtseinsformen und Verhaltensweisen anzueignen und dabei aus der vorgeschriebenen weiblichen (wie männlichen) Rolle zu fallen. Hierbei sind Frauen auf Verständnis, Akzeptanz und Ermutigung angewiesen, die ihnen in der Regel ausschließlich von Frauen zuteil werden. Eine Möglichkeit, sich diese Unterstützung gezielt zu holen, sind z.B. Frauenfreundschaften oder Frauenselbsthilfe- und Therapiegruppen, in denen Solidarität, Vertrauen und Stärke unter Frauen oft zum erstenmal erfahren werden. Dies kann sich stabilisierend auf das eigene Selbstbild auswirken. Denn solange Männer nicht aktiv ihre männliche Geschlechtsrolle in Frage stellen und verändern, bleiben sie potentielle Gegner all jener Frauen, die sich nicht mehr mit der gesellschaftlich vorgegebenen »Weiblichkeit« wie »Männlichkeit« zufrieden geben.

Literatur

Borneman, Ernest: *Lexikon der Liebe.* Frankfurt/Berlin/Wien, 1978
Burgard, Roswitha: *Mut zur Wut. Befreiung aus Gewaltbeziehungen.* Berlin, 1988
Caplan, Paula J.: *Frauen sind keine Masochisten. Das Ende eines Vorurteils.* Köln, 1986
Heider, Ulrike (Hg.): *Sadomasochisten, Keusche und Romantiker. Vom Mythos neuer Sinnlichkeit.* Reinbek, 1986
Holzkamp, Klaus: *Grundlegung der Psychologie.* Frankfurt, 1983
Lion, John R.: »Clinical Aspects of Wife Battering«. In: Maria Roy: *Battered Women.* New York, 1977
Sichtermann, Barbara: *Weiblichkeit. Zur Politik des Privaten.* Berlin, 1983
Snell, J. F.; R. J. Rosenwald, A. Robbey: *The Wifebeaters Wife.* 1964
Thürmer-Rohr, Christina: *Vagabundinnen. Feministische Essays.* Berlin, 1987

Ulrike Pohl

Jesusbraut

Meine Füße tasten sich vor auf dem spinnfeinen Faden.
Unter mir auf der einen Seite die allmächtigen Feinde. Sie wollen mich
haben. Sie warten darauf, daß der Faden reißt, ich die Balance verliere,
ich aufgebe.
»Denkste«, grinse ich gegen meine Angst an und krieche weiter.
Aber: Sie haben Macht.
Unter mir auf der anderen Seite: Meine Vertrauten.
Sie wollen mir helfen.
Doch Vorsicht! *Sie* haben Boden unter den Füßen. Sie stecken nicht im
selben Balanceakt. Sie deuten, beurteilen und kontrollieren meine jewei-
lige Haltung, loben mich, wenn sich mein Rückgrat aufrichtet und strafen
bei zauderndem Schritt – mit Distanz, Sich-Abwenden, Kälte.
Sie haben Macht.
Verbissen quäle ich mich weiter vorwärts.

Nein, ich bin keine Masochistin!
Aber: Monatelanges Kreisen um die Aufgabe, die Einflüsse meiner
Erziehung auf *den* Punkt zu bringen, der mich leiden macht. Wochen-
lange Marter beim Schreiben, beim Wühlen in meiner Vergangenheit
durch Tage und Nächte. Magendruck, Selbstzweifel, Unglück wegen all
der noch ungelösten Konflikte.
»Du bist eine Masochistin!« sagt eine Freundin.
»Das ist nicht wahr«, empöre ich mich, »ich habe kein bißchen Lust-
gefühl!«
»Du bist wirklich eine Masochistin!« gibt eine andere Freundin
Zunder. Ich weiß, wie lange es mich bedrückt und beschäftigt, wenn ein
Streit im Unguten beendet wurde, bei dem ich mich im Recht weiß. Ich

wiederhole im nachhinein endlos Rede und Gegenrede, rechtfertige mich, argumentiere. Ein quälendes Karussell in meinem Kopf.

»Nein, nein, nein«, schreie ich zornig, »ich will aufhören damit, aber ich kann nicht.«

»Kein normaler Mensch bleibt freiwillig in einer für ihn unguten Lage. Du veränderst sie nicht, also mußt du auch was davon haben«, ist die lakonische Antwort.

Gefangen? Endstation? Unentrinnbar gefesselt in einem Begriff?

»Wenn jemand behauptet, Frauen genössen, was per definitionem unangenehm ist, meint er, ein profunderes psychologisches Wissen als die anderen zu besitzen. Darüber hinaus gestattet es der Glaube an den Mythos, dich einem Masochisten gegenüber überlegen zu fühlen. Wenn es doch so krankhaft ist, sich nach Schmerz und Leid zu sehnen, dann kann man sich Frauen gegenüber, die das angeblich tun, überlegen fühlen und eine große Distanz zu ihnen und ihrem Leid empfinden.« (Paula J. Caplan, 1986, S.42)

Wie komme ich, wie kommen andere Frauen zu Verhaltensweisen, die es uns unmöglich machen, das eigene Wohlgefühl über die Bedürfnisse anderer zu stellen, das eigene Handeln als richtig anzunehmen, uns selbst zu vertrauen, zu uns selbst stehen zu können? Wieso halten wir an einem fatalen Perfektionszwang fest – koste es, was es wolle – sowohl bei zwischenmenschlichen Beziehungen als auch in allen Arbeitsbereichen, obwohl uns das »Alles-richtig-machen-müssen« in qualvolle Konflikte mit uns selbst bringt?

Andererseits: Versuche ich, das eigene Wohlgefühl allem voranzustellen, quälen mich Schuldgefühle, aus Eigennutz andere benachteiligt zu haben, Angst vor der vermeintlich daraus resultierenden Ablehnung, der Strafe.

Wie ich es mache, ich mache es falsch.

Wann, wo, wie ist mein Lebensgefühl in diese Zange geraten?

Ich wollte es herausfinden und habe meine Entwicklung zurückverfolgt.

In meiner Erziehung bin ich durch viele Hände gegangen. Methode und Ziel des Programms gingen bei allen Erziehungspersonen und Institutionen nahtlos ineinander über: Seele, Geist, Gewissen wurden angefüllt mit Schuld und Sühne. Herauskristallisiert hat sich das Bild einer perfekt funktionierenden Erziehungsmaschinerie, deren Räder und

Rädchen millimetergenau ineinandergreifen und die ryhthmisch hämmert: Schuld und Sühne, Schuld und Sühne, Schuld und Sühne.

Ich wurde streng und katholisch erzogen. Ich prüfe das Rüstzeug, das die Verbindung von Strenge und Religion mir fürs Leben mitgegeben hat, betrachte die weiblichen Begleitpersonen und Identifikationsfiguren meiner christlichen Vergangenheit und komme zu dem Schluß: Christliche Mädchenerziehung – insbesondere die katholische – bildet Dienerinnen mit den Eigenschaften von Märtyrinnen und Masochistinnen aus – Frauen, die sich aufopfern müssen für den Dienst an Gott und/oder an anderen Menschen. Andere Menschen und Gott sind Männer.

Niemand erlernt freiwillig das Dienen und Leiden. Grundlage dafür ist Angst. Angst, vor dem, was über uns ist und uns richtet, die alles sehende Macht: *Gott Überall.*

Angst, gegen die eingehämmerten Gebote Gottes und seine moralischen Grundsätze zu verstoßen und damit immer neu Schuld auf sich zu laden, die wiederum Strafe fordert.

Angst, dem unlösbaren Widerspruch, das »Nichts« zu sein, als das Frauen in der Bibel auftauchen, und trotzdem im Leben etwas leisten zu müssen, zum Opfer zu fallen.

Solch umfassende Angst macht bewegungsunfähig, führt in die Ohnmacht und schafft die Basis fürs Gehorchen und Dienen. Auf der Grundlage von Gehorchen, das heißt Leugnen eigener Bedürfnisse, und Dienen gedeiht die Macht derer, denen gehorcht und gedient wird, gedeiht die Selbstverachtung und die Frauenverachtung. Für junge Mädchen bietet die traditionelle »weltliche« Geschichtsschreibung so gut wie keine Identifikationsfiguren, die katholische Religionsgeschichte aber in hohem Maße. Ihnen nachzueifern bedeutet in erster Linie: nichts für sich selbst tun, aber Verantwortung übernehmen für das Glück und das Wohlergehen anderer und für die Botschaft Gottes. Dafür winkt letztendlich der Lohn: »Und ists im Leben nicht, so ist es jenseits, und wenn wir auferstehn, ist auch ein Tag.« (Kleist, *Der zerbrochene Krug,* 9. Auftritt) Christliche Frauenleitbilder, das sind Heilige, also Frauen, die ihr Leben in den Dienst Gottes stellen, und Märtyrinnen, Frauen, die sich für ihren Glauben, speziell für dessen weibliche Ideale – Keuschheit, Gehorsam, Jungfräulichkeit, Treue zu Gott –, quälen, foltern und töten ließen oder sich selbst kasteiten.

Zum Beispiel die heilige Agnes

»Eine der lieblichsten Heiligengestalten ist die frühchristliche Märtyrin Agnes. Kaum dem Kindesalter entwachsen, wurde sie zur Blutzeugin Jesus Christus ... Man erzählt, daß der Sohn des Präfekten die heilige Agnes erblickte, als sie von der Schule nach Hause ging, und sie von Herzen liebgewann, um sie warb, aber abgewiesen wurde.« (E. u. H. Melchers, 1982, S.56) Sie spricht zu ihm von ihrem himmlischen Bräutigam, der reich, schön und ein »hervorragender Liebhaber« sei. »Und weiter sprach sie zu dem jungen Mann: 'Ich liebe einen, der ist weit vornehmer als Du und von würdigerer Herkunft. Seine Mutter ist eine Jungfrau, und sein Vater kennt keine Frau ... Ihn zu lieben ist Keuschheit, ihn zu berühren ist Heiligkeit, sich mit ihm zu vereinen ist Jungfräulichkeit.'« (Erich Weidinger, 1986, S. 89) »In seinem gekränkten Stolz wußte er nichts anderes zu tun, als Agnes wegen ihres Christenglaubens anzuzeigen.« (Melchers, S.57)

»Der Vater des jungen Mannes versuchte, sie umzustimmen und drohte dann: 'Du hast die Wahl, entweder opfere mit den Jungfrauen der Göttin Vesta, wenn dir die Jungfräulichkeit so viel bedeutet, oder du wirst in ein Freudenhaus gesteckt.' Jene erwiderte ihm: 'Ich werde weder deinen Göttern opfern, noch lasse ich mich von anderen besudeln, denn ich habe einen Hüter meines Körpers, den Engel des Herrn.' Da ließ der Präfekt sie nackt ausziehen und zum Freudenhaus bringen.« (Weidinger, S.90)

Agnes wurde durch ein Wunder aus dem Freudenhaus gerettet, dann jedoch von ihren Peinigern in ein Feuer geworfen, »aber das Feuer teilte sich«. Zuletzt wurde sie mit dem Schwert enthauptet. Das Todesurteil nahm sie mit frohem Mut auf, und »heiter schritt sie zum Richtplatz, als sei es zu ihrer Hochzeit«. (Melchers, S.57)

Mit Frauen wie diesen habe ich mich als Mädchen identifiziert, habe mitgelitten, habe versucht, stark zu sein, um für das kämpfen zu können, an das ich glaubte. Glauben tat ich an das, was mir – wie vermutlich damals der kleines Agnes – als der wahre Wert und Inhalt meines Lebens vermittelt wurde: das »Gute«. Dazu gehörte die Selbstverleugnung, die Verachtung von Körperlichkeit und Sinnlichkeit.

Zum Beispiel Justine

Von Frauen wie der heiligen Agnes zu Frauen wie Justine, einer Romanfigur, die der Schriftsteller Marquis de Sade erfunden hat, ist es nur ein kleiner Schritt. Justine ist wie die heilige Agnes »jungfräulich« in ihrer Erscheinung, voller »unschuldiger Anmut«, mit einem »lieblichen Gesicht«, zudem noch »arglos und treuherzig« und mit »Sanftmut und überraschender Sensibilität begabt« (de Sade, *Justine,* 1979, S.17). Als Lohn für ihre Keuschheit, für ihren Glauben an Gott und an das Gute, ist Justine in die brutalen und sadistischen Hände von Mißhandlern gefallen (darunter Priester und Nonnen). Kein Engel trat auf, um sie vor der Folter zu retten, und kein Gott teilte die Flammen ihrer Qualen und ließ sie ungehindert herauskommen. Die Keuschheit schützt sie keineswegs, sondern liefert sie immer neuen Mißhandlern und Vergewaltigern aus.

»Justine ist die gute Frau in der Welt des Mannes. Sie ist gut im Sinne der Regeln für Frauen, die die Männer aufgestellt haben, doch belohnt wird sie dafür nur mit Vergewaltigung, Demütigung und endloser Prügel.« (Angela Carter, 1981, S. 52)

Das Schicksal von Justine entspricht unserer Realität. Die Erziehung zu Anmut, Selbstverleugnung, Dienstbarkeit dient der Legitimation von Männergewalt. Damals wie heute.

Obwohl diese Wechselwirkung von weiblicher Unterdrückung und Männergewalt in unserer Realität längst auf furchtbare Weise bestätigt ist (Vergewaltigungen, Mißhandlungen von Frauen und Kindern usw.), sind die Werte der christlichen Mädchenerziehung unverändert gültig geblieben, ebenso wie die Erziehung der Jungen zu Machtausübung und Omnipotenz. Das heißt: *Gelingt es mir, selbstlos und aufopferungsbereit zu werden, werde ich als Frau zwangsläufig Opfer derjenigen, nämlich der Männer, die gelernt haben, diese sogenannten weiblichen Tugenden auszubeuten.*

Ist das nicht eine Überbewertung der Wirksamkeit der christlichen Mädchenerziehung?

Zwar sind die Bilder, Worte und Taten der Erziehenden nicht immer überzeugend, werden sogar von den Kindern und Jugendlichen belacht und ironisiert, dennoch wirken sie sehr intensiv nach: Sie kleben fest und beißen sich beharrlich durch die Haut, bis sie vorgedrungen sind und sowohl Geist und Psyche als auch die gesamte Erinnerung fest im Griff haben. Das funktioniert, weil die Gegenseite stärker ist und die Ironie keine Bestätigung von Seiten der Erwachsenen erfährt. So kollidiert der kindliche Wunsch, gut und selbstlos sein zu wollen, mit dem Wunsch nach Selbstbestimmung und Selbstverwirklichung. Die Heranwachsende gerät ins Dilemma:

Auf der einen Seite steht der mühe- und qualvolle Versuch, alles »richtig« machen zu wollen und schuldfrei zu sein, auf der anderen Seite eliminiert dieses erzwungene Lebensideal die Fähigkeit, nach selbstbestimmten Wünschen zu handeln und einen Lebensweg zur eigenen Zufriedenheit zu suchen und zu finden. Zu diesem Unglück kommt noch das Scheitern-müssen hinzu, denn kein Mensch kann alles richtig machen. Das heißt: Versagen ist vorprogrammiert.

Sexualität

Durch die Lektüre der Heiligenlegenden und die Identifikation mit den Protagonistinnen kamen wir Mädchen mit einer sehr eindeutig ausgerichteten Sexualität in Berührung. Für uns waren die Märtyrinnen-Legenden in der Pubertät Bestseller. Zum einen wurden Phantasien angeregt mit Begriffen wie »nackt ausziehen«, »Freudenhaus«, »Brüste, die durch Schlangenbisse« gequält wurden usw. Gleichzeitig wurde die Ablehnung, ja die Verachtung von Sexualität sehr deutlich beschrieben: »Seine Mutter ist eine Jungfrau, und sein Vater kennt keine Frau … Ihn zu lieben ist Keuschheit, ihn zu berühren ist Heiligkeit, sich mit ihm zu vereinen ist Jungfräulichkeit« (Weidinger, S. 89). Was wir Mädchen bei der Lektüre nicht erfuhren: »Die Religionsgeschichte kennt darüber hinaus zahlreiche Beispiele von Menschen, die damit ihren Geschlechtstrieb befriedigten, daß sie sich selbst kasteiten, weil sie es auf natürliche Weise nicht tun durften. Es kam auch bei Nonnen vor, die zum Zölibat gezwungen waren und äußersten Genuß aus grausamsten Selbstzüchtigungen und Selbsterniedrigungen zogen – vom Fasten und Geißeln bis hin zum Trinken von Pestblut und Auslecken von Lepraschwären. Manche von diesen Nonnen wurden heiliggesprochen. Es gab außerdem breite religiöse Bewegungen von Flagellanten, deren Angehörige jedoch zumeist nicht wußten, daß sexuelle Triebe dahintersteckten.« (Inge u. Sten Hegeler, zit. n. Maria Marcus, S.57)

Hier sind Selbstverachtung und Sühneopfer inklusive Lust fast ausschließlich mit Ekel beladen und wirken nur abstoßend. Anders bei uns Mädchen kurz vor und in der Pubertät. Je größer die Selbstverachtung, je grausamer die körperlichen Folterungen, je ausgelieferter an männliche Gewalt, je heiliger »ihre unerbittlichen Kasteiungen, nicht nur um

die eigene Seligkeit zu erwerben, sondern um sich selbst Gott zum Sühneopfer darzubieten für die Ihrigen und für ihr Land« (Melchers, S.689),
desto intensiver dabei unsere Identifikation mit diesen guten und from-
men Frauen, desto aufregender unsere sexuellen Phantasien, die diese
Geschichten vom Schlagen und Schämen auslösten.

Was geschieht mit einer Sexualität, die auf diese Weise geweckt wird
und der – wie zur Bestärkung – noch eigene körperliche Züchtigungen
und Sühneopfer zugefügt werden?

Die Sozialisation

»Wenn eine Frau niederkommt und einem Knaben das Leben schenkt, so
bleibt sie sieben Tage unrein … Schenkt sie einem Mädchen das Leben,
dann bleibt sie zwei Wochen unrein wie bei der monatlichen Unreinheit
und sie bleibe 66 Tage über die Zeit ihrer Reinigung zu Hause.« (*Altes
Testament,* Das Buch Leviticus, »Reinigung der Wöchnerin«).

Zum Beispiel Ulrike Christine

Ein Mädchen wird geboren. Ein Mädchen. Wieder nur ein Mädchen.
Am Taufbecken steht der enttäuschte Vater des Kindes. Er ist ein Mann,
der den Lebenszweck von Frauen kennt: Gehorsam, Dienstbarkeit und
Verfügbarkeit. Hier am Taufbecken findet sein Akt der Verbündung mit
der Kirche statt. Die Kirche weiß, was Gott von einer Frau erwartet:
Demut, Selbstlosigkeit und Keuschheit – im Namen aller Männer, des
Vaters, des Sohnes und des Heiligen Geistes. Zum Zeichen der Verbün-
dung tropft geweihtes Wasser auf das Kind. Das Mädchen ist getauft,
gezeichnet auf den Namen Ulrike Christine, im Namen des Vaters, des
Sohnes und des Heiligen Geistes. Mit der Taufe wird Schuld auf die klei-
nen Schultern des Kindes geladen: die Mitschuld an der Sünde Evas, die
Mitschuld an der Vertreibung aus dem Paradies und die Mitschuld am
Tod desjenigen Mannes, der auch für sie, Ulrike Christine, gestorben ist.

Leitfaden ins Leben: Ein Gekreuzigter

Die Mutter des Kindes stirbt zweieinhalb Jahre nach der Geburt. Der
Vater bringt seine drei Töchter in einem Kinderheim unter, das von Nonnen geführt wird. Es sind viele Kinder in dem Heim. Die Liebe, die sie

brauchen, so wird gesagt, kommt von Jesus, den sie fürchten, aber auch lieben sollen. Jesus hängt am Kreuz und hat blutende Wunden. Mit Blick auf den Gekreuzigten erträgt das Kind den Schmerz der Trennung, den Schmerz zu kleiner Schuhe, den Schmerz des Ziehens vereiterter Fußnägel. Denn: »Jesus hat mehr gelitten«. Unter dem Gekreuzigten vertieft es sich ins Spiel, neben der weinenden Maria, der Mutter Gottes, und der weinenden Maria Magdalena zu Füßen des Herrn Jesu.

Unter dem Gekreuzigten – im stillen sonntäglichen Besuchszimmer – steht einmal ein Mann, der Papa heißt und der nach dem Stand des Gehorsams fragt.

Karfreitag zieht die Prozession vorbei. Ein lebender Mann mit Dornenkrone auf dem Kopf, schleppt gebeugt an einem schweren Kreuz. Das Kind hat Mitleid, will dem Mann helfen. Es darf nicht. Das Kind weint: Von all den vielen Menschen, die da mitgehen, warum hilft da niemand tragen?

Familie — Kinderheim — Tante Käthe

Christine wird bei der Tante untergebracht. Ein lautes, fast immer fröhliches Kind. Die Tante hat viel Kopfweh. Das Kind begreift bald: Es ist eine zusätzliche Belastung für die Tante. Das Kind soll aufhören zu singen.

Es wird eingeschult.

In seiner Schulklasse gibt es ein anderes Kind, ein stilles Kind, eines, wie die Tante es mögen würde. Es steht einfach nur da und wird doch von allen mit Respekt beäugt.

Christine wünscht sich nichts mehr, als solch ein Kind zu sein. Sie haßt ihr Temperament, ihren Redefluß. Still ist sie nur, wenn sie leise die Küchenschranktür öffnet, um sich ein paar Eßlöffel Zucker in den Mund zu schaufeln. Naschen ist verboten.

Christine soll allein und schnell von der Schule nach Hause kommen: Schularbeiten machen, beim Abwasch helfen, Putzen, die Fransen am Teppich kämmen, denn auch das zu lernen ist wichtig für ein Mädchen.

Der Schulweg ist das Paradies. Murmeln spielen, sich in den Ruinen verstecken, Schaufenster gucken, bei anderen Kindern zu Hause Toffee in der Pfanne schmelzen …

Doch: Das Paradies ist verboten.

»Die Schule hat länger gedauert.« Ein Schutzwall, der nur bis zu Kinderaugenhöhe reicht. Tante Käthe ist größer.

»So? Ich rufe in der Schule an und frage, ob das stimmt.«

Sackgasse. Der Kochlöffel zischt und beißt in den nackten Po. »Für das Lügen!«

Der Kochlöffel bricht ab.

Der Teppichklopfer ist kaum noch zu spüren. Kaum.

Der Po ist wundgeschlagen, geschwollen. Die rosa Stunde des Mitleids kommt. Die herrliche, wunderbare, süße Stunde des Mitleids. Kühler Puder stäubt auf die Wunden. Das leise schluchzende Kind wird gewiegt und gestreichelt. »Armes Kind, so früh die Mutter verloren.«

Das Leben ist schön, so schön. Die Tante erzählt leise von sich, von ihrem Leben, bei dem nichts so kam, wie sie es gewünscht hatte. Wundervolles trautes Gemeinsamsein! Kein Oben, kein Unten. Keine Macht – keine Ohnmacht. Nur Streicheln und ein feines leises Singen von Glück im Raum.

Christine will ein braves, ein stilles Kind werden. Die Tante soll durch sie nicht mehr leiden. Doch bald sind die Freuden des Schulwegs wieder verlockend – so verlockend, daß die größte Angst die Versuchung nicht bremsen kann. Die Angst, das Herzrasen kommen erst einige hundert Meter vor der Haustür.

Viele Kochlöffel werden zerschlagen.

Nicht immer folgt dem Prügeln das Liebkosen.

Dann ist das Kind still. Setzt sich vor den Wecker und schaut auf das Rucken des Minutenzeigers. Das Leben soll vorbeiticken. Kriechende breiige Angst im Raum.

Und dann singt Christine wieder den ganzen Tag und erzählt und fragt sich die Lippen flusig. »Das Kind ist nicht kaputtzukriegen«, heißt es dann.

Die Tante hat Kopfweh, das Kind schleicht zum Zuckertopf.

Erwischt! Schläge auf den nackten Po. Dann: Liebe oder Angst im Raum.

Der Vater hat Zwischenauftritte. Großes Orchester. Sehr wirkungsvoll: Dröhnende Stimme und donnernde Hände.

Es sind immer wieder die aufregenden Welten draußen: Das Träumen, das Balancieren auf Mäuerchen, die Neugier auf alles, was da anzutreffen ist auf der Straße, ist zwingender, als das Eintreffen in angemessener Zeit zum Sonntagsbesuch beim Vater. Es scheint, er ist überall. Er erwischt sie immer: mit dem Portemonnaie zwischen den Lippen, auf einem Bein, die Arme weggestreckt, den Blick traumverloren ins eigene Spiegelbild im Schaufensterglas versenkt; untergetaucht im Kreis anderer Kinder, das erspielte Säckchen Murmeln stolz in der Faust, mit den Knien im Sand, ganz nah dem Zielloch. Immer dann der große Schatten. Die brüllenden Hände. Das Schwarz vor den Augen. Der Mann, der Papa heißt.

Familie — Kinderheim — Tante Käthe — Ursulinenkloster

Bald zehn Jahre alt, kommt Christine ins Internat, einem Ursulinenkloster.

Kein Heimweh, wie die anderen Kinder. Im Gegenteil: Hier besteht die Möglichkeit, wichtig zu sein, Aufmerksamkeit auf sich zu ziehen.

Gleichzeitig will sie aber auch so gut und so selbstlos sein wie die Heiligen, deren Geschichten sie verschlingt. Sie wird eine Nonne, eine Heilige oder eine gute Mutter werden. Alle sollen es sehen.

Sie setzt ihre gesamte Energie ein, wichtig zu sein, und das erreicht sie am ehesten – siehe die Heiligen – durch Leid.

So kniet sie besonders lang in der Hauskapelle und versucht, sich in das Unglück des Gekreuzigten hineinzudenken, gleichzeitig wünschend, daß das Leid auf ihrem Gesicht gesehen wird; geht mit dem Ausdruck großer Trauer im Klosterpark herum in der Hoffnung, beobachtet zu werden und Gespräche auszulösen über das arme Kind, das keine Mutter hat und das sein Los so tapfer trägt. Es gelingt ihr sogar, in Tränen auszubrechen, um gefragt zu werden und zu antworten: »Ich denke an meine tote Mutter«, wohl wissend, daß sie kein solches Gefühl hat, wohl aber die Schuld dieser heimlichen Lüge.

Schon bei der Tante hatte sie begonnen, um Strafen zu entgehen, erste Anzeichen von Ärgernis oder Belustigung über ihr Verhalten vom anderen Gesicht abzulesen und ihr weiteres Vorgehen danach auszurichten. Sie verfügt über Witz ebenso wie über die Fähigkeit, tiefe Betroffenheit zu äußern; so gelingt es ihr oft, drohende Gewitter abzuwenden. Die Anforderungen an ihr Einfühlungsvermögen erfüllt sie im Laufe der kommenden Jahre so vollendet, daß sie schon den Erwartungen entspricht, die noch nicht formuliert sind. Christines Empfinden stellt sich auf das Empfinden der anderen um. Selbst wenn sie agiert, ist es nur scheinbar eine Aktion, denn tatsächlich ist es immer nur eine Reaktion auf die Erwartungen der anderen. Eigene Gefühle dazu lösen sich auf im Bestreben, perfekt zu sein.

Nicht immer kann Christine Strafen entgehen. Geschlagen wird kaum. Andere Sanktionen hinterlassen hier eine weit dauerhaftere Spur von Tränen und Trauer.

So verliert sie ihre leidenschaftlich begehrte Rolle in der Theateraufführung, weil sie eine Brotscheibe quer über den langen Tisch des Speisesaals geschickt hat. Den gesamten Winter über darf sie nicht mit den nagelneuen Ski, die Geburtstags- und Weihnachtsgeschenk zugleich sind, fahren lernen, weil sie ihre evangelische Freundin, die im Kloster »nur« zur Tagesschule geht, bei der Rückkehr aus den Weihnachtsferien zu Hause besucht hat. Der Vater ist's zufrieden, hatte er doch zuvor schon kräftig zugeschlagen, als das Kind hingegangen war und mit Freude für ganze zwei Mark Briefmarken als Geschenk für eben diese Freundin gekauft hatte.

Die Beichte und die Unkeuschheit

Um das Beichten beneiden sie die evangelischen Kinder: »Ihr beichtet eure Sünden, dann seid ihr sie los.« Ein Trugschluß. Sie sind sie nicht los! Denn Beichten ist zusätzlich, es verhindert nicht die Strafen.

Gott steht gut da: Er wird gefürchtet, geliebt – wie geheißen –, und er vergibt nach der Beichte die Sünden im sicheren Gefühl, daß seine Handlanger die Strafen durchziehen.

Gebeichtet werden muß vor allem das sechste Gebot, das für die Kinder umgeschrieben heißt: »Du sollst keine Unkeuschheit – keine Unzucht – begehen«. Die Kinder flüstern hinter vorgehaltener Hand über den Umgang der unterschiedlichen Beichtväter mit diesem Gebot.

Bei dem einen reicht die Aussage: »Ich habe unkeusche Gedanken gehabt.« Schon das ist ein demütigender Akt, weil in diesem Satz all die verborgenen Geheimnisse der Phantasie durchschimmern. Zudem ist das Aussprechen dieses Satzes vor einem Erwachsenen, und dazu noch vor einem Mann, zutiefst beschämend. Wußten sie doch, daß er ihre Gesichter genau erkennen kann. Die Mädchen verlassen den Beichtstuhl mit roten Ohren und klopfendem Herzen, gleichgültig, ob nur der einfache Beichtsatz nötig war oder gar eine »Ausschmückung« verlangt wurde.

Dieses sechste Gebot bestimmt den gesamten Beichtvorgang, den gesamten Tag. Es ist jedesmal, als passiere etwas erschreckend Sündiges während der Beichte. Auch die aufgegebenen fünf oder mehr Vaterunser können die Aufmerksamkeit nicht wieder konzentrieren.

Dieser erste Kontakt mit der Sexualität ist gleichbedeutend mit Unkeuschheit. Christine hat dabei, wie all die Mädchen, eine schlechte Rolle. Daß es die Legende ihrer Namenspatronin, der heiligen Christina, und vieler ihrer Gefährtinnen ist, die ihre »unkeuschen Gedanken« auslösen, erzählt sie nicht. Die Großmärtyrin, die heilige Christina, wehrte sich gegen das Gebot ihres Vaters, falsche Götter anzubeten und ihnen zu opfern. Nachdem sie Vater und Mutter mit deren Forderungen mehrfach zurückgewiesen hat, wird sie schrecklichen Martern ausgeliefert. »Da packte ihn [den Vater] der Zorn; er befahl, sie auszuziehen und ließ sie von zwölf Männern schlagen, bis diesen Dienern selbst die Kräfte ausgingen.« (Weidinger, S. 268).

Als Christina allem lebendig entkommen war, ließ ein »grausamer Richter« »eine eiserne Wiege mit Öl, Harz und Pech herrichten, zündete sie an und befahl, Christina hineinzulegen. Dann ließ er sie von vier Männern schaukeln, damit sie schneller brannte. Christina aber lobte Gott, weil er sie – die gerade geboren war – noch einmal wie ein kleines Kind wiegen lassen wolle. Da ließ sie der Richter voller Zorn kahlscheren und nackt durch die ganze Stadt bis zum Apollonbild führen...« (S. 269).

Ein nächster Richter »ließ zwei Vipern, zwei Nattern und zwei andere Schlangen zu ihr hinein, aber sie taten ihr nichts; sie leckten ihre Füße, hingen sich an ihre Brüste, ringelten sich um ihren Hals und leckten ihr den Schweiß ab ...« (ebd.).

Später heißt es: »Daraufhin ließ Julianus ihr die Brüste abschneiden, und es floß Milch anstatt Blut heraus ...« (ebd.).

Wenn das Abendgebet gesprochen ist, verläßt die Nonne den Schlafsaal. In den vielen kleinen weißen Zellen klingt kurze Zeit später aus dem Kichern und Flüstern die alle Gemüter beherrschende Frage auf: »Haben die Nonnen Haare unter ihrem Schleier oder sind sie kahlgeschoren?« Stück für Stück wird die Vorstellung vom Nackten erweitert auf eine ganz entkleidete Nonne. Eine nackte Nonne! Das kribbelt bis in die Zehen.

Wenn dann Ruhe eingekehrt ist, liegt Christine in ihrer Zelle von 2 m mal 1,30 m, mit einem Bett und einem Nachtschränkchen. Ihre »Gewissenserforschung« ist das Prüfen des Angstbarometers; das ist die Pflicht, bevor sie nachfolgend die Belohnung bekommt. Das silberne Armband mit dem Kölner-Dom-Anhänger ist weg, eines der seltenen Geschenke vom Vater und seiner Beziehung, Tante Pitti. Der Gedanke an diesen Verlust beschwört nun schon mehrere Abende ein übles Gefühl in der Magengegend. Die Angst läßt keinen Platz für die Trauer um das hübsche Schmuckstück. Ähnliche Verluste hatten schon weit schlimmer – mit Einbuße jeder Zuwendung – geendet. Dann die Englischlehrerin, deren Gunst Christine sich heute verspielt hat, weil sie die tolerierte Vorwitzigkeit zu weit getrieben hat, indem sie nach ordentlichem Aufzeigen gesagt hatte, die Lehrerin habe ein Loch im Rock.

Dann das eklige Panhas vom Blut frischgeschlachteter Schweine, das sie beim Essen in der Unterhose rausgeschmuggelt hatte und das schon seit Tagen in ihrem Kleiderschrank schimmelte, weil sie sich nicht traute, es wegzuwerfen, in der Angst, dabei erwischt zu werden.

Danach verdrängt Christine das ungute Gefühl mit der Erweiterung der Nackt-Vorstellung. Sie denkt an die heilige Christina, an all die Bilder, die beim Lesen in ihrem Kopf entstanden sind, denkt daran, wie sie allen Mißhandlungen und Folterungen getrotzt hat. Stärker noch ist der Eindruck: Christina nackt ihren Peinigern ausgeliefert. Einmal hatte Christine ihre Tante Käthe durch die Wohnzimmertür beim Ausziehen beobachtet. Tante Käthe ist eine vollschlanke Frau mit großen Brüsten und die einzige nackte Frau, die Christine je gesehen hat. Ihre Brüste denkt sie sich, wenn sie die Heilige vor ihren Mißhandlern sieht. Schon Sommerkleider ohne Ärmel zu tragen ist im Internat verboten. Nacktheit ist unmoralisch, unkeusch.

Dieses nackte Ausgeliefertsein an die männlichen Blicke, die Bewegungen des nackten Körpers unter der Folter, die Schlangen an den Brüsten … Heiße Wellen strömen von irgendwoher über Christines Körper, als schäme er sich. Statt dessen aber ist es ein wundervolles Gefühl, das zwingt, die Geschichte wieder und wieder auszumalen.

In der täglichen Wirklichkeit wächst dementgegen die Scham. So darf sie in der Messe ein kurzes Evangelium lesen. Da steht: »Es geschah aber, als er so sprach, da erhob eine Frau aus dem Volk die Stimme und sagte zu ihm: 'Selig der Leib, der dich getragen, und die Brüste, an denen du gesogen hast!' Er aber sprach: 'Vielmehr selig, die das Wort Gottes hören und befolgen!'« (Lukasevangelium)

Christine liest gut. Als das Wort »Brüste« auftaucht, verschwimmt ihr der Text vor den Augen. Nichts erscheint ihr unzüchtiger, als hier vor allen in der Kapelle dieses Wort auszusprechen. Ihr Herz rast, das Gesicht ist rot übergossen, und kein Ton kommt aus der Kehle. Sie steht da, inmitten der entstehenden Unruhe und schnappt nach Atem. Eine Banknachbarin springt ein.

Pater Leppich ist da und hat mit seinen Erzählungen über die Armut in der »Dritten Welt« Christines Mitleid beschworen. Sie gibt das Liebste, das sie hat –, »ein wirkliches Opfer ist erst, das wegzuschenken, an dem dein Herz hängt« –, ihr Sonntagskleid, blau mit weißen und roten Streifen am Rand.

Die Reaktion des Vaters läßt sie am eigenen Leib vom Schmerz der Märtyrinnen erfahren.

Erfolglos, ja peinigend verläuft das Experiment: Bekehrung. Die Nonnen verurteilen vehement das unreine Verhältnis, in dem der Vater mit Tante Pitti seit Jahren lebt. Christine ist erfüllt vom Gedanken, zum Guten zu lenken. Mutig stellt sie sich vor dem Vater auf und klagt sein frevelhaftes Tun an. Wie eine Märtyrin trägt Christine die Spuren ihres Bekehrungsversuchs auf den Wangen zurück ins Internat.

Familie — Kinderheim — Tante Käthe — Internat — Familie
»Wenn eine Frau Ausfluß hat, und zwar den monatlichen Blutfluß, dann bleibt sie sieben Tage in ihrer Unreinheit. Jeder, der sie berührt, wird unrein bis zum Abend. Alles, worauf sie während ihrer Unreinheit liegt, wird unrein, ebenso wird alles unrein, worauf sie sitzt. Jeder, der ihr Lager berührt, muß seine Kleider waschen und sich baden; er ist unrein bis zum Abend. Jeder, der irgendeinen Gegenstand auf dem sie saß, berührt, muß seine Kleider waschen und sich baden; er bleibt unrein bis zum Abend. Wenn jemand etwas berührt, was sich auf dem Lager oder auf dem Gegenstand befindet, auf dem sie saß, ist er unrein bis zum Abend.« (*Altes Testament,* Das Buch Leviticus III, »Bei der Frau«)

Menstruation
Kurz nachdem Christine aus dem Internat nach Hause geholt worden war, kommt ihre erste Periode.

Die zwei größeren Geschwister hatten bisher bei der Oma gelebt, die nun gestorben ist. So soll die Familie jetzt, nach der langen Zeit des Getrenntlebens, zusammen sein.

Der Vater ist in einem katholischen Elternhaus streng erzogen worden. Er ist kein praktizierender Christ, befürwortet aber die Werte und Gebote der Kirche und achtet bei den Kindern auf regelmäßigen Kirchenbesuch:

»Für Mädchen und Frauen sind die Kirche und ihre Regeln besonders wichtig.«

Für Christine also beginnt die Zeit mit dem schmerzhaften Erlebnis: Starke Krämpfe im Bauch und auslaufendes Blut. Schamgefühl dem Mann gegenüber, der zu Hause ist, als es passiert. Sie will sich hinlegen, warten, daß das Reißen im Unterleib vorbeigeht. Der Vater drückt ihr einen Besen in die Hand mit den Worten: »Wenn du erwachsen bist, trinkst du in der Situation einen Schnaps. Das hilft gegen die Schmerzen. Jetzt lenkst du dich am besten ab. Arbeit ist die beste Medizin.«

Sie hat nicht gewagt zu widersprechen, denn Widerspruch mag er nicht. Was er nicht mag, schafft er mit Ohrfeigen aus der Welt. Sie sucht Schutz in der Rolle der Märtyrin. Nur jetzt leidet sie nicht mehr für das Gut-und-fromm-sein, sondern dafür, daß es nicht schlimmer kommen möge: für die gute Laune des Vaters, für eine friedliche Stimmung ohne akute Angst.

Die Position des Vaters ist allmächtig: Es ist üblich, daß er den Frauen der Verwandtschaft an den Busen faßt. Christine ist froh, wenn er sie anfaßt, denn das ist ein Zeichen für gute Laune. Die Angst vor Strafen oder vor seinem Schweigen in angstvoller Atmosphäre wird geringer.

Als Fortsetzung der Märtyrinnengeschichten findet Christine in den herumliegenden Illustrierten Geschichten von gepeinigten Frauen. Eine bleibt ihr besonders in Erinnerung:

Ein Mann hatte über lange Jahre seine Frau und seine Tochter auf übelste Weise mißhandelt. Die genauen Beschreibungen von Mißhandlungssituationen haben eindringliche Bilder in Christines Kopf festgelegt. So mußte sich die Frau nackt über eine Stuhllehne legen und wurde dann mit einem Schirm geschlagen, während die Tochter gezwungen wurde, zuzuschauen. Bei Frost band der Mann sowohl Frau als auch Tochter an den Stamm eines Baumes – mit gespreizten Beinen – und ließ sie dort einige Stunden in der Kälte hängen usw.

Schönheit

Alle drei Töchter strecken täglich die Fühler aus, verständigen sich angstvoll oder erleichtert über den abendlichen Stand der väterlichen Laune. Eine Tochter verläßt bald die gemeinsame Wohnung, um sich an einem anderen Ort beruflich zu orientieren. Die zweite Tochter arbeitet tagsüber wie der Vater. So gehört die Haushaltsführung zu Christines

Obliegenheiten. Das ergibt auch kleine Freiräume nach der Schule. Freiräume zum Sich-wegträumen, weg von zu Hause, weg von der Schule,
wo im Schulhof die anderen Kinder um sie herumtanzen, ihren Rock
hochheben und drunter gucken wegen ihres Aussehens: gekleidet wie ein
kleines Kind – mit dicken Schuhen und karierten Strümpfen, ihrer fetti-
gen Gretchenfrisur –, häßlich, zum Totlachen. »Damit kein Mann auf
deinen Hintern guckt«, sagt der Vater. »Hast du Töchter, so behüte ihren
Leib und mache ihnen kein allzufreundliches Gesicht.« (*Altes Testament,
Das Buch Jesus Sirach,* »Die Kinder«)

Die Deutschlehrerin hat einen Brief an den Vater mitgegeben, mit dieser Frisur solle das Mädchen nicht mehr in die Schule kommen. Keine
Hilfe, nur Grund zum erneuten Wutausbruch, sich von dieser Frau doch
nichts vorschreiben zu lassen.

Keine Freude mehr mit anderen wie im Internat. Nur noch Flucht vor
dem Ausgelachtwerden auf der einen Seite und Angst vor dem Abend auf
der anderen.

Träumen, ein Wunderkind zu sein – umkoster Mittelpunkt –, träumen,
berühmte Schriftstellerin, Schauspielerin, Sängerin oder sauberste
Hausfrau des Jahres zu sein, das kostet Zeit. In der Zeit müßten Papas
Schuhe geputzt, die Betten gemacht, der Ölofen angezündet, der Staub
weggewischt, das Abendessen vorbereitet werden. Oft klappt es noch
schnell vor der Heimkehr der Kontrollinstanz. Und manchmal, ganz
überraschend, kommt der Vater eher nach Hause und dann ist patsch,
patsch, rechts-links, kein Bett gemacht, die Schuhe patsch, patsch nicht
geputzt. Der väterliche Finger streicht gewohnheitsgemäß über die Fuß-
leisten:

»Nichts hast du gemacht, du faules mieses Stück. Auf nichts kann man
sich bei dir verlassen, nicht staubgewischt und ein Chaos bei den Tep-
pichfransen.« Patsch, patsch. »Und was ist mit den Schularbeiten? Welche Note in der Mathematik-Arbeit? Na klar, was denn auch sonst. O
Gott, bist du dämlich, das kann doch nicht wahr sein, zu blöd fürs Einfachste. Das kann doch jeder Hilfsschüler. Aber ich schaff' dich, ich
mach' dich kirre. Ich steck' dich ins Erziehungsheim. So landest du
sowieso auf dem Mist. Guck hoch, wenn ich mit dir spreche!« Patsch,
patsch. Demütige Tränen, zuckendes Schluchzen, gebeugter Nacken
und das Wissen um die Schuld. Mitleid mit dem Mann, dessen Erwartungen immer wieder enttäuscht werden, und Haß auf den Mann, der nur

Angst verbreitet. Dann: drückende Stille bis zum nächsten, vielleicht übernächsten Tag. Irgendwann – o wunderbares Schicksal – ist seine gute Laune wieder da. Christine hat fast alles richtig gemacht. Er scherzt, flachst, albert mit ihr herum und kitzelt sie, daß sie kreischt vor Vergnügen und Glück, und sie will auch alles tun, damit es immer so bleibt.

Vorsicht! Übermut tut selten gut! Sie hält das Kitzeln nicht mehr aus, kriegt keine Luft mehr, ruft aus: »Papa, bist du verrückt?«

»Wir sollen Gott fürchten und lieben, daß wir bei seinem Namen nicht fluchen, schwören, zaubern, lügen oder trügen, sondern denselben in allen Nöten anrufen, beten, loben und danken.« (Zu den Zehn Geboten)

Kreideweiß sein Gesicht. Mit einem Ruck ist er hoch vom Sofa, verläßt den Raum, die Wohnung, das Haus. Eine Woche spricht er nicht mit ihr. Christine ist verzweifelt: Er war gut zu ihr, hatte gute Laune, alles war gut, und sie hat es zerstört. Sie hat schuld und sie hat Mitleid mit ihm. Sieben Tage kriecht sie um ihn herum, er soll sehen, wie sie bereut. Sie ist so dämlich, genau. Nicht mal ohne Hilfe schwimmen lernen kann sie, was jeder Idiot kann. Zu blöd, die lächerlichste Arbeit auszuführen. Er hat ganz recht.

Er ist allgegenwärtig. Nichts geschieht im verborgenen: Zum Faschingszug geht sie mit einem Mädchen, das in der gleichen Straße wohnt. Zwei Jungs machen sich an die beiden ran, und auf dem Weg durch die Straßen wird geküßt.

Am nächsten Tag wird Gericht gehalten: Sie ist gesehen, der Vater informiert worden. *Gott Überall.*

Bald geht die zweite Tochter aus dem Haus, heiratet. Der Vater zieht mit Christine in eine neue Wohnung. Christine glaubt an die Verbesserung ihrer Lage. Sie sieht den Stand ihrer Einfühlung in die andere Person so weit fortgeschritten, daß sie alle Schwierigkeitsgrade beherrscht, Forderungen und Wünsche zu erfüllen. Ihre Verhaltensweisen glaubt sie absolut den Gegebenheiten der jeweiligen Situation anpassen zu können, umsichtig alles richtig machen und im Notfall mit Witz und dem genau abgewogenen Maß an Koketterie jede Lage retten zu können. Sie ist unentwegt auf Signale von außen eingestellt und allzeit bereit zu reagieren.

Tatsächlich, die Zeiten der guten Laune werden schöner zu zweit. Sie massiert ihm sein »Kribbeln« aus den Beinen, legt sich zu ihm aufs Sofa bei seinem kurzen Schläfchen. Es ist ein Zeichen besonders guter Laune, wenn er ihr beim Knutschen die Zunge in den Mund schiebt. Sie hält still, obwohl ihr der Geschmack unangenehm ist. Er ist herzlich und vertraulich wie ein Verliebter und erzählt aus Jugendzeiten, in denen er Ringelnatz in der Kneipe traf und auch ein Faible fürs Künstlerische hatte wie Christine.

Aber die Zeiten der Angst und des Schweigens werden auch bedrückender, so allein ausgeliefert.

Alles, was Christine außerhalb ihrer Grafik-Schule und ihres häuslichen Aufgabenbereichs tut, tut sie heimlich. Sie ist inzwischen achtzehn Jahre alt. Heimlich bedeutet: durchsetzt mit Angst. Das heimliche Fernsehgucken – er könnte prüfen, ob das Gerät noch warm ist, wenn er kommt –; heimlich mit anderen in ein Eiscafé gehen und möglicherweise hinterher nach Zigarettenrauch riechen, heimlich einen Freund haben. Sie hat einen Freund, ist sehr verliebt. Sie treffen sich sonntags.

Das erfordert ein dichtes Netz von Absicherung, viele sind eingeweiht. Die Eltern ihrer Freundin sind informiert: Bei Anruf ist deren Tochter mit Christine unterwegs. Dennoch: Die Angst vor Entdeckung lastet auf den Sonntagnachmittagen. Das Mädchen und der Junge sind romantisch, lesen sich Goethe-Gedichte vor, zeichnen an Waldrändern und an verträumten Orten der Umgebung. Immer ein Stück mit der Eisenbahn weg, raus aus der Gefahrenzone.

Angst vor dem Nachhausekommen. Immer ist da die Angst. Immer gibt es etwas, was herausgekommen sein kann. Oder ein Um-wenige-Minuten-zu-spät-zurückkommen. Die Folgen können schrecklich sein. Wieviel Schrecken aber atmet die Haustür bei diesem echten Vergehen, das herauskommen kann und dessen Folgen dann unabsehbar grauenvoll sein werden.

»Entjungferung«

An einem Sonntag fahren sie besonders weit, bis zum Stadtwald der nächstgrößeren Stadt, um vor dem Vater-Überall, seinem allsehenden Auge sicher zu sein. Dort, im weichen Moos liegend, wird Christine »entjungfert«. Sie ist verliebt, die Nähe ist schön, auch wenn es weh tut und sie nichts anderes dabei spürt. Danach kommt Blut. Sie nimmt das Taschentuch, das sie dabei hat – es gehört ihrem Vater –, wischt das Blut weg und läßt das Taschentuch im Wald zurück. Nur keine Beweise für eine Schuld mit sich führen!

Kaum ist der Ort des Geschehens verlassen, verdrängt die Angst jedes andere Gefühl: Der Vater kann auf einem Spaziergang das blutige Taschentuch finden, und alles käme heraus.

Er merkt nichts. Nur einmal, als sie wieder mit ihrem Freund im Gras gelegen hat, hat ihr Rücken rote Streifen. Der Vater steht mit ihr vor dem Spiegel und schiebt ihr das Nachthemd über ihren Rücken streichend hoch. Ihr Herz zerspringt ihr fast vor Angst: Er könnte die Spuren auf ihrem Rücken sehen. Er bezieht ihr Herzklopfen auf sich und läßt sie sich – geschmeichelt – seinen Händen entwinden.

Der Höhepunkt der Angst ist das monatliche Warten auf die Regel. Die Drohung: »Solltest du je mit einem Kind nach Hause kommen, schlage ich dich tot!«, ist allgegenwärtig.

Irgendwann hat es ihm doch jemand gesteckt, die Sache mit dem Freund. Verhör: Christine steht da, ein Häufchen Elend, der Rücken gekrümmt, der Kopf hängt. »Steh nicht so da! Guck mich an!« Patsch, patsch. Patsch, patsch. »Alle haben es gewußt. Eine Verschwörung also? Du sollst den Kopf heben!« Rechts-links. Patsch, patsch. Ein beständiger Rhythmus.

Ganz kühl, ganz unbeteiligt beobachtet Christine plötzlich die Handlung. Sie spürt keinen Schmerz mehr: Es könnte immer so weiter gehen, rhythmisch, klatsch-klatsch, wie eine Massage. Nichts ist schlimm daran. Nur das Nachher, die stumme Wut des Vaters, die Angst vor der erstickenden Dumpfheit, die sich im Raum verteilt, als dunkles Grau in den Kopf und die Seele einzieht und den Brustkorb einklemmt.

Das heißt: Herzrasen, sich ducken, fürchten, etwas falsch zu machen, mehr denn je, denn alles ist jetzt falsch; am besten unsichtbar sein, nicht mehr Dreck, nicht Versagerin sein, nicht auf dem Misthaufen landen müssen, nicht mehr »kirre gemacht« werden.

Ihre Freundin Isabell sagt ihr, dieser Mann – ihr Vater – sei schlimm. Sie liebt ihre Freundin. Trotzdem gibt sie zur Antwort: »Wenn er das so macht, wird er seine Gründe haben. Er meint es gut mit mir.« Sie verteidigt ihn, weil sie glaubt, sie dürfe ihn nicht verraten, denn er ist ja auch gut zu ihr und hat sie manchmal gern.

Die Neu-Schöpfung

Christine ist zwanzig Jahre alt – fast volljährig – und darf in die »Freiheit«. Sie bezieht ein Zimmer in ihrer Geburtsstadt Berlin, 600 km von zu Hause entfernt. Sie hat nicht gelernt, selbst zu agieren, ihr Schicksal in die Hand zu nehmen, also wartet sie auf das, was jetzt passieren wird.

Selten geht sie in die Grafik-Schule, um das begonnene Studium fortzusetzen. Meist liegt sie im Bett des gemieteten Zimmers – mitten im Chaos: Keiner zwingt zum Aufstehen. Keiner zwingt zum Leben.

Christine ist ohne Orientierung; für sich selbst zu leben, das hat sie nicht gelernt. Für kurze Zeit wird das Geld reichen, das sie bei Ferien-Jobs zuvor verdient hat. Einige Mark von der Steuervergünstigung, die der Vater durch ihr Studium erzielt, kommen noch dazu. In ihrem Zustand von Aufgelöstsein versäumt sie, rechtzeitig die benötigte Studienbescheinigung nach Hause zu schicken: Eine Pflicht scheint in dieser Zeit eine unüberwindbare Hürde zu sein.

Vater Gott und die Angst sind überall.

Spielend löst er – auch über die Entfernung – beklemmende Angst aus. Das Eintreffen des Drohbriefs, das Erkennen der Schrift, das erneute: »Unfähig! Ein Haufen Mist! ... in der Gosse landen!« läßt die Knie zittern.

Mit krummem Rücken, vorgeschobenen Schultern und hängendem Kopf geht Christine durch ihre »Freiheit«. Es war zeitlebens bei Strafe verboten, sich selbst zu schützen, also fürchtet sie mögliche Angriffe: Schon ein Blick, der sie trifft, eine Frage, die an sie gerichtet wird, läßt sie bis in die Seele erröten; ein Gefühl, als würden Herzschlag und Stimme ohmächtig.

Angst bietet keinen Schutz. Angst liefert aus: Sie wird aus Jobs gefeuert, weil sie mit ihrer errötenden, kleinlauten Unsicherheit »untragbar« ist. Als Verkäuferin wird sie gar erwischt, wie sie alten Frauen – »Wir sind von drüben, haben wenig Geld, und die Knöpfe sind so teuer« – die Knöpfe, die sie sich wünschen, schenkt.

Genauso, wie sie es von den Heiligen gelernt hat, ist sie gut, bescheiden und gibt den Armen. Und ... sie verzeiht ihren Feinden: Der Vermieter betrügt sie um einige hundert Mark, jemand rempelt sie auf der Straße absichtlich an: Sie versucht, die Beweggründe zu begreifen. Sie glaubt unbeirrt an das Gute im Menschen. Den Glauben daran zu verlieren, daß auch andere – wenn auch manchmal im verborgenen – von Mitgefühl, Güte, Gerechtigkeitssinn und Opferbereitschaft bestimmt sind, wäre gleichbedeutend mit dem Aufgeben der Hoffnung, von diesen Menschen die Liebe, Anerkennung und Achtung bekommen zu können, die ihr bisher von eben diesen versagt wurde. Die Hoffnung auf die ausstehende Erfüllung dieses Wunschtraums und das Mitleiden mit denen, die unter der Ungerechtigkeit und Kälte anderer zu leiden haben, bestimmen Christines Leben.

Über einen längeren Zeitraum wird sie mutiger bei den Mitstudierenden und schafft es mit Witz und Einfühlungsvermögen, dabeisein zu dürfen, sich zugehörig fühlen zu können. Sie besinnt sich auf das, was sogar ihr Vater an ihr mochte, das Künstlerische, und verändert ihr Äußeres mit Selbstgenähtem und Augen-Bemalung.

Der Besuch der Schauspielschule bringt die Erfüllung des größten Wunsches. Hier kann sie all das verwenden, was sie sich selbst beigebracht hatte, um ihre Lebenssituation zu verbessern: sich in die von ihr verlangten Rollen einfügen. Zum ersten Mal erntet sie uneingeschränkt Beifall für etwas, das sie kann. Kleidung und Gesichtsmalerei werden geradezu herausfordernd. Der Freundeskreis vergrößert sich. Leute, die ähnlich wie Christine es sich wünscht, nach Sorglosigkeit ohne Angst, ohne Druck streben, in den Tag hinein leben.

Nur:

Das Rückgrat will sich nicht aufrichten.

Nur:

Das »Nein«-Sagen zu Forderungen anderer gelingt ihr nicht.

Nur:

Das Ärger-zeigen-dürfen, das Wut-äußern ist nicht möglich.

Der krumme Rücken wird mit Lässigkeit kaschiert.

Das »Nein«-Sagen-müssen umgeht Christine, indem sie auf die Forderungen anderer eingeht, auf Kosten eigenen Wohlgefühls. Dennoch ist es eine Rechnung, die aufgeht, denn allein der Gedanke daran, jemandem Ablehnung zu zeigen, läßt das Herz rasen und löst einen Schwindel im

Kopf aus. Die Angst vor der Strafe für die Verweigerung ist größer als die Unannehmlichkeit, eine mißliebige Sache hinter sich zu bringen. Strafe, das heißt Mißachtung, unfreundliche Atmosphäre, vielleicht sogar eine beleidigende Kränkung.

Also geht Christine mit dem ins Bett, der den Wunsch erkennen läßt. Immerhin heißt das, sie wird begehrt, und das belohnt sie zusätzlich mit ausschließlich auf den Mann gerichteter Aufmerksamkeit. Sie geht leer aus.

Ist jemand in Not, verschmilzt sie mit dessen Problem und gibt ihr gesamtes Mitleiden, während sich die eigenen Probleme unbemitleidet bedrohlich auftürmen. Aber sie will sich nicht mimosenhaft anstellen. So schlimm ist es wirklich nicht.

Kränkt sie jemand, bleibt sie freundlich. Schon der Gedanke, zu widersprechen oder gar ein böses Gesicht zu zeigen, erschreckt sie, läßt die Stimme schon beim Aufkommen eines solchen Gedankens zittern. Später, allein, kreist die Demütigung in ihrem Kopf; sie überlegt, was sie alles Tolles hätte erwidern können und weint heimlich. Leben tut sie für die anderen. Leiden tut sie nur mit sich.

Dennoch glaubt sie sich »frei«: Ohne Gewissensbisse kann sie das schmutzige Geschirr bis an die Decke wachsen lassen. Ohne Angstgefühl kann sie Stunden zu spät zu Verabredungen kommen. Ohne Existenzangst lebt sie von der Hand in den Mund. Die Zeit, ihre Träume zu erfüllen, schlagfertig zu kontern, wenn jemand sie erniedrigt, zurückzuschlagen, eine große Schauspielerin, eine berühmte Schriftstellerin, eine Wahnsinns-Sängerin zu werden, wird noch kommen. Arbeiten, die Christine tut, ergeben sich. Zufällig gelangt sie mal an eine kleine Rolle in einem Film, im Fernsehen oder in einem freien Theater. Kein Türklopfen, kein Bitten-müssen, kein Druck, kein Einlassen auf autoritäre Arbeitsstrukturen, denn da ist sie ausgeliefert, wehrlos. Bei ihrer Arbeit soll der eigene Anspruch zählen.

Sie engagiert sich in einem Studio, in dem mit Theaterspiel und technischen Medien an Inhalten gearbeitet wird, die Christines Engagement für Gerechtigkeit entsprechen: für die Rechte von Minderheiten und Unterdrückten.

Frauen sind dabei nicht vertreten.

Bis endlich die Absurdität der eigenen bedrängten Situation klar wird, Frauen beginnen, ihre Unterdrückung herauszuschreien. Bröckchenweise begreift Christine das eigene Leid, die eigene Schutzlosigkeit, die abtrainierte Selbstachtung.

Viele Jahre Amoklauf. Viele Jahre Kampf: für die kleinen Schritte zur Anerkennung eigener Fähigkeiten, gegen die Resignation, für das Eingestehen von Erlittenem, gegen die Trauer, für das Herauslassen der Wut, für ein Spüren von Sinnlichkeit und Lust. Kampf fordert die Sinne heraus: Verlorene Kämpfe bereiten Schmerzen. Gewonnene Kämpfe schaffen Freude, Aktivität, neuen Kampfgeist.

Ein ständiges Auf und Nieder im Vorwärtsgehen.

Das »Auf« wird belohnt: »Eine starke Frau!«

Ins »Nieder« hinein wird das Urteil gefällt:

»Du bist wirklich eine Masochistin!«

Schuld an der unverschuldeten Schuld. Doppelte Niederlage.

Heute

Niemals wollte ich werden wie mein Vater, wie die Tanten, wie die Nonnen.

Niemals wollte ich die Ordnungssysteme, die Lebensanschauungen und die Denkmodelle übernehmen, mit denen ich großgezogen und kleingemacht worden war. Ich versuchte, mit all meinen Kräften gegen diese Denk- und Lebensinhalte anzuleben, habe neue Lebenswertigkeiten gesetzt.

Und doch drückt auf alles der umfassende Wunsch nach Anerkennung. Genau diese ungeschützte Stelle hat den Raum gelassen für das Aufbrechen der Samenkörner, die vor langer Zeit so sorgfältig ausgestreut worden waren: Denn der Wunsch nach Anerkennung fördert den Anspruch auf Perfektion und verstärkt die Verletzbarkeit bei Ablehnung. Mit jeder neuen Aufgabe wächst der Perfektionsanspruch, wächst die Angst vor Nichtanerkennung.

Plötzlich sind sie alle da, schieben sich aus dem Erinnerungsnebel vergangener Zeiten ins grelle Licht meiner Realität: Die Kontrollinstanzen Gott-Vater-Überall besetzen mit dem breiten Arsch des Gewohnheitsrechts Geist, Seele, Körper. Sie heften ihre Gedanken und Sätze an: »Sei hart gegen dich selbst.« – »Bekämpfe Schwächen und Sentimentalitäten im Kern!« – »Laß kein Versagen durchgehen!« – »Sei niemals zufrieden

mit deiner eigenen Leistung!« – »Tu deine Pflicht!« – »Trag deine Verantwortung!« – »Tue Gutes!« Mit *meinen* wachsenden Anforderungen an
mich, die ganz andere Ziele hatten, nämlich Selbstbewußtsein, Sich-
abgrenzen-können, unangepaßte Leistungen, ist *ihr* Samen aufge-
gangen.

Die Kontrollinstanzen befehlen und beobachten mit Akribie die
Durchführung ihrer Befehle. Und ihnen entgeht kein Fehler, kein Versagen. Fehler sind Schuld. Schuld schreit nach Sühne. Die Impulskette
wird ausgelöst. Die Maschinerie ist wieder in Gang gesetzt. Rad greift
in Rädchen: Beim geringsten Versagen informiert die Kontrollinstanz die
Strafzentrale: das Gewissen. Das Gewissen wiederum kontrolliert den
Schlaf in der Nacht und die Lebensfreude am Tag.

Eine jede neue Qualifikation ist gleichzeitig eine neue mögliche Feh-
lerquelle. Die Angst zu versagen expandiert. Der Perfektionsdruck treibt
vorwärts. Immer größere Ansprüche an die eigene Leistung ziehen
immer neue Notwendigkeiten nach sich. Voraussetzung für fehlerfreie
Leistung sind Pünktlichkeit, Ausgeschlafenheit, pedantische Ordnung,
um reibungsloses Auffinden der benötigten Unterlagen und Utensilien
zu gewährleisten. Der gesamte private Lebensbereich wird fest einge-
preßt in das Leistungsschema. Mögliche Freiräume werden vom Gewissen, Verantwortungsgefühl auf ein Minimum reduziert und verschwinden letztlich ganz. Die Anpassung ist perfekt.

Niemals wollte ich die Ordnungssysteme, die Lebensanschauungen
und die Denkmodelle übernehmen, mit denen ich großgezogen … Ich
beuge Fehlern vor – kontrolliere jeden Satz, den ich spreche. Keiner entgeht mir. »Ich« kontrolliere jede meiner Bewegungen. »Ich« bin mir jeder
Geste bewußt. Ebenso entgeht mir kein Satz, keine Bewegung, keine
Geste meines Gegenübers. Bin ich erfolgreich? Entspricht die Wirkung
der Absicht? Verhalte ich mich zur Zufriedenheit meines Gegenübers?

Trotzdem: Bei der Nachkontrolle fallen Mängel auf. Warum habe ich
das Gefühl einer leichten Mißachtung? Was habe ich falsch gemacht?
Habe ich Schwäche gezeigt, indem ich zu impulsiv geplaudert habe? Zu
hektisch gelacht? Übertrieben Verständnis gezeigt? Noch schlimmer –
die Nacht. Gewissenserforschung: Jemand wollte sich bei mir aussprechen. Ich war aber in einer albernen Stimmung und nicht sofort in der
Lage, umzuschalten und habe weiter Witze gemacht. O Gott, was wird
diese Frau traurig sein. Sie hat gehofft, Verständnis zu finden und wird

sich verlacht fühlen. Sie wird jetzt Aversionen gegen mich haben, wird sich von mir betrogen fühlen. Wie konnte ich nur so unaufmerksam sein? Sie wird einen falschen Eindruck von mir haben, denken, ich sei zynisch.

Ganz hinten regt sich mein Verstand, schreit über die Kontrollinstanz hinweg: Warum muß sie dir was Todtrauriges erzählen, wenn du gerade lustig und albern bist? Ist sie doch selbst schuld. Dumme Gans! Aber die Gruppe heute: Ich habe die Übung schlecht erklärt. Ich war schuld, daß die Spannung plötzlich weg war. Ich hab die Spielerinnen verunsichert, ich bin unqualifiziert ...

Natürlich feiert solches Leistungsdenken auch Triumphe. Anerkennung: Sehr verantwortungsbewußt! Immer heiter! Neue Aufträge, mehr Verdienst.

Hundert Filme hätte ich sehen können, statt diesen Aufsatz zu schreiben. Mit Freundinnen in Gartenlokalen sitzen können. Auf Rollschuhen durch Berlin sausen, Seen durchschwimmen, auf dem Besen durch die Luft reiten können. Statt dessen sitze ich hier und schreibe mir die Seele und die Finger wund. Warum?

Bin ich eine Masochistin?

Was ist mit dem Stück freien Himmels, das sich in meinem Hirn nach und nach vergrößert, während ich beginne, die Mechanismen zu begreifen? Was ist mit dem Spaß, den ich habe, wenn ich die Kontrollinstanzen in einen Auto-Scooter setze und rumms! dagegendonnere und rumms! die Köpfe aneinanderknallen lasse und rumms! ihnen einen Stoß gebe, daß sie vereint im hohen Bogen durch die Luft – platsch! – im Billigsenf der nächsten Würstchenbude landen.

Was, wenn ich ihnen zu allem Überfluß noch erzähle, was mit meiner Sexualität passiert ist – ganz anders als geplant?

Wie war meine Position, als ich begann, mich mit dem Thema »weiblicher Masochismus« zu beschäftigen? Da träumte ich den folgenden Traum:

Ich befinde mich in einem großen, halbdunklen Raum, in der Art der Bilder Alter Meister, zusammen mit einem Mann, der Bedeutsamkeit – groß und schweigsam – ausstrahlt. Ein Künstler. Ich bin eine zarte, feingliedrige Frau und gebe in großer Anstrengung mein gesamtes, sehr lebhaftes Temperament darein, meinen erwachsenen Sohn bei dem Meister – offenbar ein Maler – als Schüler unterzubringen. Dabei bemühe ich mich unter großem Krafteinsatz darum, auf den »großen Meister« erotisch zu wirken. Während ich mich so drehe und wende, mein Inneres nach außen kehre, immer mit dem Anspruch, es witzig, unterhaltsam und sinnlich zu gestalten, also mit allen Mitteln hart arbeite, ist der »Künstler« einfach nur da.

Schnitt.

Im Bett: Ich liege mit dem Rücken nackt auf dem fast vollständig bekleideten Mann. Offensichtlich war er gerade von hinten in mich eingedrungen. Der Akt ist vorbei, denn er schiebt mich, die Hände gegen meinen Rücken gestemmt, hoch, weg, mit unbewegtem Gesicht. Auch ich habe ein lebloses Gesicht.

Schnitt.

Der Mann steht groß und bedeutsam im Raum, wendet sich ab. Ganz langsam – in Zeitlupe – dreht er seinen Kopf, und ich sehe die leuchtenden Strahlen seines Heiligenscheins, nicht wie bekannt rund um den Kopf, sondern senkrecht am Hinterkopf, wie ein Hahnenkamm, hart und fest installiert.

Es ist Jesus.

Ich bin weder feingliedrig und zart – sondern kräftig und stark –, noch habe ich einen Sohn. Als Jugendliche hatte ich begonnen, einen Roman zu schreiben. Ich war die Geliebte des Malers/Künstlers, das Ambiente war existentialistisch, und ich opferte mich mit Liebe, Haushaltsführung und Witz auf, gegen die Depressionen meines Freundes anzukommen, ihn in seiner Genialität zu bestärken und zur Arbeit zu bewegen. Tatsächlich aber malte ich selbst und besuchte die Werk-Kunst-Schule. Es hätte sich jedoch nicht mit dem geforderten Weiblichkeitsbild vertragen, nicht mit meinem übergroßen Wunsch, geliebt zu werden, wenn ich *mir* die Genialität zugeschrieben hätte. Sogar jetzt, viele Jahre später, mußte ich meine Kräfte, sowohl meine Körperkraft als auch meine Kreativität, verleugnen, um die erwünschte Anerkennung über einen Sohn zu beziehen, mußte mich verkaufen für eine Anerkennung, die nur indirekt mir zugute gekommen wäre. Aber ein Jesus bedient sich, er richtet, aber er lobt nicht.

Sogar meine lebendige Sexualität habe ich hergegeben für ein starres Mißbrauchtwerden. Dieser Traum war die Abschiedsvorstellung. Die Hälfte der Scheinwerfer war schon abgebaut. Ein letzter Blick auf den Ausverkauf weiblicher Kraft.

Sexualität heute

Meine Kraft und meine Sexualität sind untrennbar miteinander verknüpft. Und was für ein Schindluder ist damit getrieben worden? Die Geburtshelfer meiner Sexualität waren heilige Foltergeschichten. Fast drei Jahrzehnte wurde meine Lust unterwandert von peinigenden Männern und gedemütigten Frauen. Meine Phantasien nährten sich aus Foltergeschichten früherer und heutiger Zeiten. Trickreich nutzte und veränderte ich im Laufe der Zeit und im Verlauf meiner persönlichen Entwicklung diese Phantasien: Einige Jahre war mir die Verbindung zwischen dem, was ich empfand, wenn ich onanierte und dem, was passierte, wenn ich mit meinem Freund schlief, nicht eindeutig klar. Beim Onanieren benutzte ich Phantasien von gepeinigten Frauen, ohne mich selbst in einen Zusammenhang zu stellen. Das Gefühl war angenehm und führte zum Orgasmus.

Das Lieben mit meinem Freund empfand ich als zärtlich und durch die Körpernähe als angenehm. Aber durch die mangelnde Erfahrung auf beiden Seiten und durch fehlendes Wissen hatte dieses Lieben für mich nichts mit Lust zu tun.

Später folgten die Eine-Nacht-Geschichten, bei denen sich die jeweiligen Männer bedienten, ohne einen Gedanken an mich zu verschwenden.

Als ich vierundzwanzig Jahre alt war, verliebte ich mich in einen erfahrenen und wunderbaren Liebhaber. Während ich gemeinsame Sexualität erlebte, schlichen sich die Phantasien oft auch hier ein. Bewußt aber nutzte ich sie beim Onanieren.

In der Auseinandersetzung mit den Bereichen weiblicher Unterdrückkung erkannte ich dann Zusammenhänge zwischen meiner Unsicherheit und meinen Phantasien, die doch auf der Verachtung meines eigenen Geschlechts und damit meiner Person basierten.

Lange Zeit war ich in meinen Phantasien das Opfer gewesen, die Orte, an denen Demütigung und Mißhandlung stattfanden, waren die Räume meiner väterlichen Wohnung.

In der Folge meiner Überlegungen aber veränderten sich nun – von mir unbemerkt – die Vorstellungen: Nicht mehr ich war das Opfer, sondern anonyme, gesichtslose Frauen an fremden Orten. Doch meine Sorge vergrößerte sich, mein Persönlichkeitsbild könnte in der Realität Schaden daran nehmen, daß ich Lust daraus gewann, Frauen zum Opfer männlicher Erniedrigung zu machen. Mich mit Schlage- und Erniedrigungsphantasien zu stimulieren, dagegen hatte ich grundsätzlich nichts einzuwenden. Zu lange schon war ich vertraut mit diesen Bildern. Immer störender empfand ich, daß es Frauen waren.

Ich kehrte meine Vorstellungen um, gab Frauen die dominanten Positionen und ließ sie Männer demütigen und schlagen. Das war keineswegs weniger lustvoll. Sehr vergnüglich war die Feststellung, daß ich in Zeiten großer innerer Stabilität nicht im Traum mehr daran dachte, Frauen für meine Phantasien zu diskriminieren. Ohne jeden unangenehmen Nachgeschmack, ohne Schuldgefühle konnte ich nun Männer für die Opferrolle benutzen.

Seit ich zu meinem Vergnügen begonnen habe, die Kontrollinstanz – wo immer ich kann – auf Schleudersitze zu plazieren oder bei Bedarf in Modder fallen zu lassen, gehen meine Phantasien auf Distanz. Selten und immer kleiner geworden, verschwinden sie beinahe wie ein Luftballon am Horizont. Irgendwann werden sie vollständig weg sein. So lange aber lasse ich es mir nicht nehmen, die gesamte Kontrollinstanz, das heißt, alle Männer, die versuchen, sich auf Kosten von Frauen aufzubauen, in die Hölle zu schicken, und zwar im wahrsten Sinne des Wortes.

Die Hölle, das ist ein großer runder Topf, in dem es brodelt und zischt. In diesen Topf werden die nackten strampelnden Großkotze gesteckt …
Immer wenn sie auftauchen, pieken ihnen die fröhlich umherspringenden und kichernden Frauen mit langen spitzen Nadeln in die Haut, und es wird ein lautes Gequieke und Gejammer sein im großen Topf, unter dem die Feuer aller Märchenhexen brennen.

Denn: »Mein ist die Rache!« spricht die Herrin.

Meine Füße tasten sich vor auf dem spinnfeinen Faden.

Unter mir auf der einen Seite die allmächtigen Feinde. Sie wollen mich haben. Sie warten darauf, daß der Faden reißt, ich die Balance verliere, ich aufgebe.

Unter mir auf der anderen Seite: Meine Vertrauten.

Sie wollen mir helfen.

Alle schauen hoch zu mir. Ich schwebe, hüpfe, purzele vorwärts.

Ich kenne meinen Faden, er hält mich.

Ich weiß die Füße zu setzen, das Gleichgewicht zu halten.

Ich kann beobachten, was links passiert, was rechts passiert.

Ich habe den Überblick.

Ich bin eine Künstlerin auf dem Seil.

Nichts kann mir passieren. Mir ist das Seil sicherer als der Boden unter den Füßen.

Ich kann Geschichten erzählen von dem, was ich sehe.

Literatur

Caplan, Paula J.: *Frauen sind keine Masochisten. Das Ende eines Vorurteils.* Köln, 1986

Carter, Angela: *Sexualität ist Macht.* Reinbek, 1981

De Sade, Marquis: *Justine.* Hamburg, 1979

Die Bibel: Das Buch Leviticus, »Reinigung der Wöchnerin«, Altes Testament; Lukasevangelium, »Die wahre Seligkeit«, Neues Testament; Das Buch Leviticus III., »Bei der Frau«, Altes Testament; Das Buch Jesus Sirach, »Die Kinder«, Altes Testament

Kleist, Heinrich von: *Der zerbrochene Krug.* Berlin, o.J.

Marcus, Maria: *Die furchtbare Wahrheit. Frauen und Masochismus.* Reinbek, 1987

Melchers, Erna und Hans (Hg.): *Das große Buch der Heiligen.* München, 1982

Weidinger, Erich (Hg.): *Legenda Aurea: Das Leben der Heiligen.* Aschaffenburg, 1986

Birgit Rommelspacher

Die Sucht, zu sehr zu lieben: Die neue Krankheit der Frau?

Robin Norwood hat ein Buch geschrieben, das Millionen von Frauen gelesen haben. Inzwischen ist das Buch seit zwei Jahren ununterbrochen auf einem der ersten Ränge der Spiegel-Bestsellerliste, und es ist noch kein Ende abzusehen. Wohl ein einmaliger Fall für ein Buch, das sich mit Frauenproblemen befaßt.

Aufgrund des Buches wurden überall zahlreiche Selbsthilfe-Gruppen gegründet. Und inzwischen hat Norwood auf die Tausende von Briefen, die sie aus aller Welt bekam, mit einem neuen Buch reagiert: *Briefe von Frauen, die zu sehr lieben,* das auch sofort oben auf der Bestsellerliste landete, wenn auch nur für kurze Zeit.

Ich selbst kam gewissermaßen auch nicht mehr um das erste Buch herum. Die meisten Bekannten von mir hatten es zumindest gekauft, wenn auch nicht unbedingt ganz gelesen. Und da ich mich zu der Zeit selbst in meiner Forschung mit dem Motiv von Frauen zum »Dasein für andere« beschäftigte, entschloß ich mich, das Buch zu lesen, wenn auch von vornherein mit einigem inneren Widerstand. Schon allein der riesige Erfolg machte mich mißtrauisch: US-amerikanischen Erfolgsrezepten haftet ja oft eine Reduktion von Komplexität, um nicht zu sagen eine Simplizität an, die meist etwas Kurzlebiges, Modisches an sich hat.

Andrerseits hatte das Buch eine Menge von Frauen aktiviert, etwas für sich zu tun, sich mit anderen Frauen zusammenzuschließen. Es bewegte etwas. Ich hörte zunehmend von Frauen, die sagten, es habe ihnen geholfen. In dem Buch hätten sie sich wiedererkennen können, Dinge sehen können, die sie bislang einfach nicht begriffen hätten. Irgend etwas mußte dann ja wohl dran sein. Ich ging also mit gemischten Gefühlen an die Lektüre.

Zunächst einmal: Wie sieht also nun diese neue Krankheit aus, die Norwood entdeckt zu haben glaubt?

Die sogenannte liebessüchtige Frau lebt vorwiegend über den Mann. Ihr ganzes Denken, Fühlen und Tun ist auf ihn ausgerichtet. Sie übernimmt die Verantwortung für all seine Probleme, versucht, alles in Ordnung zu bringen, wenn er in Schwierigkeiten kommt, oder die Verhältnisse in Ordnung zu halten, auch wenn sie keineswegs so sind.

Dieses Dasein für den Mann erlebt die Frau als Liebe. Und um so mehr sie für den Mann leiden muß, desto mehr glaubt sie, ihn zu lieben. Im allgemeinen verläuft die Beziehung dann fatal: Sie wirft sich mit aller Verve in die Beziehung, er zieht sich daraufhin immer mehr zurück. Jede Mißachtung ist dann für die Frau wiederum ein Ansporn, sich selbst zu hinterfragen und den Einsatz zu verdoppeln. Die Dynamik nimmt schwindelerregende Ausmaße an. Die Frau kommt aus diesem Kreislauf nicht mehr heraus, es sei denn, sie hat die Aussichtslosigkeit ihrer Situation erkannt und wendet sich an eine Selbsthilfe-Gruppe und/oder sucht professionelle Unterstützung.

Diese fatale Beziehungsdynamik hat Norwood so häufig angetroffen, und zwar auch bei Frauen, die sonst lebenstüchtig und selbständig sind, daß sie vermutet, dies sei letztlich die in unserer Gesellschaft herrschende Beziehungsform zwischen den Geschlechtern. Wie erklärt nun Norwood dieses Phänomen? Wie bei einer psychologischen Analyse nicht anders zu erwarten, beginnt das Elend bereits im Elternhaus. Die Frauen haben als Mädchen zum einen sehr wenig Beachtung und Zuwendung bekommen, zum anderen wurden sie häufig sozial früh überfordert, indem sie Verantwortung für die Probleme der Mutter oder des Vaters oder der Eltern untereinander zu übernehmen hatten.

Die Rettung aus dieser Situation schien dann für sie der Mann zu sein. Er sollte ihnen nun all die Zuwendung geben, die ihnen als Kind vorenthalten worden war. Er sollte sie erlösen aus Verantwortlichkeiten, Verstrickungen und Abhängigkeiten. Diese Hoffnung trog. Im Gegenteil: Schnell sahen sich diese Frauen wieder in der Verantwortung für die Beziehung. Schon wieder waren sie mit der ganzen Problematik auf sich selbst zurückgeworfen.

Norwoods Analyse ist dann absolut plausibel: ein klassischer Fall von Wiederholungszwang, eine Reinszenierung kindlich-traumatischer Erfahrungen in späteren Beziehungen, eine neurotische Fixierung mit unersättlichem Nachholbedarf an Zuwendung und narzißtischer Bestätigung.

Für diese Analyse spricht vor allem der quasi-automatische Ablauf der geschilderten Beziehungsdynamik: Häufig kennen die Frauen ihren späteren Mann nur sehr kurz. Bei einer der ersten Begegnungen fährt es wie ein Blitz in sie. Es sind vor allem drei Elemente, die in den meisten Fallbeispielen wiederkehren: Der Mann ist attraktiv, zeigt Stärke, Unbekümmertheit, Egoismus, vielfach auch Arroganz und emotionale Kälte, dies aber gemischt mit Schwächen, Problemen, Verletzlichkeiten und Unsicherheiten. Dazu kommt, daß er ihr signalisiert, oder zumindest sie selbst es so empfindet, daß sie die Auserwählte sei, der einzige Mensch auf der ganzen Welt, der ihn retten könne. Meist tritt sie in ihrer Phantasie dann bereits die Konkurrenz mit seiner Mutter an: Er ist nie richtig geliebt worden, aber die Aufgabe in meinem Leben wird sein, ihm all das zu geben, was ihm vorenthalten wurde. Sie ist diese Auserwählte. Auf Englisch: »I was something special for him.«

So extrem die Fälle sind, die Norwood schildert, sie sind in der Tat keineswegs außergewöhnlich. Im Gegenteil: Die hier genannten Elemente ergeben das, was man gemeinhin die weibliche Normalbiographie nennt, und zwar mit vor allem folgenden Momenten:

Es ist in der Tat die den Mädchen aufgebürdete soziale Verantwortung, die die Geschlechtsdifferenz in der Erziehung bis heute ausmacht (vgl. dazu Ulrike Schmauch, 1978). Männer sind tatsächlich nach wie vor der von den meisten Frauen gewählte Weg, dem Zugriff der eigenen Familie zu entkommen. Und schließlich die Sehnsucht danach, die Auserwählte zu sein: Sie spiegelt meines Erachtens die durchaus übliche, schmerzhafte Erfahrung vieler Frauen wider, als Mädchen nicht in ihrer Individualität gestützt worden zu sein. Statt dessen wurden ihre Eigenarten, ihre Ecken und Kanten als unweiblich bestraft. Sie sind häufig nicht so sehr in ihrer Individualität, sondern vielmehr als Mitglied ihrer Gattung behandelt worden. Das wurde mir in meinen Untersuchungen zur Berufswahl von Frauen an einem Beispiel besonders deutlich: Die interviewte Frau wuchs gemeinsam mit ihrem Zwillingsbruder auf. Als es um die Berufswahl ging, lief die Mutter mit dem Jungen zur Lehrerin, ließ ihn beim Arbeitsamt testen und die ganze Familie zerbrach sich den Kopf, was er werden sollte. Schließlich durfte er nach Berlin auf die Hochschule der Künste gehen. Sie selbst hingegen wurde vor die Wahl gestellt, entweder Sekretärin oder Kindergärtnerin zu werden. Da die ältere Schwester bereits Sekretärin war, entschied sie sich dann für Kindergärtnerin.

Dasselbe Phänomen kennen wir auch aus den Untersuchungen zum schulischen Alltag (Dale Spender, 1985), wo LehrerInnen sich sehr viel genauer an die einzelnen Jungen in ihrer Klasse erinnern können, während sie Mädchen eher pauschal beurteilen nach dem Motto: Der Rest, das sind die Mädchen. Insofern ist es durchaus verständlich, daß Frauen es als Glück empfinden, in der Beziehung zum Mann das unterdrückte Bedürfnis nach Einzigartigkeit erleben zu dürfen. Nach dem Motto: »Ausgerechnet auf mich ist sein Blick gefallen.«

Die Fixierung der Frauen auf den Mann, ihre Hingabebereitschaft, hängt aber auch noch damit zusammen, daß das Projekt »Leben« für viele Frauen nach wie vor das Projekt »Familie«, das Projekt »Mann« ist: über ihn zu leben, über ihn an der Welt teilzunehmen und über ihn Triebe und Bedürfnisse auszuleben, die sie sich selbst nicht erlauben können.

Wir können also insoweit Norwoods Analyse folgen, als sie durchaus typische Elemente weiblicher Biographien herausgearbeitet und beschrieben hat. Interessant dabei ist jedoch, daß sie es sorgfältig vermeidet, diese Erfahrungen als geschlechtsspezifische zu sehen. Wie gesagt, sie hat durchaus recht damit, die oft allzufrühe soziale Verantwortung der Mädchen als belastenden und unter Umständen traumatischen Faktor zu sehen. Aber für sie sind das Erfahrungen, die Kinder im allgemeinen und nicht vorzugsweise Mädchen machen. Auch kann die mangelnde Zuwendung oder der narzißtische Mißbrauch von Kindern durch ihre Eltern, wie Alice Miller (1983) es nennt, für spätere psychische Störungen prädestinieren. Aber die Gefahr einer solchen Störung und ihre Form hängen davon ab, welche Ressourcen dem Kind bzw. später der/dem Erwachsenen zur Verfügung stehen, diesen Einwirkungen Widerstand zu leisten und sie zu überwinden. Und hier möchte ich mit Georges Devereux (1982) argumentieren, daß benachteiligten Klassen in einer Kultur systematisch der Zugang zu den Abwehrmechanismen verwehrt wird, welche die Kultur den Privilegierten zugesteht. Insofern ist nicht nur die Frage nach der Traumatisierung von Bedeutung, sondern ebenso die nach den Ressourcen zu ihrer Bewältigung. Und wenn es den Frauen in unserer Gesellschaft eigen ist, hauptsächlich über private Beziehungen Anerkennung und Zuwendung zu bekommen, andere Wege ihnen im wesentlichen jedoch verschlossen sind, so werden sie auf diese Ebene zur Ausagierung ihrer Problematik fixiert. Jungen hingegen werden ein breiteres Spektrum haben, sich die vermißte Anerkennung zu holen. Bei

Norwood muß jedoch die Frage offen bleiben, warum Männer, die als Kinder auch zuwenig Zuwendung erfahren haben, nicht liebessüchtig werden, sondern *wenn* sie abhängig werden, dann eher, wie sie selbst beobachtet hat, arbeitssüchtig oder Alkoholiker.

Mit ihrem Rekurs auf allgemeine Kindheitserfahrungen verschleiert Norwood nicht nur die *geschlechtsspezifische* Prägung dieser Kindheitserfahrungen, sondern ebenso die Realität eines sexistischen Systems. Indem sie ausschließlich ihren Blick auf die Vergangenheit heftet, kann sie allein die Kindheitserfahrungen für das aktuelle Elend verantwortlich machen und braucht sich nicht mit der in Liebes- wie in Arbeitsbeziehungen ständig präsenten Geschlechterhierarchie auseinanderzusetzen, die eben nicht allein von Kindheitserfahrungen gesteuert ist, sondern eben auch vom *real existierenden Geschlechterarrangement* (Dorothy Dinnerstein, 1979).

Betrachten wir nun zunächst die Auslösesituation: Der entscheidende Anreiz für die Frau ist, daß der Mann einerseits Macht, Vitalität und Triebhaftigkeit signalisiert, zum anderen Bedürftigkeit. Das ist die brisante Mischung: Hier hakt die Frau ein, hier kann sie eingreifen und ihre Potenzen ausspielen. Die einzige Möglichkeit, die sie hat, in dem Spiel mitzuspielen, besteht darin, sich seiner mit ihrer ganzen Hingabe, ihrer Fürsorge und Liebe zu bemächtigen. Hier erkennt sie das Kind im Mann, dem sie Mutter sein kann, indem sie sich als noch mächtiger als die Mutter phantasiert. Und hier spielt sich vermutlich dasselbe ab wie in der Beziehung zwischen Mutter und Kind. Carol Hagemann-White (1987) hat es in ihrem Aufsatz »Macht und Ordnung der Mutter« folgendermaßen analysiert: Je geringer die realen Ressourcen, die Entscheidungsfähigkeit und das Wissen, desto größer die Allmachtsphantasien, die Gefahr der Regression in infantile Wahrnehmungsmuster und Identifikation mit der Muttermacht: erlösen, retten und heilen zu können.

Wie sonst kämen die vielen jungen Frauen in Norwoods Geschichten dazu zu glauben, daß sie beispielsweise einen Alkoholiker, den sie gerade einen Nachmittag kennen, retten könnten? Welches Ausmaß an Überschätzung hier vorliegt, sollten gerade professionelle TherapeutInnen beurteilen können, die wissen, wieviel Kompetenz, Wissen, Geduld und Macht ihrerseits und wieviel Kooperationsbereitschaft von seiten der KlientInnen dazugehört, diese unendlich schwierige Aufgabe anzugehen. Die Erfahrungswerte von TherapeutInnen kontrastieren hier wohl

erheblich mit den Phantasien, die die junge Frau im Zustand der Verliebtheit rauschhaft erlebt.

Und zum Ärger von Norwood wählen sich diese Frauen immer solche
Männer, anstatt sich mit dem netten jungen Mann von nebenan zufrie-
denzugeben. Es sind wohl gerade die besonders schwierigen Aufgaben,
die reizen. Ob es sich um Drogenabhängigkeit, Kriminalität, einfache
Polygamie oder homosexuelle Orientierung handelt – je dramatischer
das Problem, desto attraktiver scheint der Mann zu sein. In dieser
Attraktivität drückt sich meines Erachtens nicht nur eine stellvertretende
Befriedigung der eigenen, nicht ausgelebten Triebhaftigkeit aus, sondern
auch die Tatsache, je ungeheuerlicher das zu bewältigende Problem,
desto großartiger spiegelt sich darin die eigene Macht. Insofern wählen
dann die Frauen eben nicht die laut Norwood so häufig anzutreffenden
freundlichen, aufrichtig an der Person der Frau interessierten jungen
Männer, sondern die Herausforderung.

Damit wählen sie allerdings auch einen harten Kampf. Sie setzen ihre
ganze Zuwendung, Problemlösungskompetenz und auch meist ihre ganzen materiellen Ressourcen ein, um sie seiner Macht gegenhalten zu
können.

Worin aber besteht nun die Macht des Mannes? In den geschilderten
Fällen scheint es gar nicht so sehr seine ökonomische Überlegenheit zu
sein. Im Gegenteil: Vielfach ernähren diese Frauen nicht nur sich selbst
und ihre Kinder, sondern finanzieren auch noch den Mann und seine
Eskapaden. Die Macht des Mannes greift vielmehr auf einer anderen
Ebene: Er kann kommen und gehen, wann er will. Er kann allein durch
seine reale oder ständig drohende Abwesenheit die Frau unter Druck setzen. So sind die Männer in diesen Fallgeschichten praktisch vorwiegend
abwesend. Entweder widmen sie sich nahezu ausschließlich ihrer Arbeit,
oder ihre ganze Freizeit gehört dem Sport, oder sie sind in Sachen Drogen
und Alkohol unterwegs oder gerade mit einer anderen Frau beschäftigt.
Meines Erachtens nützen hier die Männer die Macht des Absentismus voll
aus, um den Frauen ihren Platz zuzuweisen: »Du hast du warten, bis ich
wiederkomme, und wenn du mir kein attraktives Programm bietest, dann
gehe ich eben wieder. Abwechslung gibt's für mich genug.«

In diesem *Absentismus* sehe ich ein Scharnier, ein Gelenk, mit Hilfe
dessen sich die gesellschaftliche Privilegierung des Mannes in das kon-
krete Erleben für Frau und Kinder umsetzt: Er macht die wichtige, die

gut bezahlte Arbeit, insofern ist nur logisch, daß er deshalb viel außer Haus ist. Für ihn steht die Sport- und Freizeitindustrie im wesentlichen zur Verfügung, insofern versteht es sich von selbst, daß er dort auch engagiert ist. Und schließlich ging der allgemein herrschende Sexismus schon immer davon aus, daß ein Mann im Grunde genommen mehrere Frauen braucht, was ihm dann die Legitimation und die entsprechenden Gelegenheiten verschafft, mehrere Sexualpartnerinnen zu haben.

Und insofern befindet sich die Familienfrau zu Hause in Konkurrenz mit allen möglichen alternativen Angeboten. Früher sagte man dazu, die Frau müsse es verstehen, den Mann zu »fesseln«. Sobald die Frau sich also selbst den Anspruch gesetzt hat, eine »richtige Familie« aufzubauen, ein trautes Heim, dann ist sie genau an diesem Punkt erpreßbar.

An dieser Stelle eine kurze Zwischenbemerkung: Ich habe mir das Vergnügen gemacht, noch ein anderes Buch zu lesen, das damals auch auf den ersten Rängen der Bestsellerlisten stand, und zwar Toni Schumachers *Anpfiff* (1987). Schumacher ist, wie vielleicht viele Frauen im Gegensatz zu den Männern nicht wissen, jahrelang Torwart der Fußball-Nationalelf gewesen und dann aus der Bundesliga geflogen, weil er mit diesem Buch soviel Wirbel gemacht hat. Toni Schumacher hat darin seinen Aufstieg aus dem ärmlichsten Milieu, seinen Ehrgeiz, seine Siege, seinen harten Weg erst zum Helden und dann zum Prügelknaben der Nation geschildert. In diesem Buch gibt es nicht mehr als drei Stellen, wo wir etwas über seinen Bezug zu Frau und Kind erfahren. Einmal ging er nach einer Niederlage in die Kabine, zog das Foto seines Sohnes aus der Tasche und sagte sinngemäß: »Für dich tue ich das alles, es war nicht umsonst.« Oder zur Zeit seiner schlimmsten Niederlage: »Da hielt ich die Hand meiner Frau Marlies« (von der wir bis dahin kein Wort erfahren haben).

Schumacher zeichnet hier das Klischee einer Männerbiographie, und dies mag zwar erheblich von der Realität des Otto Normalverbraucher abweichen, nährt aber die Phantasien von Männlichkeit. Es ist der Stoff, aus dem die Helden unserer jungen Männer gemacht sind. Sein Leben ist ein Drahtseilakt, gefährlich, abenteuerlich und fordernd. Aber sollte er fallen, dann in den Schoß der Familie, und zu nichts anderem ist sie da. Das *Leben* spielt sich woanders ab, die *Familie* ist für den Notfall da. Vergleicht man diese Einschätzung mit denen in Norwoods Geschichten, kann man nur mit Christa Wolf sagen: Männer und Frauen leben auf verschiedenen Planeten.

Aber auch den wenigen Männern, die vorwiegend zu Hause sind, bleibt ein Machtmittel: der innere Absentismus, das Schweigen. Damit verknüpfen sie den impliziten Hinweis an die Frau: »Kümmer du dich um unsere Kommunikation, du kannst ja fragen, wenn du willst.« Damit weisen sie ihr wiederum die Rolle der Verantwortung für die Beziehung zu. Wie machtvoll dieses Instrument sein kann, läßt sich am besten am klassischen *setting* der Psychoanalyse ermessen, wo das Schweigen und die Unsichtbarkeit des Analytikers als bewußte Strategie eingesetzt wird, die ganze Phantasie der Klientin auf ihn zu fixieren und sie zu veranlassen, in infantile Wahrnehmungsmuster zu regredieren. (Unter diesem Blickwinkel erscheint das psychoanalytische *setting* gar nicht mehr so lebensfern und künstlich. Möglicherweise ist es nur eine Überspitzung des normalen Familienalltags.)

Wenn wir also dieses Geschlechterarrangement betrachten, ist unschwer zu erkennen, daß die sogenannte Liebessucht keineswegs lediglich ein individuelles Problem darstellt. Sie spiegelt die Begrenztheit weiblicher Spielräume wider in einem Rollenspiel, in dem der Mann die Bedingungen setzt und ihr Angewiesensein auf diese Bedingungen die Frau Mittel finden und erfinden läßt, mit Hilfe derer sie sich seiner Macht entgegenstellen, sich seiner bemächtigen kann.

Setzt der Mann seine Privilegien, die Mittel der Gewalt, der Frauenmißachtung und des Absentismus ein, so reagiert die Frau auf ihrer Ebene: Sie versucht, sich seiner psychisch zu bemächtigen. Eine Strategie besteht darin, den Mann zu ent-mächtigen mit der Beschwörung: Im Grunde ist er ja nur ein Kind. Wie lächerlich sind doch all seine Bemühungen, sein Vorturnen und seine Schaukämpfe, mit denen er glaubt, seine Männlichkeit ständig beweisen zu müssen. Wie albern sind doch seine Machtkämpfe, wie zerstörerisch seine Selbstbehauptungsrituale.

Neben aller berechtigten Kritik am männlichen Machtgebaren hat dies auch viel mit einer Saure-Trauben-Reaktion zu tun; ebenso aber auch mit der Bemächtigung des Mannes auf der psychischen Ebene in Form seiner *Infantilisierung*. Die Frau bemächtigt sich seiner in Form allumfassender Fürsorge und Übernahme von Verantwortung. Er hingegen wird dies nur solange dulden, wie diese Bemühungen sein Selbstkonzept nicht untergraben, dann aber wird er sich entziehen, und somit wird der Kampf aussichtslos. Und das wird er auch bleiben, solange Gegenseitigkeit verhindert wird, indem der Frau qua Geschlecht Mitmenschlichkeit,

Symbiose, Intimität, die Aufgaben der Fürsorge und Spiegelung zugeschrieben werden, dem Mann hingegen Unabhängigkeit, Individualität,
Triebhaftigkeit und Durchsetzungsvermögen – Dinge, die in Wirklichkeit zusammengehören: Unabhängigkeit ist nicht ohne Abhängigkeit
möglich, Selbstgewißheit nicht ohne den anderen, Durchsetzungsfähig-
keit nicht ohne die Befriedigung passiver Wünsche.

Wie wir gesehen haben, kommen gerade die sogenannten liebessüchti-
gen Frauen den sozialen Rollenvorschriften nach Weiblichkeit in besonders extremer Weise nach. *Wie* sie sich in diese Rollenmuster hineinma-
növrieren, läßt sich vor allem an folgenden drei Mechanismen verdeutlichen. Erstens: *Wut* wird in *Mitleid* verwandelt. Die Gewalt und Verant-
wortungslosigkeit des Mannes wird zu einem psychischen Problem
gemacht, das also nur seine Verletzlichkeit und Bedürftigkeit widerspie-
gelt, nicht aber eine Machtanmaßung der Frau gegenüber, die zurückgewiesen werden muß. Damit hat sich die Frau zugleich dem Aggressionsverbot der weiblichen Rolle unterworfen, und sie ist von der Ebene der
realen Auseinandersetzung auf die der psychischen und illusionär-
phantastischen Bemächtigung übergegangen.

Ob der Mann seine Frau schlägt, ob er auf ihre Kosten exzessiv sein
Ego pflegt, oder ob er jegliche Verantwortung für die Familie ihr aufbür-
det, immer wieder interpretiert sie diese Ausbeutung ihrer Person als
Teil seines Problems oder als Symptom einer Krankheit. Sie kann damit
ihre Unterwerfung moralisch legitimieren: es ist zu seinem Wohl, er
braucht das. Und sie macht sich zum Objekt seiner Bedürfnisse. Sie
macht sich »gebrauchsfähig« für ihn. Im Gegenzug wertet sie sich selbst
auf als diejenige, die ihn durchschaut, seine Probleme kennt und die
Machtmittel für seine Heilung besitzt. Kurz: Sie weiß, was das Beste für
ihn ist. Sie kann sich nun erlauben, ihn von einer angeblich höheren
Warte aus zu bemitleiden. Höher in dem Sinn, als sie sich nicht in die
Niederungen eines Kampfes begibt, sie hält sich heraus, macht moralisch
betrachtet eine gute Figur und übernimmt die Rolle der Retterin.

Dieser psychische Kompensationsmechanismus ist oft genug verantwortlich dafür, daß Frauen trotz Mißhandlung und Demütigung bei ihren
Männern bleiben und oft genug nicht nur ihre eigene Integrität mißachten, sondern auch die ihrer Töchter und Söhne. In diesem Sinne ist von
der Mittat der Frau zu sprechen, die Christina Thürmer-Rohr so definiert: »Die Mittat der Frau ist da zu suchen, wo sie als Liebhaberin und

Hausgenossin des Mannes, als ideelle Teilhaberin, Zuarbeiterin und Mitdenkende ... als Muse männlicher Entwicklung, als Publikum männlicher Selbstverehrung, als Dulderin und Leiderin und damit Mitträgerin männlicher Überbewertung und eigener Ichlosigkeit eine Bejahung des Mannes weitertreibt ..., die dem Mann seine Machtberechtigung und Selbstherrlichkeit versichert.« (*die taz,* 23.3.1987)

Eng verknüpft mit der Technik, »Wut in Mitleid zu verwandeln«, ist der zweite Mechanismus, den ich als *Umschuldung* bezeichnen möchte. Die Frau nimmt alle Schuld und Verantwortung auf sich, der Mann wird entlastet. Wie sie für sein Wohl verantwortlich ist, so ist sie es auch für sein Wehe. Wobei aufgrund des geschlechtshierarchischen Arrangements die Erfolge des Mannes eher ihm zugute gehalten werden, sein Versagen hingegen auf ihr Konto gebucht wird. Denn gerade seine Schwächen sind ihre Domäne. Sie kann die Verantwortung für seine Probleme nur übernehmen, weil sie sich um seinetwillen aufgibt und schließlich, drittens, die fehlenden realen Ressourcen im Rückgriff auf infantile *Allmachtsphantasien* zu kompensieren versucht. Phantasien, in denen sie sich seiner als Mutter bemächtigt, ihm Leben, Sinn, Kraft und Heilung schenkt. Eine Phantasie auf der Basis ihrer eigenen Entindividualisierung. Sie gewinnt Kraft für ihn, indem sie auf die Kraft für sich verzichtet. Und die Geschichten von Schneewittchen, das totengleich im Glassarg ruht, vom schlafenden Dornröschen etc. zeigen: »Durch ihren Fall in tiefste Erniedrigung sichert sich die Frau die herrlichsten Triumphe. Mag es sich um Gott oder um einen Mann handeln, das kleine Mädchen lernt, daß sie allmächtig wird, wenn sie sich zur tiefsten Erniedrigung versteht.« (Simone de Beauvoir, 1968, S. 285)

Damit arrangiert die Frau sich mit den vorgegebenen Strukturen, was auch ein Stück Akzeptanz bedeutet. Sie akzeptiert die Situation so, wie sie ist, und das nicht allein aus einer Not heraus, nicht allein als Strategie des nackten Überlebens, sondern auch, weil es ihr Privilegien gewährt – die Privilegien der Diskriminierten. In dem Zusammenhang halte ich es für sinnvoll zwischen Extrem- und Normalfall zu unterscheiden: Im Extremfall ist die Akzeptanz oder Unterwerfung die einzige Möglichkeit. Die weibliche Realität reduziert sich jedoch keineswegs nur auf Extremfälle. So wichtig es ist, sich die Situation mißhandelter und geschlagener Frauen zu vergegenwärtigen und dabei die Realität sexistischer Herrschaft zu verdeutlichen, sie ist jedoch kein Spiegel für die gesamtgesellschaftliche Situation aller Frauen und verstellt allzuoft den Blick für den Normalfall. Das Privileg der Normalfrau besteht, mit Simone de Beauvoir formuliert, in der Möglichkeit der Teilhabe an Status, Reichtum und auch Macht, ohne dafür die Verantwortung übernehmen zu müssen und sich innerlich jederzeit davon distanzieren zu können. Der verhängnisvolle Weg der Passivität, des Verzichts, der Verlorenheit, der Unterordnung unter einen fremden Willen, des Mangels an Selbsterfüllung und der Aufgabe der Würde ist auch, wie sie es formuliert, ein bequemer Weg: »Man geht auf diese Weise der Angst und der Spannung der wirklich bejahten Existenz aus dem Wege.« (1968, S. 15)

Und nun zurück zu Norwood: Was dieses Buch so vielen Frauen vertraut, so verständlich macht, ist die Tatsache, daß die Autorin genau dieselben eben genannten Mechanismen benutzt, die die Frauen in ihrer Rolle festhalten. Also mit allem Recht könnte man das Wort von Karl Kraus über die Psychoanalyse auf dieses Buch übertragen: Sie sei die Krankheit, die zu heilen sie vorgibt. Das trifft in eklatanter Weise auf das Vorgehen von Norwood zu.

Nehmen wir den Mechanismus der Umschuldung, also die *Ent*lastung der Männer und *Be*lastung der Frauen: Den Frauen wird in diesem Buch nur ihre Hilflosigkeit und psychische Beschädigung vor Augen geführt, ohne irgendwo jemals auch gesunde Anteile an ihr zu entdecken. Nicht *einmal* erwähnt Norwood die Stärke der Frauen oder zumindest widersprüchliche Momente, in denen auch Widerständigkeit von ihnen sichtbar werden könnte; nein, sie fügen sich glatt in ein negatives Klischee.

Darüber hinaus werden sie in gewisser Weise auch moralisch verurteilt: Sie *müssen* angeblich nicht nur leiden, sondern sie *wollen* es auch, sie genießen den Schmerz. Dabei verwickelt sich Norwood in beachtliche Widersprüche: Einerseits wollen die Frauen angeblich leiden, andrerseits richten sie doch nun ihr ganzes Leben darauf ein, gerade die schmerzhaften Erfahrungen ihrer Kindheit rückgängig oder ungeschehen zu machen; sie wollen doch endlich die Zuneigung bekommen, die sie früher immer vermissen mußten. Die Sorge um den Mann oder die Droge Liebe, wie sie es nennt, soll ja gerade den Schmerz betäuben. Im übrigen ist das ein Widerspruch, den wir im gesamten Konzept des sogenannten weiblichen Masochismus finden, wie Paula Caplan (1986) festgestellt hat. Nach ihrer Meinung ist es nicht so, daß Frauen den *Schmerz* suchen, sondern daß sie wie jeder normale Mensch ihr *Glück* suchen, daß der weibliche Weg zum Glück im allgemeinen jedoch viel Leid mit sich bringt, was sie dann notgedrungen in Kauf nehmen müssen. Soviel zur Belastung der Frauen. Und nun zu den Männern: Sie kommen in der Tat bei Norwood schlecht weg. Sie sind gewalttätig, lieblos, verantwortungslos, gefühlskalt und arrogant. Aber der Tenor im ganzen Buch ist: Männer sind nun mal so. Worin die Botschaft steckt: Das hat auch so zu sein, und daran kann frau auch nichts ändern. Wer sich angeblich so besorgt über das Beziehungselend äußert, die Grausamkeiten auf der einen Seite aber unkommentiert läßt, nimmt Partei. Durch eine neutrale, scheinbar nicht wertende Schilderung nimmt Norwood die männliche Perspektive ein. Dementsprechend ist auch ihre Botschaft an die Frauen: Laßt die Männer, wie sie sind, und kümmert euch um euch selbst. Schaut, daß ihr euch euer Glück und eure Erfolgserlebnisse selbst verschafft.

Ihre *Schritte zur Heilung* umfassen nämlich im wesentlichen folgende Vorschläge: Verstehe dich als krank und suche Hilfe. Kümmere dich nur um dich, um deine Probleme und die Entwicklung deiner Fähigkeiten. Werde egoistisch. Und entwickle einen Sinn für Spiritualität. Und schließlich als letztes: Laß andere an deinen Erfahrungen teilhaben.

Die Besinnung auf sich selbst ist sicherlich eine sehr wichtige Forderung gegen die soziale und emotionale Ausbeutung der Frau. Der Preis dafür ist allerdings, die Beziehungsbedürfnisse leugnen zu müssen und in eine männliche Sichtweise zu verfallen, die Autarkie und Unabhängigkeit zum letzten Ziel von Selbstverwirklichung hochstilisiert. Diese Zielsetzung ist illusionär, weil sie alle Abhängigkeitsbedürfnisse, das Bedürfnis nach Intimität und Geborgenheit, nach Sich-fallen-lassen-können, Verantwortung abgeben zu dürfen, all diese passiven Triebbedürfnisse verleugnet. Insofern ist Norwood keineswegs originell. Wir finden diese fatale Sichtweise in nahezu allen herrschenden Richtungen der heutigen Psychokultur.

Allerdings weiß Norwood auch, daß es ohne einen Bezug zum anderen nicht geht, daß es Autonomie ohne Abhängigkeit, ohne Spiegel nicht gibt, wie Jessica Benjamin (1985) in eindrucksvoller Weise analysiert hat. Da es ohne Transzendenz nicht geht, bietet Norwood deshalb als Ersatz den Bezug zu jemandem an, der jenseits sei, ein höheres Wesen, das manche auch Gott nennen, und dem frau sich anvertrauen könne. Er werde dafür sorgen, daß schon alles seinen richtigen Weg nehme. Eine Fiktion als Halt und Ersatz für Beziehungsbedürfnisse.

In dem Zusammenhang ist interessant, daß Irene Freize (1986) bei der Analyse des Verhaltens von Frauen, die Opfer von Gewalttaten geworden sind, feststellt, daß viele dieser Frauen sich daraufhin religiösen Gemeinschaften anschließen. Ihr Vertrauen in eine menschlich nahe Beziehung in erster Linie zu Männern ist gestört. Dafür suchen sie Ersatz. Außerdem gibt es noch ein anderes Motiv: Die Frauen können schwer mit dem Ereignis fertig werden, ohne Antwort auf die Fragen zu finden: Welchen Sinn hat das gehabt? Warum hat es gerade mich getroffen? Wie konnte das geschehen? Und um der Gewalttat einen Sinn zu geben, sind sie anfällig für religiöse Systeme, die nahelegen, daß sie für etwas gestraft wurden, daß sie die Schlechtigkeit der Menschheit büßen, daß sie auserkoren wurden, um Unrecht wieder gut zu machen. Sie fühlen sich aufgehoben in einer christlichen Tradition, in der es eine Ursünde ist, eine Frau zu sein, wofür heute noch jede Frau irgendwie zu büßen hat.

Ähnlich kann ich mir vorstellen, bietet Norwood mit ihrem ominösen höheren Wesen Sinnhaftigkeit an, um die Leerstelle zu füllen, die aufgrund des Verlustes des bisherigen Lebenssinns entstanden ist. Bisher sahen die Frauen ihren Lebenssinn ja in erster Linie in einer Familie und im Glück des Mannes. Und da für Norwood Beziehungen kein Thema mehr sind und andere Formen der Erfüllung wie Arbeit, gesellschaftliches Engagement oder gar politischer Kampf tabu sind, kann sie nur in höhere Sphären flüchten.

Norwood ist mit ihren Therapievorschlägen das Kunststück gelungen, daß frau ganz Frau bleiben kann und dennoch für sich etwas fordern darf. Die Krankheit gibt ihr die Legitimation, auch Ansprüche anmelden zu dürfen. Sie darf jetzt auch Eigeninteressen verfolgen. Sie darf sogar egoistisch werden. Allerdings zum Preis der Selbstentwertung als von einer fatalen Krankheit, einer nahezu unheilbaren Sucht Befallenen.

Dieser Weg scheint für Frauen so verführerisch, weil er ihrer Sehnsucht entgegenkommt, ohne Kampf zum Glück zu gelangen und dabei harmlos und unschuldig bleiben zu können. Dieses Buch hilft den Frauen, indem es ihnen ihre Situation vorführt und Hoffnung auf ein besseres Leben weckt. Es hilft ihnen, die Ursache ihres Unglücks in den Untaten ihrer Eltern zu sehen. Es hilft ihnen, sich um sich selbst zu kümmern und sich davor zu schützen, in die nächste Falle zu tappen. Zugleich verstellt es ihnen aber den Blick für die Ursachen des Beziehungselends in der Machtlosigkeit der Frau und der Privilegierung des Mannes. Es verstellt den Blick für die Unterordnungsverhältnisse in der Arbeit, in der Öffentlichkeit, in allen Geschlechterbeziehungen, wovon die private ja nur die intime Erscheinungsform darstellt. Damit nimmt sie den Frauen die Phantasie und Kraft, durch aktive Aneignung realer Macht die Ausgangsbedingungen im Geschlechterverhältnis zu verschieben, die Karten von vorneherein anders zu mischen, und fixiert sie genau auf das Psychomanagement, das schon immer die Grenzen weiblicher Handlungsspielräume abgesteckt hat.

Das heißt, mit ihrem Rückzug auf die Forderung: »Ändere dich selbst« verstärkt Norwood die Illusion der Frauen: »Wenn ich mich ändere und hart an mir arbeite, wird alles gut«. Sie verstärkt indirekt die Selbstbeschuldigungstendenz, denn wenn frau das Ziel vollständigen Glücks nicht erreicht, dann hat sie eben nicht genügend an sich gearbeitet. Sie löst zwar die Frauen aus ihrer Fixierung an den Mann, das ist wichtig zu betonen. Sie warnt die Frauen damit vor projektiver und identifikatorischer Triebbefriedigung über und durch den Mann. Dies geschieht jedoch auf Kosten der nach wie vor existenten Beziehungsbedürfnisse, die sie nicht weiter beachtet (außer in bezug auf die Gemeinschaft von LeidensgenossInnen), bzw. als Ersatz dafür kann sie nur eine Fiktion anbieten.

Beziehungen sind für Norwood an der Stelle kein Thema mehr. Und dennoch, plötzlich, in ihrem letzten Beispiel, führt sie die Lösung vor. Was ist geschehen?

Eine ihrer früheren Patientinnen kommt nach zwei Jahren wieder zu ihr in die Praxis, diesmal mit leuchtenden Augen und vollem Haar. Ein diamantener Verlobungsring funkelt an ihrem Finger. Und, so Norwood weiter: »Ich beginne zu ahnen, weshalb sie mich aufgesucht hat« (S. 311). Warum wohl? Sie hat doch tatsächlich den langweiligen, freundlichen jungen Mann von nebenan entdeckt, den sie früher nicht beachtete. Er ist nett, stabil, verläßlich, immer für sie da, findet sie wundervoll, ist zärtlich und sanft, beklagt sich nie, hat – trotz ihrer sexuellen Blockaden – Verständnis für sie, etc. Jetzt liegt es nur noch an ihr, sich ihm zu öffnen, sich fallenzulassen, ganz sie selbst zu sein und sich ihm auch körperlich ganz anzuvertrauen.

Ich kann Norwood soweit folgen, als sicherlich für nahezu alle Frauen ein Lernprozeß notwendig ist, um von der Erwartungshaltung Abschied zu nehmen, über den Mann zu leben, und zu lernen, auf sich selbst zu vertrauen und ihre eigenen Lebenskräfte zu entdecken. Und diese Umpolung ist wohl auch gemeint mit der Gegenüberstellung: aufregender Mann vs. langweiliger Mann. Und darin sehe ich auch den positiven Gehalt von Norwoods Botschaft: Lerne, auf deinen eigenen Füßen zu stehen! Aber diese Botschaft ist verpackt in neue Illusionsbildungen über das Selbst, die so simpel wie falsch sind, wo es heißt: Sei einfach du selbst, oder wörtlich: »Bleiben Sie ganz ehrlich, dann wird sich alles andere von selbst regeln.« (Was im übrigen ebenfalls zum Credo der meisten modischen Psychotheorien gehört.) Und zugleich geht es um eine Illusionsbildung über den Mann, der eigentlich schon immer da ist, schon längst parat steht mit seiner Liebe und Fürsorge für die Frau, und den frau nur aufgrund einer Wahrnehmungsstörung noch nicht entdeckt hat.

Hier begegnet uns plötzlich der Mann, der seine Frau genauso fördert wie sie ihn, der sich genauso wie sie um die Familie und die anfallenden Arbeiten kümmert, der der Beziehung zu ihr Vorrang gibt vor seinen anderen Verpflichtungen und Vergnügungen. Solange diese Spezies Mann allerdings nur in Büchern wie denen von Norwood vorkommt, wird es wohl keine andere Möglichkeit geben, als daß Frauen lernen, vom Mann dasselbe zu verlangen, was er von ihr fordert. Und das bedeutet nun mal Kampf. Es würde also darum gehen, offen kämpfen zu lernen, bzw. den ohnehin bereits vorhandenen unterschwellig stattfindenden Kampf bewußt zu machen und den Frauen nahezulegen, sich nicht nur mit Selbsterfahrung zu bescheiden, sondern auch zu lernen, sich die Machtmittel anzueignen, die der Mann in diesem ungleichen Kampf einsetzt.

Bei Norwood wird der Frau kein Ausbruch aus der Rolle zugemutet, die Macht- und Gewaltverhältnisse werden nicht angetastet, das Geschlechterarrangement nicht in Frage gestellt. Sie braucht aus ihrer Einfriedung nicht herauszutreten, darf sich weiter auf die Perfektionierung ihres Selbstmanagements beschränken und wird weiterhin in phantastischen Glückserwartungen gestützt.

Damit erklärt sich auch das Phänomen, warum Norwood, obwohl sie in der sogenannten Liebessucht eine typische Frauenkrankheit sieht, immer wieder versucht, den Anteil der weiblichen Lebensbedingungen und Rollenvorschriften daran zu verbergen. Darum kann und darf es offensichtlich nicht gehen. Gleichwohl oder gerade deshalb spricht sie die Frauen an, und zwar sehr viele. Sie greift das Elend der Frauen auf, um gleich darauf zu sagen, das habe aber mit dem Frausein nichts zu tun. In ihrem Diagnoseschema der Liebessucht nach dem Motto: »Wenn das so ist, dann sind sie süchtig ...« zählt sie fünfzehn Merkmale auf, in denen sich so gut wie jede Frau wiederfinden kann: »Im typischen Fall stammen Sie aus einem gestörten Elternhaus, in dem Ihren emotionalen Bedürfnissen nicht entsprochen wurde ... Sie haben wenig Fürsorglichkeit erfahren, ... Sie haben große Angst davor, verlassen zu werden ... Beinahe nichts ist Ihnen zuviel, wenn es dem Mann helfen kann, mit dem Sie zusammen sind«, etc. Im folgenden wechselt sie dann ständig zwischen Normal- und Extremfall: Liebessucht als Normalität der Frau oder unheilbare tödliche Krankheit, die nur diejenigen mit besonders hartem Schicksal trifft. Das halte ich für absolut unverantwortlich. Sie denkt nicht daran, hier zu differenzeren; vielmehr hat man den Eindruck, daß sie diese Relationen bewußt im Unklaren beläßt, mit dem Ergebnis, zum einen alle Frauen als neurotisch zu bezeichnen, und umstandslos daneben Extremfälle zu schildern, die ihrer Meinung nach unentrinnbar in den Tod führen.

Warum gelingt es Norwood so problemlos, Normalität und Pathologie ständig übereinander zu schieben? Ich glaube, es hängt damit zusammen, daß die normale Geschlechterhierarchie, die die Frau von vornherein in ein besonderes Abhängigkeitsverhältnis setzt, in ihrer Extremform ihren Handlungsspielraum so weit begrenzt, daß dies den Charakter einer psychischen Krankheit annehmen kann. Insofern muß das, was wir »Geisteskrankheit« nennen, immer im Zusammenhang mit den Zumutungen der Geschlechterrolle gesehen werden, entweder im Sinne einer Ausagierung der abgewerteten weiblichen Rolle oder in einer totalen oder teilweisen Auflehnung gegen dieses Rollenstereotyp.

Aus diesem Grund will ich zum Schluß nochmals betonen: Trotz aller Prägung der hier analysierten Dynamik durch die Geschlechterrollen, gibt es sehr wohl individuelle Unterschiede. Wie wir alle wissen, gelingt es manchen Frauen recht gut, aus ihrer Situation etwas zu machen, andere wiederum haben viel mehr Schwierigkeiten. Demnach ist es unterschiedlich, wieweit individuelle Anteile und wieweit die soziale Rolle hier zur Problematik beitragen. Es dürfte unstrittig sein, daß diejenigen, die als Kinder besonders traumatische Erfahrungen gemacht haben und narzißtische Bestätigung entbehren mußten, später ihre Bedürftigkeit in meist inadäquater Form auszuleben versuchen.

An dieser Stelle will ich kurz auf Wolfgang Schmidbauer eingehen, der genau diese Problematik, nämlich die Kompensation eigener Bedürftigkeit durch den Dienst an anderen, thematisiert hat, allerdings eben auch als ein individuelles Phänomen jenseits von Geschlechterrollen. Männlichem Sprachgebrauch gemäß spricht er von dem »hilflosen Helfer« (möglicherweise ist ihm entgangen, daß 84 % der Beschäftigten im Sozial- und Gesundheitswesen Frauen sind). Die aufmerksame Leserin wird jedoch sehr wohl Unterschiede in den männlichen und weiblichen Karrieremustern von hilflosen HelferInnen finden. Schmidbauer selbst hat den Unterschied in den Biographien in seinem Buch *Helfen als Beruf* wohl eher unfreiwillig in einem Beispiel auf den Punkt gebracht: Das Ideal der Selbstlosigkeit kann das ganze Leben bestimmen und dann, so fährt er fort, »in ein Leben nach dem Muster der Ordenskrankenschwester oder dem des Revolutionärs und Parteifunktionärs münden« (1983, S. 23). Das ist eben kein zufälligs »Oder«, sondern genau darin liegt der Unterschied: in der Selbstlosigkeit und ihrer Beziehung zur gesellschaftlichen Macht. Der weibliche Weg führt in die Selbstlosigkeit persönlicher Hingabe, der männliche Weg in Richtung Heldentum.

Auch wenn Mädchen und Jungen dieselben Entbehrungen erfahren haben – sie werden verschiedene Wege gehen. Sie haben unterschiedliche Mittel zur Problemverarbeitung und verschiedene Modelle im Scheitern.

Aber: Je traumatischer die individuellen Erfahrungen sind, desto geringer wird der persönliche Spielraum sein, die soziale Rolle individuell zu gestalten; desto mehr werden Frauen wie Männer auf starre Rollenmuster zurückgreifen müssen; desto mehr werden sie an die extremen Pole eines pathologischen Geschlechterarrangements gedrängt.

Dieser Zusammenhang zwischen Pathologie und dem Rollenspiel der Geschlechter scheint den Frauen zunehmend bewußt zu sein. Und genau das macht auch viel vom Erfolg Norwoods aus. Sie kann an das wachsende Bewußtsein von Frauen über ihre Situation anknüpfen. Zugleich täuscht sie sie jedoch über die gesellschaftliche Bedingtheit des Geschlechterarrangements hinweg, um auf die traditionellen Muster weiblicher Problembewältigung zurückzuverweisen: auf die Zuflucht in die Krankheit, die Selbstanforderung und -überforderung und die Fixierung auf die Beziehung. Was bleibt, ist der »emanzipatorische« Gehalt, der in der Umkehrung liegt: »Kümmere dich nicht um den Mann, sondern um dich selbst.«

Diese Umkehrung ist vorgezeichnet im allgemeinen Trend der Individualisierung (Beck, 1986), der Egomanie der meisten Psychotheorien, und steckt auch hinter dem, was modisch-kokett als Postfeminismus bezeichnet wird. Hinter diesem Etikett verbirgt sich die Tatsache, daß die Frauenbewegung bisher insoweit gescheitert ist, als sich die geschlechtsspezifische Arbeitsteilung ebenso wie die sexistische Hierarchie in der Arbeitswelt weiter verschärft, anstatt abzunehmen; daß trotz größerer Belastung der Frauen, trotz aller Egalitätsrhetorik sich die Arbeitsteilung in der Familie nur ganz minimal verschoben hat. Daß trotz aller Diskussionen Männer sich heute genausowenig wie früher für die Beziehung verantwortlich fühlen – im Gegenteil, alles spricht dafür, daß öffentliche wie private Gewalt gegen Frauen eher zunimmt.

Wen wundert es da, daß Frauen sich aus der privaten und gesellschaftlichen Auseinandersetzung mit Männern »ausklinken«? (Ähnlich argumentieren ja auch die Frauen in der sogenannten »Mütterdiskussion«: Männer kümmern sich nicht um Kinder. Das ist eine Tatsache, also machen wir das unter uns Frauen aus.)

Insofern trifft Norwood auf einen aktuellen Trend von Resignation. Aktuell und doch überzeitlich. Gab doch schon Karen Horney einer ihrer Untersuchungen den Titel: »Die Überbewertung der Liebe – Studien über eine für die heutige Zeit typische weibliche Persönlichkeit«. Das war 1934.

Literatur

Beauvoir, Simone de: *Das andere Geschlecht. Sitte und Sexus der Frau.* Reinbek, 1968

Beck, Ulrich: *Risikogesellschaft. Auf dem Weg in eine andere Moderne.* Frankfurt, 1986

Benjamin, Jessica: »Die Fesseln der Liebe: Zur Bedeutung der Unterwerfung in erotischen Beziehungen«. In: *Feministische Studien,* Nov. 1985, 4. Jg.

Dies.: »Die Antinomien des patriarchalischen Denkens. Kritische Theorie und Psychoanalyse«. In: Bonze, Heinz: *Sozialforschung als Kritik.* Frankfurt, 1982

Caplan, Paula J.: *Frauen sind keine Masochisten. Das Ende eines Vorurteils.* Köln, 1986

Chesler, Phyllis: *Frauen – das verrückte Geschlecht.* Reinbek, 1981

Devereux, Georges: *Normal und anormal.* Frankfurt, 1982

Dinnerstein, Dorothy: *Das Arrangement der Geschlechter*. Stuttgart, 1979

Freize, Irene H.: »The Female Victim: Rape, Wife Battering and Incest«. Vortrag vor der American Psychological Association Convention, Washington, 1986, Audio Transcipt 93–297–86 B.

Hagemann-White, Carol: »Macht und Ohnmacht der Mutter«. In: Rommelspacher, Birgit (Hg.): *Weibliche Beziehungsmuster. Psychologie und Therapie von Frauen*. Frankfurt, 1987

Horney, Karen: »Die Überbewertung der Liebe – Studien über eine für die heutige Zeit typische weibliche Persönlichkeit«. In: Dies.: *Die Psychologie der Frau*. Frankfurt, 1987

Miller, Alice: *Du sollst nicht merken*. Frankfurt, 1983

Norwood, Robin: *Wenn Frauen zu sehr lieben. Die heimliche Sucht, gebraucht zu werden*. Reinbek, 1987

Schmauch, Ulrike: *Anatomie und Schicksal. Zur Psychoanalyse der frühen Geschlechtersozialisation*. Frankfurt, 1987

Schmidbauer, Wolfgang: *Helfen als Beruf. Die Ware Nächstenliebe*. Reinbek, 1983

Schumacher, Toni: *Anpfiff*. München, 1987

Spender, Dale: *Frauen kommen nicht vor. Sexismus im Bildungswesen*. Frankfurt, 1985

Thürmer-Rohr, Christina: »Frauen in Gewaltverhältnissen – Opfer und Mittäterinnen«. *die taz*, 23.3.87

Jutta Heinrich
Zerstören, denkt sie ...

Nachts werden ihr plötzlich die Augen aufgerissen, durch nichts; kein Geräusch, keine Helligkeit, keine Krankheit.

Die Augen liegen einfach offen und starr im Kopf.

Um sie eine Schwärze, in der sie schwimmt.

Sie schreckt nach oben, weil sie keine Luft bekommt, drückt die Augen zu, denkt: bloß nicht ins Grübeln hineintreiben; die Augen in den Kopf zurückdrücken, nicht dem Bohren im Hirn nachgeben, die Augen mit den Lidern, den Händen zudrücken.

Doch die Augen springen wieder auf: eine Mechanik, die von einem inneren Druck ausgelöst wird.

Reglos liegenbleiben. Den Sprengungen im Kopf keine Beachtung schenken; so tun wie immer, so tun und so fühlen, als hätte der Kopf nichts mit dem Körper zu tun und umgekehrt. Die Verdrängung verstärken; die Gedanken einfach explodieren lassen, dabei tief einatmen, das Wortbeben vom Fühlen abtrennen. An nichts anderes denken als an diesen Vorgang: sich mit Luft vollpumpen, einatmen und ausatmen, den Druck von oben her auf die Stirn, die Augenhöhlen, den Mund durch Atemübungen eindämmen.

Es nützt nichts, die Augen platzen wieder auf, wohingegen die Wortdetonationen jetzt Angst erzeugen, eine physische Angst, die sich als Schmerz über den ganzen Körper ausbreitet.

Sie liegt gelähmt unter ihren Kissen, die Tränen kommen lautlos und ohne zu weinen; Gedanken, die nicht mehr zu bearbeiten sind, fließen durch die Augen ab.

Und wie jedesmal, wenn die platzende Verdrängung Deiche sprengt, sie wehrlos mit der ungelebten Seite ihres Lebens rast, die Kraft ziellos und schmerzend in ihr tobt, springt sie hoch und rettet sich ans Licht.

Dann steht sie zitternd vor Scham über sich selbst unter der Lampe und kramt nach ihren Schlafmitteln, die sie für gewöhnlich wieder in die erwünschte Form bringen.

Sie liegt der erhofften Wirkung hingegeben, fühlt sich ausgelaugt, doch allmählich von dem unbenennbaren Anfall genesen, während noch in ihren vier Steinwänden das Echo ihres Infernos lagert, das sie kennt, das sie allzugut kennt.

Sie wird sich langsam wieder so fremd, wie sie sich sonst immer zu sein hat, dann sieht sie sich in Teilbildern und Punkten auf einem Film, den man von ihr gedreht hat.

Es ist eine Aussöhnung mit ihrer Ausweglosigkeit, das Einrasten der Sperre, die vor ihrem Ich montiert ist, mehr nicht.

Und in der Dankbarkeit, ihre Emotionen wieder vereist zu haben, ist sie bereit, einzusehen, daß ihr Leben sicherlich störungsfrei und normal verlaufen wäre, wenn sie nicht mit dieser Emanzipation angefangen hätte.

Das unentwegte Nichtvereinenkönnen von Erkennen, Bewußtsein und Realität, das ist nicht normal; ja – sie ist angesteckt von der Ahnung eines eigentlichen Lebens und ihrer Wirklichkeit.

Von der Nacht umstellt, steigen in ihr noch einmal die Kräfte auf, die ihr ihre Unterdrücker jahrzehntelang ausgetrieben haben; eine Kastration ohne Ende, eine Totalausräumung von Kopf und Psyche ausgehend, endend in der Plünderung ihres Selbst, gehalten von einer Kunststoffhaut, die sie schön und anziehend macht, während es in ihr fault und west und sie nur noch nicht vollkommen in Lähmung übergegangen ist, weil sie künstlich ernährt wird – für andere, die nicht einmal da sind. Und weil sie weiß, daß sie niemanden hat, den sie anrufen könnte, schluckt sie hastig gleich noch einmal zur Vorsorge zwei Schlaftabletten, spült sie mit einem Wasserglas voll Schnaps nach.

Endlich beginnt sie von den Rändern her blutleer zu werden, dabei steigert sich ihre Vorstellung, die meistens besser hilft als Schlaftabletten und Schnaps: die Augen zupressen, mit allem nach innen stürzen; immer leichter und durchsichtiger werden, auf das Sprungbrett steigen; ein Sprungbrett endlos hoch über dem Meer, unter ihr Felsen und Wasserfluten, ein schmales Brett ohne Umkehrmöglichkeit.

Sie steht auf der Brettspitze und wippt, wippt ohne abzuspringen.

Wechselweise der Druck von Hochfliegen und Abwärtsrasen, ohne aufzuschlagen; der Kreislauf reduziert auf Kopf und Bauch.

Dann – das Ausklinken der übrigen Gliedmaßen, kugelnd in einer Körpertonne.

Das ist genau das Gefühl ihres Lebens, das sie unaufhörlich wiederholt: das Platzen, Zerspringen in einem Weckglas, in einer Nußschale tief unter der Erde; platzend und sich spiegelnd in tausend inneren Spiegeln ihrer eigenen Person, zerstückelt und splitternd für niemanden sichtbar und hörbar als für ihre eigene Tausendfachperson, ein zweckloses Platzen und Wachsen, ein Wuchern von neuen Zellen mit Wiederholungen ohne Leben, ohne Entwicklung und Nachaußengehen.

Und wenn sie in dem Kreislauf vollkommen Auflösung gefunden hat, eine Einheit bildet mit ihrem Gefühl von Lebensonanie und Nachinnenauslaufen, dann erlebt sie sich durch andere: Sie rächt sich an anderen durch ihren Tod, wie manche durch die Vorstellung, sie seien Westernhelden, Weltmeister oder erfolgreiche, einsame Männer.

Sie liegt jetzt gestorben da, um sie herum eine Menge Menschen, je mehr sie sich vorstellen kann, um so besser; und sie hört von sich reden:

Meine Damen und Herren,

Sie sehen hier eine Frau liegen, sie ist nicht einmal ganz vierzig Jahre alt geworden. Das allerdings ist kein Wunder, sehen Sie bitte in ihrem Gesicht die unweiblichen Gravierungen, die von nichts anderem rühren als von dem mächtigen Gefühl, anders leben zu wollen, als es – daran darf nicht gezweifelt werden – letztlich einer Frau zukommt.

Wir haben es hier mit einem besonders exemplarischen Fall zu tun, der eindeutig unter Beweis stellt, daß das sinnlose Gestrampel der Frau, dieser Griff nach dem, was man gemeinhin als Welt bezeichnet, zu nichts anderem führt, als zu diesem vorzeitigen Tod – ausgelöst durch die Psyche.

Dieser unsinnige Tod bestätigt, daß alle Kräfte, die sich nach außen richten sollten – also die Aktivkomponente –, unterentwickelt sind, so wie wir es gemeinhin bei fast allen Frauen beobachten können.

Es kann nicht übersehen werden, daß hier anhand eines Beweises wissenschaftliche Abhandlungen, die mehr von der Prägung durch die Umwelt als von der Biologie ausgehen, zunichte gemacht worden sind.

Wir wollen uns natürlich davor hüten, die Todesursache allein in einer Pathologie der Psyche und einer sich ausbreitenden Neurose zu sehen: Selbstverständlich ist nicht ganz von der Hand zu weisen, daß eine ausgelebte Psyche sich leichter gesund erhält und daß eine Psyche, die sich unter Druck befindet, Emotionen entwickeln kann, die sicherlich des öfteren zu einer Aufarbeitung zwingen und zu einer Lähmung gewisser Antriebe führen.

Aber – meine Damen und Herren – sind es denn nicht gerade die sublimierten Triebe der Frauen, die sie so schön und so unverzichtbar für uns machen?

Verfolgen wir nun einige Stationen ihres nach außen unerheblichen Lebens, das uns aber von innen her ein ganz anderes Bild vermittelt. Die hier vor uns liegende schöne Frau ist nach dem Krieg geboren, eine Zeit, in der – sagen wir mal – die Welt der Geschlechter noch einigermaßen in Ordnung war, sie demgemäß eine Erziehung erhalten hat, die einerseits die natürlichen Aktivitäten anregt und sogar fördert, die allerdings später zurückgedrängt werden müssen, um dem gesetzten Ziel der weiblichen Sozialisation zu entsprechen: dem passiven Aktivcharakter und dem aktiven Passivcharakter.

Es kann zugegeben werden, daß sich durch diese direkte und indirekte Erziehungsmethode zwangsläufig ein gewisser Ambivalenzcharakter herausbildet, der aber für die Frau, insbesondere für ihre Aufgabe, Leben auszutragen, die Werte nach innen zu nehmen, sicher nicht von Schaden ist.

Aus ihren Tagebucheintragungen, die für sich schon ein Akt der Unzufriedenheit sind, ist erkennbar, daß ihre Irritation begann, als die ersten – nicht gerade sinnvollen Bücher – über eine angebliche Unterdrückung der Frau auf dem Markt erschienen.

Die bis dahin rational gebundene Kraft, Ambivalenz hinzunehmen und zu ertragen, brach auf, und sie begann mit all ihren weiblichen Unzulänglichkeiten die Welt des Mannes imitieren zu wollen.

Nehmen wir eine Tagebucheintragung, in der es sinngemäß heißt, daß sie »durch die Bücher«, die so etwas wie »Licht in ihre dunkle Psyche« brachten, eine Art »unbenutztes Mobiliar« erkannt hätte; sie geht davon aus, daß ihr dieses unbenutzte Mobiliar Schmerzen verursachte.

Selbst wenn wir glauben, daß sie – wie sie konstatiert – Beschwerden und Appetenz-Aversionsbildungen hatte, so wäre es – wie bewiesen worden ist – besser gewesen, dieser Teil der wühlenden Psyche wäre von keinem Lichtstrahl erfaßt worden.

Sie würde noch leben!

An ihrem Tagebuch ist zweifelsohne eine zunehmende Verbitterung abzulesen, die nicht durch die Umwelt projiziert worden ist, sondern doch wohl eher in einer ihr eigenen Unbescheidenheit ihre Ursache hat; und das »Einfach-nicht-mehr-akzeptieren-können« von Lebensgrenzen bewirkte wohl auch, daß sie in einen derartigen Emotionsschwamm verwandelt wurde, daß sie sich nur noch in eine Therapie hätte begeben können, eine Art Neue Heimat all der Frauen, deren Theoriekälte die wirklichen Empfindungen unter Eis legt.

Es darf als sicher gelten, daß diese Gescheiterte – selbst wenn wir die Befreiungsversuche der Frau akzeptieren wollen – nicht einmal mehr zur missionierenden Frauenrechtlerin getaugt hätte, da sie bis zu ihrem Tode zu nichts anderem mehr fähig war, als ihre Neurosen zu perpetuieren. Und es mag als ein besonderes Unglück erscheinen, daß sie, obwohl schon ganz erwachsen, sich einigen Frauengruppen anzuschließen suchte, wenn auch dieses Unterfangen so halbherzig blieb, daß es nichts anderes auslöste, als eine gesteigerte Sucht nach dem Selbst und den Verlust letzter wichtiger zwischenmenschlicher Beziehungen ...

Maria Marcus
Über die Enthüllung der furchtbaren Wahrheit

Im Jahre 1974 legte ich die Karten auf den Tisch und veröffentlichte das Buch *Die furchtbare Wahrheit – Frauen und Masochismus*. Es war einerseits ein großer Schritt und andererseits ganz leicht für mich, zu erzählen, wie ich mich schon von klein an als Masochistin erlebt habe. Das war lange bevor ich wußte, daß es etwas gab, was Masochismus hieß, daß das zu den sexuellen Perversitäten gehörte und daß die Lexika einen Masochisten definieren als eine Person, die sexuell erregt wird, eventuell sogar bis zum Orgasmus, wenn sie gefesselt, geschlagen oder erniedrigt wird, physisch oder psychisch, in Wirklichkeit oder in der Phantasie.

Ich berichtete, wie fasziniert ich von den Bestrafungsspielen meiner Kindheit und den Schilderungen verschiedenster Quälereien in den Kinderbüchern war. Und ich beschrieb, wie ich von dem Zeitpunkt an, als meine Sexualität mir bewußt geworden war, nach einem Mann suchte, der sie befreien würde. Ich war nämlich frigid – so hieß das damals, wenn eine Frau keinen Orgasmus bekam –, und ich war sicher, daß sich das nur ändern würde, wenn ich einen Sadisten fände. Ich suchte ihn und nannte ihn meinen Schwarzen Prinzen, und ich träumte davon, gefesselt und geschlagen und erniedrigt zu werden. Ich sehnte mich danach – ein für allemal unterworfen zu werden, denn ich fühlte, daß ich mich nur so wirklich finden würde. Ich war davon überzeugt, daß es in meinem innersten Wesen lag, Masochistin zu sein – in meiner Natur und vielleicht in der aller Frauen.

Den Traum wurde ich nicht los. Er ließ sich aber auch nicht realisieren – ein braves Mädchen traf eben keine Sadisten, schon gar nicht, wo ich mich nicht zu erkennen zu geben wagte. Deshalb gab ich mich im großen und ganzen damit zufrieden, meine Liebhaber umzudichten, so daß sie in meiner Phantasie meinem ersehnten Prinzen so ähnlich wie möglich waren. Das gelang mir allmählich so gut, daß ich nach zwanzig Jahren vergeblichen Versuchens den erste Orgasmus meines Lebens hatte. Er kam – wie zahllose nach ihm – durch etwas, was ich meine Parallelschiene nannte: Phantasien, die sich in meinem Kopf abspielten, wobei gleichzeitig ein Schwanz in meiner Möse oder ein Finger an meiner Klitoris sein mußte. Diese Gleichzeitigkeit war die Voraussetzung dafür, daß ein Funke zwischen der physischen und der psychischen Schiene überspringen konnte und ich den Höhepunkt erreichte.

Der Traum vom Schwarzen Prinzen beschäftigte mich Tag und Nacht. Es war eine Besessenheit, gefährlich und anziehend. Mit der Zeit gelang es mir, Kontakt zu einigen Männern zu bekommen, die, jeder auf seine Art, meine Wünsche erfüllten, sei es durch *schlagen,* sei es durch *fesseln.* Aber der echte Prinz ließ auf sich warten, und was würde passieren, wenn ich ihm eines Tages begegnete? Ich wußte es nicht.

Und dann hatte ich plötzlich das Ganze in einem Buch geschrieben! In wenigen Wochen würde es in den Schaufenstern der Buchhandlungen liegen und die furchtbare Wahrheit über mich enthüllen. Die Zeitungen würden darüber schreiben, und was würde dann passieren?

Es gibt ein Wort, das in beinahe allen Reaktionen, die ich auf das Buch bekommen habe und noch bekomme, vorkommt: das Wort »mutig«. Jedes Mal danke ich pflichtschuldig für das Kompliment und bemühe mich, nicht zu zeigen, wie satt ich es habe, dieses Wort zu hören, denn im Grunde hatte ich nicht das Gefühl, daß es besonders mutig war, das Buch zu schreiben – zumindest nicht während ich daran schrieb.

Aber als das Buch schließlich erschien, hatte ich nicht mehr viel Mut. Ich hatte die ersten Exemplare den mir am nächsten stehenden Menschen gegeben – meinen Kindern, meinen beiden Ex-Männern und meinem alten Vater. Ich war der Meinung, daß ich ihnen Zeit lassen müßte, sich vor dem großen öffentlichen Schock wieder zu fangen. Ihre Reaktionen reichten von Bewunderung über diskretes Akzeptieren bis zu besorgtem Kopfschütteln.

Ich hatte mir neue Schlösser in meine Tür einbauen lassen, und ich war froh um meine kleine Spraydose mit Tränengas. Ich hatte Angst, daß es Leute geben könnte, die davon ausgingen, daß sie jetzt alles mit mir machen könnten, ich hatte ja selbst darum gebeten – und daß ich kaum mit dem Schutz der Polizei rechnen könnte. Auf jeden Fall brauchte ich sicher eine geheime Telefonnummer. Ich bewegte mich in den Tagen vor dem Erscheinen in einem Nebelschleier aus Furcht und Angst. Und gleichzeitig empfand ich einen süßen, kitzelnden Schauer. Irgendwie war es ja auch wahnsinnig spannend!

Nichts von dem, was ich befürchtet hatte, geschah. Sogar die Telefon-Stöhner waren nicht so schlimm, daß ich eine neue Telefonnummer gebraucht hätte. Statt dessen wurde ich mit Briefen von Leuten überschüttet, die mir dankten und mir ihr Herz ausschütteten. Ich war völlig überrascht: Da hatte ich den peinlichsten Punkt meines Lebens öffentlich zugegeben – und bekam Dankbarkeit und Wärme zurück!

Es bestand ein auffallender Unterschied in den Reaktionen von Frauen und Männern. Die meisten Frauen reagierten ungefähr so:»Doch, einige der sexuellen Gefühle kenne ich auch, aber was mich am meisten betroffen gemacht hat, waren die Stellen, wo ich mich wiedererkannt habe, wo es darum geht, wie ich mich ständig selbst klein halte, wie ich ständig Situationen suche (in Beziehungen oder bei der Arbeit oder sonstwo), wo ich die Kleine bin und mich selbst mundtot mache.« Die Männer dagegen reagierten ganz anders:»Es war so eine Erleichterung für mich, Ihre sexuellen Beschreibungen zu lesen. Ich spüre nämlich in mir auch so etwas. Ich habe auch Träume von Prügeln, von Fesselungen und Machtausübung. Ich bin mir nur nicht sicher, ob ich mehr Sadist oder mehr Masochist bin.«

Es überraschte mich, daß die Reaktionen so geschlechtsgebunden waren: Die Frauen berührte also vor allem das, was ich den autoritären Masochismus genannt hatte, die Männer der sexuelle. Dadurch wurde mir noch klarer, daß ich ein zweifaches Motiv gehabt hatte, das Buch zu schreiben: Das erste hing mit den Reaktionen der Männer zusammen. Ich wollte mich nicht damit abfinden, daß etwas, was mein Leben so sehr durchzog wie meine sexuellen Träume, ein so starkes Tabu war, daß man es höchstens in klinischen Begriffen diskutieren, aber nie ganz normal mit anderen darüber sprechen konnte. Ich mußte es deshalb selbst beschreiben und meine Geschichte aufrollen.

Das zweite Motiv hing mit den Reaktionen der Frauen zusammen, denn ich war ja tatsächlich insgesamt sehr unsicher: Vielleicht hatten diejenigen ja recht, die behaupteten, daß ich und alle anderen Frauen im Grunde unseres Herzens zur Unterwerfung bereit sind! Und dann erdreistete ich mich, in der Frauenbewegung aktiv zu sein! Ich fühlte mich mit der neuen Frauenbewegung solidarisch und unterstützte sie als Journalistin und Fernseh-Mitarbeiterin; ich setzte mich dafür ein, daß Frauen stark und frei seien – und gleichzeitig sehnte ich mich heimlich nach einem Mann, der mich kleinkriegte! Irgend etwas stimmte da ganz und gar nicht.

Ich hatte deshalb auch Angst, daß die Frauen mir vorwerfen würden, ich sei ihnen mit meinem Buch in den Rücken gefallen, denn ich wußte sehr wohl, daß es genau das sein könnte, worauf unsere Gegner warteten: eine Verknüpfung von Frauen und Masochismus! Ich habe lange darüber nachgedacht, ob ich über das alles überhaupt zu schreiben wagte.

Es war eine große Erleichterung für mich, daß die Frauenbewegung positiv auf mein Buch reagierte, auch wenn es nie zu einer öffentlichen Diskussion kam. Ich hatte mich offenbar klar genug ausgedrückt: Es ist nicht die *Natur* der Frauen, masochistisch zu sein. Aber als Frauen sind wir besonders anfällig dafür, Masochistinnen zu werden, weil die Frauenunterdrückung in unserer Gesellschaft so allgegenwärtig ist, daß wir sie zu einem Teil unserer selbst gemacht haben. Wir haben sie übernommen und verstärken sie, indem wir uns selbst unterdrücken. Aber dadurch haben wir auch die Chance, es zu ändern – vorausgesetzt wir bekennen uns zu unseren dunklen Seiten und schauen der furchtbaren Wahrheit ins Auge. Denn wir können nur das ändern, was wir erkannt und beim Namen genannt haben.

Der Name war also Masochismus – aber während des Schreibens erkannte ich, daß Masochismus ein unbrauchbarer Begriff war, der Dinge vermischte, die wir trennen mußten. Deshalb unterschied ich zwischen sexuellem und autoritärem Masochismus – zwischen dem, was meine Möse pochen machte und mir schließlich den Orgasmus verschaffte, für den ich Jahrzehnte gekämpft hatte; und dem, was sich außerhalb des Bettes abspielte, und wo es darum ging, sich Ideologien, starken Personen oder Autoritäten ganz allgemein zu unterwerfen.

Es ist klar, daß nicht dreiviertel aller Frauen so wie ich sexuelle Masochistinnen sind. Andererseits sind Frauen in unserer Gesellschaft fast zwangsläufig zu einer guten Portion autoritärem Masochismus verurteilt, und wenn dann dazu die vielen masochistischen sexuellen Phantasien kommen, die u.a. die amerikanische Sexologin Nancy Friday bei Frauen dokumentiert hat, ist der Konflikt beinahe unausweichlich.

Deshalb war diese Aufteilung eine so wichtige Strategie für mich. Irgendwie hatte ich panische Angst, daß ich einen Verrat beging, wenn ich meine masochistische Sexualität nicht als ein Grundmuster meines Lebens akzeptierte. Dieses Dilemma löste sich auf, als ich es in seine Bestandteile zerlegte – als ich meine Definition änderte und mich als sexuelle, aber nicht mehr als autoritäre Masochistin begriff. Eine intellektuelle Analyse, ein paar neue Begriffe – und eine neue Freiheit entstand. Es sind starke Kräfte, die freigesetzt werden, wenn die Gedanken die Sprache dazu verwenden, das System umzubauen. Von dem Moment an hatte ich das innere Fundament, das ich brauchte, um meinen Schwarzen Prinzen küssen zu können und gleichzeitig für die Befreiung der Frauen zu kämpfen.

Es war eine Überraschung für mich, daß ich viele Zuschriften von Männern bekam, die mein Buch gelesen hatten. Es war allerdings dann keine Überraschung, daß ein Teil von ihnen hinzufügte, mich kennenlernen zu wollen. Trotzdem war ich nicht darauf vorbereitet, daß das Buch wie eine einzige große Kontaktannonce wirkte. Es begann an dem Tag, nachdem es erschienen war, und es ist bis heute so, obwohl ich nicht mehr interessiert bin.

Aber damals war ich es, und ich hatte die Qual der Wahl.

Die frohen Tage des Masochismus – Die Phantasien ausleben

Es wußte fast niemand, wie ich in dieser Zeit lebte. Die einzigen Menschen, denen gegenüber ich wirklich offen war, waren meine wechselnden Liebhaber, die ihrerseits Offenheit gezeigt hatten, indem sie auf meine »Kontaktannonce« antworteten. Ihnen habe ich zu verdanken, daß ich meinen sexuellen Masochismus so weitgehend erforschen konnte. Aber wie weit, das ging niemanden etwas an, nicht einmal diejenigen, die mir sonst am nächsten standen.

Das Wichtige damals, Mitte der siebziger Jahre, war, daß ich es wagte, den sexuellen Masochismus tatsächlich auszuleben. Jetzt, wo ich die furchtbare Wahrheit ohnehin enthüllt hatte, war es ja auch nicht mehr besonders gefährlich. *Jahrelang hatte ich meine Sexualpartner mehr oder weniger bewußt danach ausgesucht, ob ihre sexuellen Interessen meinen entsprachen. Jetzt tat ich es ganz offen und konsequent, und es war eine sehr spannende Zeit.* Ich dachte gar nicht daran, meinen sexuellen Stil zu verändern, egal was meine neuen Therapieerfahrungen zutage brachten. Es lief beinahe umgekehrt: Je länger ich an mir selbst arbeitete, desto geringer wurde mein Widerstand gegen meinen eigenen Masochismus, und desto leichter fiel es mir, mich zu akzeptieren, alle Merkwürdigkeiten eingeschlossen. Mit jedem Schritt eroberte ich ein kleines Stück der Welt, die ich war – und jetzt ging es um das S/M-Land in mir. Zunächst bedeutete die Therapiearbeit kein Nachlassen, keine »Heilung« meines sexuellen Masochismus, sondern eher eine Stärkung – und ich wäre bestimmt sehr entsetzt gewesen, wenn es anders gewesen wäre.

Was waren das nun für Männer, auf die ich auf diesem besonderen und unerhört praktischen Weg stieß? Sie waren so verschieden, wie Männer nun einmal sind: ökonomisch und politisch, psychologisch und gefühlsmäßig ebenso wie von ihrem Status, Alter und Aussehen her. Nicht einmal sexuell waren sie vom gleichen Typus. Manche vertraten ihre Interessen auf die traditionelle handfeste Weise, während andere eher auf der verbalen Ebene agierten. Es waren nicht alles richtige Sadisten, es gab auch Masochisten darunter; und im übrigen wagten sich die weitaus meisten der erklärten Sadisten irgendwann mit dem Wunsch hervor, die Masochistenrolle zu übernehmen.

Als Zugabe zu allem anderen lernte ich also mit der Zeit – nachdem ich meine anfängliche Angst überwunden hatte –, mit Ketten zu hantieren und Knoten zu binden und Peitschen und Stöcke zu schwingen, und ich lernte das recht gut. Es lag eine merkwürdige und überraschende Befriedigung darin, plötzlich diejenige zu sein, die die Macht hatte und über einen anderen Menschen schalten und walten konnte, einen anderen leiden lassen konnte – und noch dazu einen Mann. Aber sexuell sprach es mich nicht an.

Im großen und ganzen befaßte ich mich bei meinen Experimenten mit Männern, die mich aufgrund ihres sexuellen Sadismus anzogen. Und jetzt muß ich innehalten – waren es überhaupt Experimente? Ich glaube, daß dieses Wort Ausdruck für eine bestimmte verschämte Distanzierung ist. Es waren Experimente, aber es war auch der Traum von einem Liebesverhältnis, das meine innerste Sexualität erlösen und damit das Verborgenste in mir zutage bringen würde. Ich wartete auf einen Prinzen.

Ich habe mich nie denen verbunden gefühlt, die standhaft behaupten, Masochismus sei ein Spiel mit bestimmten Rollen, Instrumenten und dergleichen. Für mich war es nie ein Spiel, dafür war es zu lebenswichtig – und zu hart und schmerzhaft.

Alle diese Männer, die so verschieden waren, hatten doch gewisse Gemeinsamkeiten. Keiner von ihnen dachte je im Traum daran, sexuellen Sadismus mit Gewalt zu verwechseln; sie waren unglaublich hellhörig dafür, wann ein Nein bedeutete: »Ja, mach weiter« und wann es »Stop!« hieß.

Es gab auch nicht viele, die sexuellen und autoritären Masochismus vermischten, und die wenigen Male, wo es passierte, ging es schief. Befehle und Verbote ohne sexuellen Unterton ließen mich völlig kalt. Wenn sie nicht kapierten, daß ich ein selbständiges und freiheitsliebendes Individuum war, dann waren sie einfach dumme Chauvis, und was sollte ich mit denen? Ich konnte mit den »starken« Männern und ihren Versuchen, ihre grundlegende Lebensangst zu verbergen, nichts anfangen. Entweder warf ich sie raus, oder ich lachte, und dann war ohnehin alles vorbei.

Die Männer, die mich anzogen, hatten alle Lebensmut. Sie waren bereit, Grenzen zu überschreiten; das Leben sollte spannend sein, und zwar jetzt. Ich bin immer noch voller Bewunderung für ihre Phantasie und Kreativität und für die Art und Weise, in der sie mir halfen, eine erregende Mischung aus Genüssen und Schmerzen, Erniedrigung und Langeweile und Warten zu erleben.

Ich möchte deshalb gerne einige Beispiele von Höhepunkten geben, die immer noch in meinem Bewußtsein lebendig sind. Es sind Dinge, über die ich damals unmöglich hätte reden können, und ich glaube, es fällt mir immer noch schwer, es offen zu tun. Es geht schriftlich irgendwie leichter. Da war der, der ...

Nein, so kalt kann ich es nicht beschreiben. Diese Männer haben noch immer einen Platz in meinem Herzen. Ich werde »du« schreiben. Es geht um eine Form von Liebeserlebnissen:

Wie du mir erzähltest, daß du ein Geschenk für mich hättest, als ich dich das erste Mal besuchte, und das Päckchen aus dem Schrank holtest und es mich aufmachen ließest und darin das allerweichste weiße Seil war ...

Wie du mich ein Gedicht von Goethe auswendig lernen ließest und gedroht hast, mich zu schlagen, wenn ich es nicht wörtlich wiedergeben könnte ...

Wie du überlegt hast, mich an einen Baum im Garten zu binden, die ganze Nacht und direkt neben dem Gartentor ...

Wie du zwei Sorten Reis, runden und langen, in eine Schüssel geschüttet, ihn vermischt und die Schüssel auf den Boden gestellt hast und mir befahlst, mich hinzuknien und den Reis zu sortieren ...

Wie du mich in der Ecke stehen und warten ließest; wie du eine ausgeklügelte Vorrichtung vorbereitet hast, die dazu diente, daß ich ordentlich gefesselt an deiner Treppe stehen konnte, die Arme über dem Kopf, woraufhin du eine kleine Peitsche hervorholtest und behauptetest, daß sie speziell für die Brüste von kleinen unartigen Japanerinnen gemacht sei ...

Wie du mir die Hände auf den Rücken gefesselt hast und mich mit einem Stöckchen im Mund auf meiner elektrischen Schreibmaschine schreiben ließest, eine ganze Seite voll mit dem Satz »Meine Disziplin muß vollkommen sein, in Fleisch und Blut übergegangen«, fehlerfrei natürlich ...

Wie du mich auf dem Rücken liegen ließest und in meine Brustwarzen gekniffen hast und mir befahlst, den Oberkörper zu heben, weil du sonst noch fester kneifen würdest, was du auch tatest ...

Wie wir am Strand waren und du mir befahlst, dir unten beim Kiosk einen Sprudel zu holen, ohne daß ich Schuhe anziehen durfte, um über die Steine zu kommen ...

Wie du mich eine ganze Nacht gefesselt liegen ließest ...

Wie du mir ein Paket mit zwei Holzstückchen schicktest, auf denen du Markierungen angebracht hattest, die genau den Maßen meiner Hand- und Fußgelenke entsprachen, zusammen mit einer Feile und dem Befehl, bis zu unserem nächsten Treffen einen Prangerblock fertig zu haben ...

Wie du mir ein Stachel-Hundehalsband überreichtest und es mir angelegt und mir die Arme in Eisen auf dem Rücken gefesselt und sie stramm an das Halsband angeschlossen hast und danach ausriefst: »Aber du bist ja wirklich eine Masochistin!« Ja, ich war damals weiß Gott Masochistin, und ich ließ mich von euch bedienen und genoß es und war dankbar dafür. Ich glaube, in dieser Zeit meines Lebens habe ich die meiste Großzügigkeit von Männern erfahren.

Aber ich habe mich auch selbst nicht geschont. Ich war mit Leib und Seele dabei, außerdem steuerte ich noch meine eigene Phantasie bei, wenn ihre nicht ausreichte oder mir nichts sagte. Das mußte ich, denn sexuelle Phantasien sind etwas so Spezielles, daß ich unmöglich allem folgen konnte, was ich mir aus ihrer privaten Vorstellungswelt anhören mußte: An ein Bordell in Amsterdam ausgeliehen zu werden, vergewaltigt zu werden, blutiggepeitscht zu werden, mit nacktem Hintern auf die Straße zu gehen und so weiter – das brachte mir überhaupt nichts. Und auch wenn es meine eigenen Phantasien waren, zeigte es sich immer wieder, daß die vorgestellten Bilder viel erregender waren als die Wirklichkeit. Zum Beispiel bekam ich bestätigt, daß ich es nicht ausstehen konnte, gepeitscht oder geschlagen zu werden, und ich weigerte mich, es zuzulassen, wohingegen ich unglaublich erregt wurde, als ich deshalb gefesselt und herumkommandiert und höhnisch angeredet wurde.

Alles in allem gelang es mir in den goldenen Jahren des Masochismus, das S/M-Leben von seiner Minderwertigkeit zu befreien. Ich war ja immerhin nicht alleine damit, wir waren zwei, die sich von vornherein einig waren über die gemeinsame Faszination. Das nahm dem Schamgefühl die Spitze. Das Schamgefühl, das allerdings ein Teil der Erregung war, mußte in gewissen Grenzen gehalten werden. Ich empfand es als legitim, masochistisch zu leben, ich hatte keine Angst mehr vor dem Wissen der anderen – es war sogar ein entscheidender Teil des Ganzen.

Ich glaubte wohl auch immer noch daran, daß ich eines Tages meinen Schwarzen Prinzen treffen würde; ihn, der so mit mir umgehen konnte, daß ich ständig in sexueller Erregung leben konnte und in den tiefsten nächtlichen Orgasmen erlöst würde.

Wenn ich in einem masochistischen Erlebnis den Höhepunkt erreichte – d.h., wenn es zu weh tat im Körper oder in der Seele –, dann war es so, als ob etwas in mir zerspränge; der Panzer vielleicht. Wenn ich schrie oder nur die totale Vernichtung spürte, dann war es wie ein innerer Schrei, die gleiche Art Schrei, zu der mein Körper bei den bioenergetischen Übungen fand. Und dieser Schrei sprengte sich einen Weg durch alle Verteidigungsbauten, brach die Schleusen auf, so daß der Strom frei fließen konnte. Wie wenn ein Motor überholt wird und die ganze Maschine durchgeblasen wird und die zugerußten Wege geöffnet werden.

Übrigens kam es auch vor, daß Frauen mit mir Kontakt aufnahmen, aber nie mit sexuellen Absichten. Eine von ihnen war Dorte. Sie besuchte mich, weil sie eine Frauengruppe gründen wollte, in der wir gemeinsam über Masochismus und Sadismus reden konnten. Ich willigte ein, mitzumachen, wenn auch etwas widerstrebend.

Die Frauen, die ich dort traf, waren genauso verschieden wie die Männer. Aber das ganze Projekt war schwieriger, als wir gedacht hatten. Wir konnten über vieles reden – welche Männer wir kannten, wie unser Masochismus entstanden sein könnte, über die öffentliche Meinung zu S/M. Wir konnten auch über bestimmte Grundmuster reden, und es zeigte sich schnell, daß es zwei Gruppen gab, die sich gegenseitig nur schwer verstehen konnten. Da gab es diejenigen, für die das einzig Mögliche und Akzeptable und überhaupt das einzig Vorstellbare war, daß eine Bestrafung die Folge einer Provokation sei – daß sie zuerst unartig, ungehorsam, vorlaut oder was auch immer gewesen wären, und jetzt dafür bestraft würden. Und dann gab es diejenigen wie mich, die es als das einzig Natürliche ansahen, von Anfang an total entmündigt zu sein und nur passiv abzuwarten, was geschah.

Aber im Grunde drangen wir nie bis zum Kern vor. Keine von uns konnte sich überwinden und wirklich offen erzählen, was sie sexuell erregte. Zwei Frauen versuchten einmal, es sich in Briefen zu schreiben, aber das brachte auch nichts. Mit der Zeit löste die Gruppe sich auf, und ich war nicht traurig darüber. Ich war wie die anderen der Meinung, daß es über unsere Kräfte ging.

Dagegen war ich gerne bereit, einen Verein mitzugründen und ging zur Gründungsversammlung, die Dorte einberief. Das war 1979. Es wurde ein Satzung geschrieben, und die Zielsetzung des Vereins drückte die doppelte Funktion aus: Zum einen wollten wir einen sicheren Rahmen dafür schaffen, daß SadistInnen und MasochistInnen zusammenfinden konnten, und zum anderen wollten wir Öffentlichkeitsarbeit leisten: informieren, was Sadismus und Masochismus bedeuten und Vorurteile abbauen. Daß es nicht etwas ist, worunter eine bedauernswerte Minderheit leidet, weder eine Krankheit, noch ein Unglück, weder behandlungsbedürftig, noch kriminell noch böse, sondern etwas, was zur Vorstellungs- und Gefühlswelt vieler Menschen gehört, wie sehr sie sich auch bemühen, es zu unterdrücken oder zu verdrängen.

Ich konnte sehr wohl hinter diesen Formulierungen stehen, auch wenn ich in bezug auf die kategorische Behauptung, es habe nichts mit Krankheit zu tun, unsicher war. Aber in der damaligen Situation war eine solche Formulierung nützlich. Ich unterschrieb, und ich habe auch den Namen erfunden, worauf ich stolz bin: SMile – S für SadistInnen, M für MasochistInnen und den Rest, um zu unterstreichen, daß das Ganze nicht so furchtbar ist.

Ich bin froh, daß wir diesen Verein gegründet haben – wenn so etwas existiert hätte, als ich mich damals, als junges Mädchen, mit meinem Masochismus herumquälte!

Aber ich ging sehr bald nicht mehr zu den Treffen.

Der Wendepunkt.
Über den Höhepunkt des Masochismus,
über meinen Porno und die von anderen

Ein Norweger nahm Kontakt mit mir auf. Er war von meinem Masochismusbuch gefesselt, weil er ungefähr die gleiche Einstellung zum Sadismus wie ich zum Masochismus hatte: Faszination, den Wunsch, die Phantasien durch Realität zu ersetzen – und Probleme damit, die sexuellen Träume ideologisch vertreten zu können, d.h. S/M mit einer Haltung zu vereinen, die von Abscheu gegen Unterdrückung und Engagement im Kampf gegen politischen Machtmißbrauch geprägt ist.

Wir empfanden sehr bald Sympathie füreinander und gingen eine Beziehung ein. Als sich herausstellte, daß wir neben allem anderen auch gemeinsame literarische und sexualpolitische Interessen hatten, war die Sache klar: Wir beschlossen, zusammen einen Roman zu schreiben.

Daraus wurde das Buch *Ich liebe es, oder die Geschichte von Stefans und Monas heimlicher Liebe,* das 1980 erschien. Er entschied sich, unter Pseudonym zu schreiben – aus Gründen, die ich respektiere, Norwegen ist nun einmal nicht Dänemark – und wählte den Namen Stig Sohlenberg (u.a. weil die Anfangsbuchstaben unserer Namen zusammenpassen sollten). Er schrieb die Passagen über den PR-Mann Stefan, ich die über das Fotomodell Mona. Wir waren uns einig darüber, wovon das Buch handeln sollte:

Wir wollten von der süßen Musik erzählen, die erklingen kann, wenn ein sexueller Sadist und eine sexuelle Masochistin sich begegnen – es sollte also ein Buch über Gefühle werden. Aber wir wollten auch einen ganz normalen Pornoroman schreiben mit Stoff für S/M-Leute, die Inspiration brauchen. Wir wollten den sexuellen Sadismus rehabilitieren, der immer mit Gewalt und Faschismus verwechselt wird. Wir wollten auch vermitteln, wo man sich treffen kann, was man machen kann, und wo man aufpassen muß. Außerdem wollten wir Außenstehenden erklären, was S/M eigentlich ist. Und dann wollten wir die geschlechts-

politischen und ideologischen Konsequenzen beschreiben, die sich ergeben, wenn Sadomasochismus voll ausgelebt wird. Irgendwie wollten wir
also *Die furchtbare Wahrheit* noch einmal schreiben, aber diesmal in
Romanform – und aus einem völlig anderen Blickwinkel: kein Wort über
das Warum, ausschließlich über das Wie.

Wir hatten uns da ein umfangreiches Projekt vorgenommen. Wir konnten
uns während der Zeit unserer Zusammenarbeit nur ein paar Wochen im Jahr
sehen, aber es lief gut, nicht zuletzt weil wir uns beide der Fallen bewußt
waren, die sich aus der Geschlechtsaufteilung des Buches mit der Frau als
Masochistin und dem Mann als Sadisten ergeben konnten. Anders konnten
wir es aber nicht machen, weil das unsere eigene Wirklichkeit war. Wir mußten unsere Worte genau abwägen, damit unsere beiden Hauptpersonen immer gleichberechtigt blieben und wir es vermieden, den Volksglauben zu bestätigen, der besagt, daß es in der Natur der Frau liege, Masochistin zu sein.
Ich hatte ja ein ganzes Buch darauf verwandt, dagegen zu argumentieren.

Ich persönlich hatte noch ein weiteres Motiv, das Buch zu schreiben:
Es hatte mich peinlich berührt, daß alle gesagt hatten, ich sei mutig gewesen, als ich *Die furchtbare Wahrheit* schrieb. Tatsächlich erkannte ich
immer deutlicher, daß ich mich sehr allgemein und nicht sonderlich
offenherzig in bezug auf meine sexuellen Gefühle geäußert hatte. Das
wollte ich versuchen zu korrigieren. Ich wollte meine eigenen Grenzen
überschreiten und die Gefühle und Tatsachen wirklich konkret und
detailliert beschreiben. Die Tatsachen – das sind die Wirklichkeit und die
Phantasien, auch wenn ich das nicht immer trennen konnte. Die Lexika
haben ja recht: Masochismus ist nicht nur das, was man in der Praxis tut,
sondern ebensosehr das, was in der Phantasie vor sich geht, vorausgesetzt, daß sie als sexuelle Stimulation fungiert.

Die Tage und Wochen, die wir zusammen verbrachten, bestanden
natürlich nicht nur aus Diskussionen, auch wenn wir viel diskutierten
und es nicht viele S/M-Ecken gab, die wir nicht verbal ausleuchteten. Es
war uns mindestens ebenso wichtig, uns durch die einzelnen Szenen des
Buchs praktisch durchzuarbeiten. Was im Buch stand, sollte wasserdicht
sein, jedes Wort sollte standhalten können, gefühlsmäßig und praktisch.
So viel wie möglich sollte ausprobiert werden. Ich weiß nicht, ob wir das
Romanprojekt als Vorwand brauchten, es funktionierte jedenfalls her-
vorragend, und unsere gemeinsamen Expeditionen in den S/M-Dschun-
gel waren eine Goldgrube unvergeßlicher Erlebnisse.

Ich weiß nicht genau, was dazu geführt hat, daß das Blatt sich wendete, so daß die große braune Leinentasche mit all den Kleinodien jetzt schon seit Jahren unberührt oben in meinem Schrank steht. Es waren weder moralische noch ideologische Gründe. Aber es war schlicht und einfach so, daß ich mich an dem Tag, an dem das Buch erschien, schon sehr weit davon entfernt fühlte. Ich weiß nur, daß mein sexueller Masochismus blühen durfte – und daß es damit offenbar wie mit anderen Blumen auch ist: Eines Tages war der Sommer vorbei. Und es sieht auch nicht so aus, als ob er wiederkäme, auch wenn die orthodoxen S/M-VerfechterInnen das Gegenteil behaupten: Daß Sadismus und Masochismus immer wiederkommen, weil sie so fundamental sind; daß man sie zwar eine Zeitlang unterdrücken kann, sie aber wieder herausspringen, wenn die Zeit gekommen ist – wie der Teufel aus der Schachtel.

Ich glaube, ich war mitten in einem klassischen Stück Gestaltarbeit. Ich hatte eine Session begonnen, die sich über ungefähr zehn Jahre erstreckte – und als ich erst einmal angefangen hatte, kam der Rest von alleine.

Ich hatte mich in die Polarität in mir selbst begeben, die sexueller Masochismus hieß; ich wußte, daß man nicht weiterkommt, wenn man nicht der Stimme folgt, die in einen ruft, auch wenn sie beängstigend klingt – daß ich keinen anderen Weg gehen kann, als den, der nach innen führt, innen durch, ohne zu wissen, wohin er führt.

Als ich das masochistische Register vollständig durchgespielt hatte, kam in Übereinstimmung mit den Gesetzen der Gestalttherapie die paradoxe Wende. Das heißt: Ich hatte erst einmal genug. Ich wollte ganz einfach nichts mehr mit Sadomasochismus zu tun haben.

Das heißt allerdings nicht, daß ich jetzt gegen S/M bin. Ich bekomme Gänsehaut, wenn ich von diesen militanten Natürlichkeitsaposteln höre mit ihrer Propaganda gegen alle, die sexuell anders empfinden – ob sie nun zwischen den Zeilen steht oder als klare Distanzierung formuliert wird. Ich weiß nicht, was schlimmer ist. Sexualpolitisch werde ich jederzeit dafür kämpfen, daß jeder Mensch das Recht hat, sadomasochistisch zu leben. Ich ertrage es nicht, wenn man SadistInnen oder MasochistInnen angreift, ihre Schriften verbrennt, sich irgendwie über sie lustig macht oder sie verachtet.

Aber ich persönlich bin froh, daß mein einst so geliebter, gefürchteter Schwarzer Prinz allmählich aus dem Blickfeld verschwindet. Ich möchte weiterkommen, ich strebe nach Höherem. Nachdem ich über die Hälfte meines Lebens nach dem allerschlimmsten Vorstellbaren gestrebt hatte, habe ich jetzt die Seite gewechselt: Nur das Beste ist gut genug für mich. Ich merke, daß das unbescheiden und provozierend und ein bißchen beängstigend ist, aber wieso sollte ich mich eigentlich mit weniger zufrieden geben? Das war der eigentliche Wendepunkt, als mir bewußt wurde, daß das Schlimmste nicht das Beste für mich sein konnte, nicht auf Dauer. Es stimmte nicht mehr.

Und heute ist mir völlig klar, daß Masochismus oder Sadismus nicht das Beste, nicht der Inbegriff von Gesundheit sein können. Womit ich nicht sagen will, daß sie geheilt werden müssen. Ich begnüge mich damit zu sagen, daß beide Symptome sind – Zeichen dafür, daß es etwas gibt, was besser sein könnte. Vielleicht sogar viel besser. Wenn man feststellt, daß etwas besser sein könnte, kann man großes Vergnügen daran finden, ein bißchen genauer zu schauen, *wie* man überhaupt funktioniert. Im modernen Therapiejargon heißt das: mit sich arbeiten. Und es ist wahrhaftig eine Arbeit, die Schweiß und Tränen kostet – aber auch Lachen und Freude mit sich bringt.

Ich hatte begonnen, mich für Körper- und Gestalttherapie zu interessieren. Ich hatte schon so viel über Psychologie geschrieben – ich war es mir schuldig, mal selbst etwas in der Praxis auszuprobieren. Aber ich ging nicht in eine Therapie, um von irgend etwas geheilt zu werden, und zu Beginn hatte die Therapie mir nur noch mehr Mut gemacht, meinen Lüsten zu folgen.

Ich war neugierig – und eines Tages gab ich meinen Fernsehjob auf und machte eine Ausbildung zur Gestalttherapeutin.

Das Nadelöhr:
Warum es wichtig war, daß etwas Neues passierte

Ich wollte weiter.

Wohin? Weg wovon? Warum überhaupt – was war denn verkehrt mit dem sexuellen Masochismus? Was war denn verkehrt mit dem Schwarzen Prinzen?

Anfangs bin ich davon ausgegangen, daß das einzige, was mit ihm verkehrt war, die Tatsache war, daß ich ihn nie getroffen habe. Ja, blasse

Abbilder oder Karikaturen. Aber der Prinz selbst war nie aufgetaucht. Und allmählich wurde mir klar, daß er wohl ein Traumbild war, genau wie sein Bruder, der auf dem weißen Pferd – eine reine Projektion, eine Phantasiegestalt, die ich mit den Eigenschaften ausstatten konnte, nach denen ich mich sehnte: Macht, Stärke, Autorität und all dem – alles, was ich nie haben konnte.

Als dieser Zusammenhang mir klar wurde, wuchs der Verdacht, daß, wenn ich das unglaubliche Glück haben sollte, ihn eines Tages zu finden, es gar nicht sicher wäre, daß ich ihn noch aushalten könnte. Den Schwarzen Prinzen aus Fleisch und Blut oder woraus er sonst sein mochte. Selbst bei den allerbesten Exemplaren bekam ich einen schlechten Geschmack im Mund, wenn sie sich auf die Wellenlänge einstellten, nach der ich mich jahrelang gesehnt hatte. Ich fragte mich, warum.

Womit war ich unzufrieden? Ich kam nicht dahinter. Es war weder ein intellektuelles Problem, noch fühlte ich mich schuldig, daß ich Masochistin war. Die Klimax des Orgasmus schlug um in eine Antiklimax, die mich in Tränen aufgelöst zurückließ.

Weinen nach dem Höhepunkt ist nichts Ungewöhnliches, und es war nichts Neues für mich, zu weinen, wenn ich kam. Aber es war nicht diese Art Weinen, es war weder Ausdruck für Leben noch für Befreiung. Es wurde immer untröstlicher. Es war so, als ob der Orgasmus nur einen Teil von mir betraf. Der Rest von mir lag da und war unbefriedigt und bestand nur aus Unglücklichsein, alles drehte sich in mir, und mein Kopf war voller Fragen: Warum muß das denn so sein? Warum ...? In Wirklichkeit waren es keine Fragen. Es waren verzweifelte Proteste: Ich halte das nicht aus. Das kann nicht richtig sein, daß es mir so geht. Das kann nicht richtig sein, daß alles so vorhersehbar ist. Ich halte es nicht aus, ein Automat zu sein, in den man eine Münze wirft, und dann kommt ein Kaugummi heraus – eine Stimme mit bestimmten Worten, ein Finger an meiner Klitoris und bitte schön: ein Orgasmus. Diese Automatik war unerträglich. Nicht weil sie effektiv war – das war okay. Aber ich hielt es nicht aus, so abhängig von meinem Kopf zu sein, es war, als ob ich nur aus Kopf und Klitoris bestünde, der Rest von mir blieb draußen. Wenn der Orgasmus kam, war er wie ein Bumerang, ich lag da mit meinen ganzen Erniedrigungen und spürte sie doppelt schmerzhaft.

Das konnte nicht richtig sein, daß ich die ganzen Leiden, Schmerzen Verhöhnungen, diesen ganzen materialisierten Selbsthaß durchleben mußte. Denn wenn der Orgasmus kam, war das Spiel vorbei, und das, was wir zuvor gemeinsam und vertrauensvoll erlebt hatten, wurde von einer Sekunde zur anderen von der totalen Isolation abgelöst. Es war, als ob ich trotz allem die ganze Arbeit allein machen mußte, meine Lust durch ein Nadelöhr zu pressen, nur von einem Techniker assistiert. Und danach war ich einsamer als je zuvor.

Das stimmt nicht ganz, denn er war ja immer noch da, mein Liebhaber, und er tat, was er konnte, um mir zu helfen. Aber ganz egal, wie liebevoll er war, ich hatte das Gefühl, dazuliegen wie ein verstoßenes und verlorenes Kind, zur Not gerade noch von einem anderen einsamen Kind getröstet oder von einem Vater, der von seinem Statussockel herunterstieg oder aus seinem Arbeitszimmer kam. Es war gut, daß er mich in meiner Erbärmlichkeit und Ohnmacht gesehen hatte, es war gut, so unvollkommen, so wenig perfekt gesehen und dennoch akzeptiert zu werden. Aber war das wirklich ich?

Ich erlebte das Nadelöhr allmählich als allzu eng. Es war, als ob nur ein Teil von mir hindurchging – als ob ich mich in dem masochistischen Orgasmus nicht mehr wiedererkennen würde. Das kleine, hilflose Mädchen, ja, das war da. Aber all die anderen Seiten von mir, die ich mir zurückerobert hatte, die erwachsene Frau, die sowohl eigene Stärke als auch eigene Lebenskraft besaß, wo war die? Sie war nicht da, und ich vermißte sie verzweifelt. Das konnte nicht richtig sein, daß ich mich so sehr amputieren mußte, um sexuell zu funktionieren.

Ich weiß nicht, warum ich mich so ausschließlich mit der gefühlsmäßigen Seite beschäftigte. Es kam mir nicht in den Sinn, daß da auch rein körperlich ein Teil von mir sein könnte, der nicht durch das Nadelöhr ging und unbefriedigt blieb. Ich dachte nur in Orgasmus oder Nicht-Orgasmus; ich dachte nicht darüber nach, daß etwas mit der Qualität meines Orgasmus nicht stimmen könnte. Ich hatte so viele Jahre um die Orgasmen gekämpft – jetzt waren sie da, hatten all die richtigen Merkmale, rhythmische Kontraktionen und Pochen und alles. Deshalb dachte ich nicht darüber nach, daß mein Gefühl, amputiert zu sein, auch eine andere Seite haben könnte: daß es eben nur Höhepunkte auf der Oberfläche waren, die nicht in die Tiefe meines Körpers drangen.

Nach der abgeschlosssenen Gestaltausbildung lernte ich noch mehr über Körper-Psychotherapie. Ich war überzeugt, daß es wichtig war, direkt mit dem Körper zu arbeiten, statt nur mit Worten, und ich ging in

131

eine Ausbildungsgruppe des Amerikaners Malcolm Brown. Er interessierte sich speziell für Masochismus – im weitesten Sinn, nicht nur im sexuellen. Er betrachtet ihn als ein Mittel, um ein energiemäßiges Problem zu lösen. Der sexuelle Verlauf sei ungefähr so: Ich habe meine klar markierten inneren Spannungen, deren ursprüngliches Ziel es war, die Energieströme zu bremsen. Aber jetzt, als Erwachsene, stehe ich vor neuen Anforderungen: einer sexuellen Begegnung oder einer Onaniesituation. Jetzt brauche ich meine ganze Lust, meinen ganzen Unterleib, meinen freiesten und tiefsten Atem. Ich möchte die Kontrolle verlieren, damit der Orgasmus durchbrechen kann. Und das kann ich nicht, weil ich mir abgewöhnt habe, Lust so intensiv zu erleben. Aber trotzdem: Die Lust ist da, meine Geschlechtsorgane werden stimuliert, ich bin mitten drin. Oder vielleicht bin ich noch nicht mitten drin, aber ich bin geil von S/M-Pornos (direkt oder durch einen Fernsehkrimi oder eine ganz normale Zeitung). Sie machen mich geil, weil sie mich in das alte Macht-Ohnmacht-Universum versetzen, in dem ich aufgewachsen bin und das einen sexuellen Anstrich bekam, weil der Machthaber, mein geliebter Tyrann, mein Vater war. Die alte sichere Welt ist wiederhergestellt, ich erkenne mich wieder in der reduzierten, gefesselten oder gedemütigten Person, und das weckt meine Sexualität.

Aber die Sexualität ist nicht statisch. Sie trägt in sich den Drang nach Entladung. Die Spannung ist aufgebaut, ich bin auf dem Gipfel. Ich brauche die Entladung, die natürliche Reaktion auf die Aufladung. Aber ich habe Angst in Körper und Seele – Angst davor, die Kontrolle zu verlieren. Deshalb trete ich auf die Bremse und doch gleichzeitig aufs Gas. Wie kann ich nun aus dieser geschlossenen Situation ausbrechen? Meine sexuelle Energie muß einen Umweg finden, weil ich sie blockiert habe und sie zu schwach ist, die Sperre zu durchbrechen. Sie braucht eine Schleuse, die das schwache Rinnsal aufstaut und den Strom so stark macht, daß der Druck zum Orgasmus führen kann. Diese Schleuse besteht aus einer verstärkten Kontrolle – Befehlen und Verboten verschiedenster Art, Widerstand, Warten, Androhung von Strafe oder anderen physischen oder psychischen Schikanen. Sie sollen mein altes Universum neu erschaffen, so daß ich mich wiedererkennen kann – als eine Person, die der Kontrolle von außen ausgeliefert ist, so wie ich daliege, machtlos, in Stricken oder Ketten, gedemütigt, eine Null, beherrscht und dominiert. Man könnte auch sagen, daß ich ganz in die Polarität des

Widerstands gegangen bin – ich habe meine sexuellen Wünsche identifiziert mit der Verhinderung von Sexualität, der Verhinderung von Lust.
Es ist, als ob ich zum Schwarzen Prinzen der Phantasie oder der Wirklichkeit sagen würde: Lieber Polizist, hilf mir, die Kontrolle zu verlieren,
mach mich zu einem Verbrecher!

Der gefährliche, lustbetonte Energiestrom muß so sehr komprimiert
und dadurch so stark werden, daß er die innere Sperre durchbrechen
kann. Ich finde das eigentlich sehr logisch. Besonders wenn man be-
denkt, daß gleichzeitig eine direkte sexuelle Stimulierung stattfindet, die
die physische Parallelschiene aufrechterhält, bis der Funke von den psychischen Phantasien überspringt und das Ganze da zu einem Kurzschluß
führt, wo die beiden Schienen sich treffen. Es ist so einleuchtend, finde
ich, daß jede beliebige Gestalttherapeutin das hätte herausfinden können. Und ich habe es herausgefunden. Mein Organismus hat es herausgefunden, indem er den Masochismus als Notausgang benutzt hat.

Und jetzt will ich noch eine weitere Unterscheidung treffen, die mir
gutgetan hat, und die eine Art Antwort auf die Frage ist, ob Masochismus
eine Krankheit, ein Symptom oder etwas drittes ist: Ich will unterscheiden zwischen S/M einerseits und sexuellem Masochismus andererseits.

Sadomasochismus, seinen Lüsten zu frönen und seine Träume mit
Hilfe von Seilen, Ketten, Peitschen, Gummisachen, Ritualen aller Art in
eigener Regie zu verwirklichen – das ist eine einzigartige Möglichkeit,
wichtige Seiten von sich kennenzulernen, es ist spannend und grenzüber-
schreitend und genußvoll.

Masochismus hingegen ist etwas, was ich satt habe. Ich meine: Masochistin zu sein, abhängig zu sein, S/M nicht als eine Möglichkeit unter
vielen *wählen* zu können, sondern darauf *angewiesen* zu sein; nicht
anders funktionieren zu können, abhängig wie Drogensüchtige von ihrem Stoff zu sein.

Als Masochistin bin ich auf Schmerzen, Leiden, Demütigungen ange-
wiesen, auf eine gefühlsmäßige Isolation in meiner eigenen Schale, auf
Orgasmen, die viel weniger tief sind als sie sein könnten. All das, was bei
S/M so reich an Erlebnissen sein kann, verwandelt sich bei mir – der
Masochistin – zum Zwang, weil mein Masochismus keine freiwillige
Variante unter vielen, sondern die eigentliche Grundsubstanz meiner
Sexualität ist. Ich habe keine Wahl. Es gibt ja so viele Requisiten, die
man im S/M-Spiel benutzen kann – Korsetts, hohe Stiefel, Ringe an den

Brustwarzen und was nicht alles. Eine Frau berichtete neulich in einer Kontaktannonce in der SMile-Zeitung, daß sie von einer Radioantenne abhängig sei. Das ist alles schön und gut, so lange man es tun oder lassen kann, ohne deshalb die Sexualität aufzugeben.

Auch wenn ich über die Antenne lächeln muß, ging es mir genauso wie dieser Frau. Ein minutiös ausgefeiltes Fesselungsprogramm mit einem Schmerz-Repertoire gewürzt nach meinem persönlichen Geschmack, und das alles nur als Vorspiel zum eigentlichen Fetisch: den Worten. Worten, die ich entweder meinem Liebhaber aus der Nase ziehen oder von mir aus beisteuern mußte. Die magischen Worte waren das Entscheidende, wenn meine Sexualität mich in den Orgasmus führen sollte. *Und so lange das so ist, bestimmt S/M über mich. Er führt mich über meine Grenzen, das schon – aber immer nur über die Grenze, wo es weh tut, nie über die, wo es gut tut. Nicht ich bestimme – ich muß die Worte schlucken, ob ich will oder nicht, es ist eine unentbehrliche Voraussetzung dafür, daß ich sexuell funktioniere. Nenn es also Krankheit oder Symptom oder sonstwie.*

Doch – ich glaube, daß ich es als Krankheit bezeichnen will. Eine Mangelkrankheit. Mir fehlte etwas, aber meine Krankheit ließ sich nicht mit Pillen kurieren. Das, was mir fehlte, mußte ich in mir selbst finden. Davon handelt dieses Buch (d.h. *Kys Prinsen*; Anm.d.Übers.). Ich bin keine sexuelle Masochistin in diesem Sinn mehr. Ich habe meinen zwanghaften Mangel-Masochismus in einen Überfluß-Masochismus verwandelt, in ein Luxus-Phänomen. Ich kann ihn zu Hilfe nehmen wie meinen Vibrator oder andere Sachen. Es ist nicht sonderlich bereichernd, aber o.k., wenn gerade kein Mann in der Nähe ist, mit dem ich sexuelle Energien austauschen kann! Ich nehme es gelassen, auch wenn ich wieder einmal meinen Status als wollüstige, blaugekleidete Haremskönigin aufgebe und mich in die untertänige Sklavin meiner Sklaven verwandle. Ich weiß, daß Rom nicht an einem Tag erbaut wurde und es wichtige Gründe dafür gibt, daß es ist, wie es ist. Das Wichtige ist, daß es eine Entwicklung gibt und ich immer mehr von dem spüre, was meine eigentliche Sexualität ist.

Die Botschaft oder was der Masochismus mir sagen wollte

Zuallererst wollte der sexuelle Masochismus mir sagen, daß ich Blockierungen hatte, daß ich einen Teil von mir unterdrückte.

Diese Einsicht gewann ich erst, als ich den Mut fand, mich in den sexuellen Masochismus zu vertiefen, ihn auszuleben und zu genießen – und erlebte, daß der Genuß seinen Preis hatte. Aber diese Erfahrung wäre nicht so klar gewesen, wenn ich nicht gleichzeitig neue Visionen gehabt hätte – dank der Therapien. Ich ging mit gefühlsmäßigen Widerständen und physischen Spannungen durchs Leben, die ich nie entdeckt hätte, wenn ich nicht die Signale meines sexuellen Masochismus erkannt hätte. Ich begriff, wie tief der Masochismus in mir verwurzelt war – und daß es trotz allem einen Zusammenhang gab zwischen dem weiblichen, dem autoritären und dem sexuellen Masochismus.

Nachdem ich so lange die Aufspaltung in die verschiedenen Seiten des Masochismus als Strategie benutzt hatte, konnte ich es mir irgendwann leisten, das Ganze zu sehen. Ich brauchte den sexuellen Masochismus nicht mehr zu fürchten. Ich stellte fest, daß Masochismus nicht Schicksal ist, es sei denn, wir machen ihn dazu. Deshalb ist es mir gelungen, die Botschaft anzunehmen, die sich hinter dem Ganzen verbarg: daß ich einen großen Teil meiner Energie darauf verwandte, an einer negativen Haltung zu mir festzuhalten, und damit an einer negativen Haltung zum Dasein.

Das war die Botschaft dessen, was ich als existentiellen Masochismus bezeichnet habe. Als ich sie erst einmal empfangen hatte, begriff ich auch, daß es eine doppelte Botschaft war. Es ging nicht nur um eine grundlegende Krankheit, die sehr wohl tödlich enden konnte. Die Botschaft beinhaltete auch, daß es einem Ausweg gab: die negative Haltung in eine positive zu verwandeln. Und irgendwie glaube ich, daß es mit allen Krankheiten so ist, wenn wir verstehen, was sie uns sagen wollen, erkennen wir auch den Weg zur Heilung.

Es gibt einige Mechanismen, die etwas Wichtiges gemein haben: Sie entspringen einer alten Unterdrückung, die sich festgesetzt hat und nun von mir verwaltet wird – und an der ich auf einer tiefen, unbewußten Ebene hartnäckig festhalte.

Wenn ich am Masochismus festhalte, dann deshalb, weil ich etwas davon habe; ich bin ja nicht blöd. Ich weiß irgendwie, wenn ich meine kombinierte *topdog-underdog*-Haltung in bezug auf Sex und Autoritäten und letztlich zum Leben selbst aufgebe, dann würde das seinen Preis kosten: Ich müßte offen um die benötigte Zuwendung und Geborgenheit und das Akzeptiertwerden bitten, und das scheint gefährlich. Ich müßte mehr unternehmen als bisher, und das ist lästig. Es würde mein Selbstbild insgesamt total verändern und mich aus meinem Kontroll-Universum herausführen, und dann müßte ich mich allen Ernstes freischwimmen.

Und last not least müßte ich zugeben, daß die ganze Masochismus-Geschichte eine einzige große Camouflage ist, die darauf abzielt zu verbergen, daß ich Angebote, die das Leben für mich hat, zurückweise.

Aber dann wird mir im Gegenzug auch bewußt, daß ich diese Haltung *gewählt* habe, aber daß es noch andere Wahlmöglichkeiten gibt. Ich kann neu wählen – und es gibt viele gute Gründe, neu zu wählen, denn wenn ich auf dem alten Gleis weitermache, dann kostet das auch seinen Preis: verminderte Freude, geringere Freiheit, weniger Genuß. Letztlich macht der Sammelbegriff Masochismus mir also deutlich, daß ich andere Möglichkeiten habe, wenn ich es wage, die Verantwortung für meine Art zu leben zu übernehmen. Und diese Verantwortung kann ich stückweise oder mal mehr, mal weniger oder gar nicht übernehmen. Es ist nämlich eine freiwillige Sache – leider oder glücklicherweise!

Aber jetzt erkenne ich, daß ich – ähnlich wie der Gestalttherapeut – dem Wort Masochismus beinahe durchgängig eine negative Bewertung gegeben habe. Ich sollte also vielleicht das Wort beiseitelassen und mir sagen: Mach doch die Augen auf und schau, wo die Unterdrückung von außen aufhört und die Selbstunterdrückung anfängt! Hör doch endlich auf mit den ewigen Klagen, wie schwer und schlimm und kompliziert alles ist! Versuch doch mal zu sehen, um was du dich selbst betrügst!

Auszüge aus:
Maria Marcus. *Kys Prinsen*. Kopenhagen: Tiderne Skifter, 1984.

Aus dem Dänischen von Regine Elsässer

Ulrike Popp

Vom männlichen zum weiblichen Masochismus
Zur Geschlechtsumwandlung eines psychologischen
Deutungskonzeptes

Die Frage nach dem Leiden, seinem Ursprung, seinem Sinn, seiner Vermeidbarkeit oder auch Unvermeidbarkeit ist Bestandteil mannigfaltiger narrativer oder auch diskursiver Verständigungsversuche über das menschliche Wesen und seine Stellung in der Welt. Nicht nur im Mythos und in den religiösen Deutungssystemen, sondern auch in theologischen, ethischen, anthropologischen und ästhetischen Diskursen entfaltet sich die Thematik des Leidens. Vom rechten Umgang mit widerfahrenem Unrecht bis zur Transzendierung der Banalität des Alltags durch eine Ästhetik der Existenz reicht die Spannweite jener philosophischen Entwürfe, in welchen sich auch das Leiden in vielfältiger Gestalt zur Sprache bringt.

In archaischen Gesellschaften ist die Benennung des Ursprungs und des Sinnes menschlichen Leidens Teil jener affirmativen Mythen (Theogonien oder Kosmologien), die vor allem der Identitätssicherung und der Kontingenzbewältigung dienen (s. C.F. Geyer, 1983). Die religiösen Deutungssysteme stimmen zumindest in der Auffassung überein, daß in der Regel dem Leiden eine »Sünde«, d.h. eine Verfehlung des Menschen gegen göttliche Gebote vorausgehe. In diesem Sinne wird das Leiden als göttliche Strafe interpretiert, die den Sünder durch die ihm dadurch auferlegte Sühne zur Umkehr bewegen soll. Damit hat das Leiden auch einen Sinn, es wird als pädagogisches Mittel in der Hand Gottes verstanden, das zum Zwecke der Besserung *(correctio)*, bisweilen aber auch zum Zwecke der Prüfung *(probatio)* eingesetzt werden kann. Unter Eliminierung des Zufalls aus der göttlichen Weltordnung weiß sich im Mittelalter der auf Gott bezogene Mensch in einem universalen Sinnzusammenhang geborgen, wenn er nur alle Widerfahrnisse als Ratschlüsse Gottes auffassen kann, die seinem Seelenheil dienen (s. M. Arndt, 1974). Nach dem neuzeitlichen Traditionsbruch werden die zentralen Inhalte derartiger religiöser Deutungsschemata in den rationalen Theodizeeversuchen aufgehoben, in denen durch philosophische Argumentation auch Plausibilitätsdefizite im Hinblick auf die Rechtfertigung des Leidens ausgeglichen werden sollen.

Wird die Frage nach dem Leiden im philosophischen Diskurs nicht mehr auf die Theologie bezogen, so tritt der Aspekt der Vermeidbarkeit des Leidens durch Wissenschaft und Technik in den Blickpunkt. Das neuzeitliche Subjekt erfährt sich als wissensmächtig und strebt nach seiner Befreiung von den Zwängen der äußeren wie auch der inneren Natur. Sein Erkenntnisstreben ist ebenfalls motiviert durch den Wunsch, Leiden zu reduzieren. Eine dezidierte Gegenperspektive zu dem Versuch, das Leiden »herrschaftlich« durch Verstandesleistungen zu überwinden, wird im Zuge einer vertieften Rationalitätskritik entwickelt. Dabei wird betont, daß das reine Streben nach der Vermeidung jeglichen Leidens schließlich zum Lebens- und Erfahrungsverlust führt. Es ist der Weg in die schmerzfreie, aber auch erlebnisarme »glückliche Apathie« (s. auch Dorothee Sölle, 1973). »Freude« und »Leid« werden dabei als Wechselbegriffe verstanden, die ein empfindsames Subjekt voraussetzen, bei dem die konsequente Vermeidung der einen Affektion den Verlust der anderen notwendig mit sich bringen würde.

In diesem Kontext will ich nun in einem Vorgriff den Versuch des leidensfähigen Subjekts, dieses Wechselverhältnis zwischen »Leiden« und »Freude« strategisch-hedonistisch zu beherrschen, als masochistischen Umgang mit dem Leiden bezeichnen. So läßt sich Masochismus vorläufig über jene Formel kennzeichnen, die auch Theodor Reik als Titel für seine Monographie über Masochismus wählte: Aus Leiden Freuden. Damit haben wir allerdings die Antwortrichtung für eine Frage bereits vorweggenommen, die es ja erst noch zu stellen gilt, und zwar für die psychologische Frage nach der Freude am Leiden bzw. der Lust am Leiden. In dieser Fragestellung sieht nun Reik auch einen »Fortschritt« in der Untersuchung des Leidens: »An der Stelle der uralten Frage nach dem Sinn des Leidens erschien jetzt das bisher unbeachtet gebliebene Problem, von welcher Art die Lust am Leiden ist, was seine psychologischen Voraussetzungen und verborgenen Ziele sind. Die Psychologie hat

das Problem wieder vom Himmel auf die Erde heruntergebracht, seine
Entscheidung von religiösen und metaphysischen Gefilden in das Seelenleben der Menschen verlegt« (1983, S. 460). Der Art und Weise der Ver-
legung dieses Problems und seiner überraschenden Assoziierung mit
dem weiblichen Seelenleben will ich im folgenden ein Stück weit nach-
spüren.

Die Namensgeber:
Richard von Krafft-Ebing und Leopold von Sacher-Masoch

Wenden wir uns nun dem Ursprung der Begriffsbildung von Masochismus zu, so wird bereits seine Affinität zum Bereich der Sexualität deutlich. Für die tiefenpsychologische Deutung des Masochismus wird die
Begriffsbestimmung von Krafft-Ebing in seiner *Psychopathia sexualis*
leitend. Unter Masochismus versteht er »eine eigentümliche Perversion
der psychischen *Vita sexualis,* welche darin besteht, daß das von dersel-
ben ergriffene Individuum in seinem geschlechtlichen Fühlen und Denken von der Vorstellung beherrscht wird, dem Willen einer Person des
anderen Geschlechts vollkommen und unbedingt unterworfen zu sein,
von dieser Person herrisch behandelt, gedemütigt und selbst mißhandelt
zu werden« (1984, S. 104 f.). Dabei verweist Krafft-Ebing auf die Vielfalt
der Erscheinungen im Sexualleben, die sich mit der Bezeichnung Masochismus versehen lassen, und er betont zugleich, daß bei all diesen Fällen
jedenfalls die Unterwerfung unter das andere Geschlecht zum Vorstellungskreis des Masochisten gehört. Als den seelischen Kern der masochistischen Gefühls- und Vorstellungsweise bezeichnet er das »wollüstig
betonte Bewußtsein, dem Willen einer anderen Person unterworfen zu
sein, und die ideelle oder wirkliche Markierung einer Mißhandlung seitens einer solchen Person ist nur Mittel zum Zweck der Erreichung eines
solchen Gefühls« (S. 128). Krafft-Ebing konzipiert also den Masochismus als das psychopathologische Phänomen einer sexuellen Perversion
und benennt einen bestimmten »Vorstellungskreis« als definierendes
Merkmal dieser Perversion. Diese Definition des Masochismus ist zunächst völlig geschlechtsneutral.

Susanne Farin hat nachgewiesen, daß der Begriff Masochismus bei
Krafft-Ebing zum erstenmal 1890 erscheint und zwar in dem Buch *Neue*

Forschungen auf dem Gebiet der Psychopathia sexualis: »Dort heißt es unter anderem auf Seite 2: 'Diese im folgenden zu besprechenden Perversionen der *Vita sexualis* mögen Masochismus genannt werden, da der bekannte Schriftsteller Sacher-Masoch in zahlreichen seiner Romane, ganz besonders in seinem bekannten *Die Venus im Pelz*, diese eigene Art der sexuellen Perversion zum Lieblingsgegenstand seiner Schriften gemacht hat'« (Farin in Sacher-Masoch, 1985, S. 101). Diese ursprüngliche Begriffsbestimmung von Masochismus hat nun ihren expliziten geschlechtsspezifischen Bezugspunkt, und zwar männliches Sexual- und Lebensverhalten, wie es in Leopold von Sacher-Masochs Novelle *Die Venus im Pelz* exemplarisch dargestellt wird. Wenden wir uns zunächst dieser männlichen Form des Masochismus zu.

Leopold von Sacher-Masoch entfaltet in der *Venus im Pelz* (1869) die Orientierungen eines Mannes, der sich seinen Wunschtraum realisiert, als Sklave einer schönen Frau zu dienen. Dieser Wunschtraum wird vor allem aus zwei Orientierungskomplexen des Helden der Novelle gespeist, nämlich aus dem Versuch, den Bereich des Sexuellen zu erweitern, und aus einer bestimmten Form von sozialem Idealismus. Bereits in der Rahmenhandlung der Novelle, in einem Traumgespräch zwischen dem Ich-Erzähler und einer steinernen Venus, wird versucht, das Phänomen der »masochistischen« Liebe zu klären. Der »Masochismus« erscheint dabei als die einzige Möglichkeit, das Ideal der antiken, starken Sinnlichkeit und Lust in der Moderne wieder aufleben zu lassen, da dabei die Schranken, die das Christentum dem modernen Empfinden und Erleben gesetzt habe, wieder überwunden werden müssen. Wie sollte das auch besser gelingen, als durch eine Art (Re)Sexualisierung der christlichen Moral, als durch den Einsatz der Sühnevorstellungen, Selbsterniedrigungen, Bußpraktiken und Askeseübungen, um die sinnliche Lust zu steigern und zu erweitern? Diese Auffassung entspricht der Bestimmung des Masochismus als strategischer Beherrschung des Schmerzes zum Zwecke der Lust durch ein Subjekt, das auch sein Verhältnis zu sich selbst, zu seiner Sinnlichkeit, technisch-rational gestaltet. So hat auch Farin den Masochismus, wie er in den Erzählungen und Romanen Sacher-Masochs erscheint, als »Lustapparatur durch Kalkül« definiert.

Der andere Aspekt des »Masochismus« in der Novelle besteht in einem radikalen Idealismus, der soziale Beziehungen von der Art anstreben läßt, daß sie durch den Idealisten in der von ihm gewünschten Form auch herstellbar sind. Der Held der Novelle, Severin, wägt zwei Frauenideale gegeneinander ab. »Kann ich mein edles, sonniges Ideal, eine Frau, welche mir treu und gütig mein Schicksal teilt, nicht finden, nun dann nur nichts Halbes oder Laues! Dann will ich lieber einem Weibe ohne Tugend, ohne Treue, ohne Erbarmen hingegeben sein. Ein solches Weib in seiner selbstsüchtigen Größe ist auch ein Ideal. Kann ich nicht das Glück der Liebe voll und ganz genießen, dann will ich ihre Schmerzen, ihre Qualen auskosten bis zur Neige; dann will ich von dem Weibe, das ich liebe, mißhandelt, verraten werden, und je grausamer, um so besser. Auch das ist ein Genuß« (Sacher-Masoch, 1980, S. 38). Wenn sich also Severin sein Ideal des »Guten« nicht verwirklichen kann, dann ist er nicht bereit, Zugeständnisse an die Widerständigkeit der Realität zu machen, sondern er beharrt auf seinem Idealismus. Die antizipierte oder auch faktische Enttäuschung wird durch die Wendung ins Gegenteil psychisch verarbeitet. Severin strebt nun ein Ideal des »Schlechten« an, dessen Realisierungschancen seiner Einschätzung nach besser stehen. Auf das »Glück der Liebe« hätte er nur hoffen können, während die »Schmerzen der Liebe« weitgehend herstellbar sind. Er kann sich zwar nicht glücklich, aber unglücklich »machen«. Und dieses »sich unglücklich Machen« hat in Relation zu den Vorstellungen Severins auch den Charakter einer Flucht nach vorn, einer Vermeidung der Intensität des Leidens dadurch, daß das erwartete, nur passiv zu ertragende Leiden aktiv vorweggenommen und dadurch auch verringert wird.

Severin bezeichnet einmal eine Darstellung der Geschichte von Simson und Delila als ein Symbol, ein ewiges Gleichnis der Leidenschaft und der Liebe des Mannes zum Weibe. Er sieht auch eine glückliche Liebesbeziehung nahezu zwangsläufig mit einem Verrat des Mannes durch die Frau, mit der Demütigung des Mannes enden. Wenn nun der Verrat und die Demütigung von vornherein mit eingeplant und sogar nach den »Regieanweisungen« des Mannes inszeniert werden, wird ihnen damit ihr Stachel genommen. Die drohende reale Enttäuschung wird auf die Ebene des Spiels verlagert, damit letztlich in ihrem Wesen aufgehoben und als Bedeutungselement in der Liebesbeziehung »beherrscht« eingesetzt und benutzt. Vor dem Hintergrund dieser Interpretation der Sacher-Masochschen Novelle läßt sich nun als Orientierungsbasis für masochistische Phantasien und Praktiken des Mannes ein radikales rational-technisches Verhältnis zu sich selbst und zu anderen benennen.

Der männliche Masochismus
bei Sigmund Freud und Theodor Reik

Diese »männliche« Orientierungsbasis wird auch in der klassischen tiefenpsychologischen Konzeptualisierung des masochistischen Phänomens durch Freuds Schrift »Das ökonomische Problem des Masochismus« aus dem Jahre 1924 entfaltet. Auch in dieser Arbeit geht es zunächst explizit um männlichen Masochismus, da sich Freud aufgrund seines klinischen Materials auf die Darstellung des masochistischen Phänomens beim Mann beschränkt, wie er in seiner Anmerkung zum Text ausdrücklich hervorhebt.

Freud unterscheidet drei Arten des Masochismus: a) den erogenen Masochismus als eine Bedingtheit der Sexualerregung, einer Art Schmerzlust, die auch den beiden anderen Formen zugrunde liegt, nämlich b) dem femininen Masochismus als einem Ausdruck des femininen Wesens und c) der wichtigsten Erscheinungsform des Masochismus, dem moralischen Masochismus als einer »Norm des Lebensverhaltens« (1924, S.345). Die Erklärung des erogenen Masochismus erfolgt bei Freud u.a. im Lichte seiner Trieblehre, seiner Unterscheidung zwischen Eros und Thanatos. Danach wird der Todestrieb unter dem Einfluß der Energie der Lebenstriebe, der Libido, zum großen Teil nach außen abgeleitet, als Destruktionstrieb gegen die Objekte der Außenwelt gerichtet. Ein anderer Anteil verbleibt im Organismus und wird mit Hilfe der physiologisch bedingten sexuellen Miterregung bei Schmerz und Unlustspannung libidinös gebunden. In ihm haben wir nach Freud den ursprünglichen, erogenen Masochismus zu erkennen.

Ich will nun die Freudsche Deutung des Masochismus betrachten, soweit sie sich auf der Ebene von Orientierungen bewegt. Die zweite Form, der feminine Masochismus, ist nach Freud der Beobachtung am besten zugänglich. Diese Art des Masochismus beim Mann kann man an den Phantasien masochistischer Personen studieren, die entweder zur Onanie führen oder für sich allein die Sexualbefriedigung darstellen. Mit diesen Phantasien stimmen nach Freud die realen »Veranstaltungen« masochistischer Perverser überein, sei es, daß sie als Selbstzweck durchgeführt werden oder zur Herstellung der Potenz und Einleitung des Geschlechtsakts dienen. »In beiden Fällen – die Veranstaltungen sind ja nur die spielerische Ausführung der Phantasien – ist der manifeste

Inhalt: geknebelt, gebunden, in schmerzhafter Weise geschlagen, gepeitscht, irgendwie mißhandelt, zum unbedingten Gehorsam gezwungen, beschmutzt, erniedrigt zu werden« (Freud, 1924, S. 346). Eine lebensgeschichtliche Deutung dieses Phänomens besteht darin, daß der Masochist wie ein kleines, hilfloses und abhängiges Kind behandelt werden will, besonders aber wie ein »schlimmes« Kind. Freud hat diese Form des Masochismus deshalb als »femininen Masochismus« bezeichnet, da seiner Meinung nach viele reich ausgestaltete Phantasien darauf hinweisen, daß diese masochistischen Personen sich in eine nach psychoanalytischer Auffassung für die Weiblichkeit als charakteristisch imaginierte Situation versetzen, die symbolisch Kastriertwerden, Koitiertwerden oder Gebären bedeutet. Im manifesten Inhalt der masochistischen Phantasien werden nach Freud auch Schuldgefühle thematisiert. In der Phantasie geht die betreffende Person davon aus, etwas verbrochen zu haben, was durch die schmerzhaften und quälerischen Prozeduren gesühnt werden soll.

Das Schuldmoment ist nun ein wesentlicher Bestandteil des sogenannten moralischen Masochismus. Dieser moralische Masochismus ist nach Freud vor allem auch deshalb bemerkenswert, weil seine Beziehung zum sexuellen Bereich gelockert ist. Moralische Masochisten suchen das Leiden und die Unlust, auf welche Art und Weise sie dergleichen auch bekommen können, d.h. sie bemühen sich auch um Schicksalsschläge, um Leid durch unpersönliche Mächte oder Verhältnisse. Diese »Sucht« nach dem Leiden erklärt Freud mit einem unbewußten Strafbedürfnis. Das »Ich« verlangt nach Strafe, sei es vom »Über-Ich« oder sei es von den Elternmächten (Autoritäten, Schicksal usw.) der Außenwelt. Diesen moralischen Masochismus des »Ichs« deutet Freud biographisch-genetisch: Gewissen und Moral sind durch eine »Desexualisierung« der Beziehung zu den Eltern entstanden. Durch den moralischen Masochismus wird nun die Moral wieder »sexualisiert«. Es wird eine Art Regression der Moral angebahnt, indem sie erneut sexuellen Strebungen untergeordnet wird. Der Wunsch nach Strafe bedeutet zugleich den Wunsch nach Liebe, nach sexueller Lust. Der Bereich des Sexuellen wird auf Kosten des Bereichs des Moralischen erweitert bzw. ein gutes Stück der Moralität durch Sexualität ersetzt.

Ich will nun die Freudschen Deutungen und Erklärungen des masochistischen Phänomens nicht weiter vertiefen. Festzustellen bleibt allerdings, daß Freud in dieser Studie Masochismus zum Teil geschlechtsneutral bestimmt, zum Teil aber auch aufgrund seines klinischen Erfahrungsmaterials explizit auf männliches Verhalten und männliche Phantasien bezieht. Dies führt auch zu der leicht skurrilen Bestimmung des sogenannten femininen Masochismus als Masochismus des Mannes.

Nun lassen sich aber in Freuds Schriften auch zahlreiche Stellen finden, in denen der Masochismus als etwas spezifisch Weibliches aufgefaßt wird. So können wir beispielsweise in seiner als Vorlesung konzipierten Schrift »Über die Weiblichkeit« aus dem Jahre 1932 folgendes lesen: »Die dem Weib konstitutionell vorgeschriebene und sozial auferlegte Unterdrückung seiner Aggression begünstigt die Ausbildung starker masochistischer Regungen, denen es ja gelingt, die nach innen gewendeten destruktiven Tendenzen erotisch zu binden. Der Masochismus ist also, wie man sagt, echt weiblich. Wenn Sie aber dem Masochismus, wie so häufig, bei Männern begegnen, was bleibt Ihnen übrig, als zu sagen, diese Männer zeigen sehr deutliche weibliche Züge?« (S. 547).

Bemerkenswert an dieser Formulierung ist, daß Freud hier eine Art von Resignationsmodell entwickelt, da ihm wohl der Widerspruch zwischen seinen klinischen Erfahrungen, welche den Masochismus als eine sexuelle Perversion des Mannes ausweisen, und der aufgrund seiner Theorie der Weiblichkeit zu artikulierenden Verbindung zwischen Weiblichkeit und Masochismus bewußt ist.

Nach Freud ist Theodor Reik derjenige Tiefenpsychologe, der sich am ausführlichsten dem masochistischen Phänomen gewidmet hat. In seiner Monographie zu diesem Thema aus dem Jahre 1940 wird von Reik Masochismus ebenfalls geschlechtsneutral bestimmt, wobei aber das von ihm explizierte Verständnis die »männliche« Orientierungsbasis masochistischer Phantasien und Praktiken enthält, wie sie von Sacher-Masoch in seiner Novelle *Die Venus im Pelz* entfaltet wird. Von Reiks Konzept möchte ich eine kurze Zusammenfassung geben, so weit es sich auf der Orientierungsebene bewegt, da hier eine »Psycho-Logik« masochistischen Strebens nach Unterwerfung und Leiden besonders detailliert herausgearbeitet wird. Reik bezeichnet als Masochismus jene Lebenseinstellung, bei welcher der einzelne das eigene Leiden oder die eigene Ohnmacht in den verschiedensten sozialen Kontexten genießt. Er unterscheidet dabei zwischen dem sexuellen und einem »desexualisierten« sozialen Masochismus. Bei seiner Phänomenologie des Masochismus betont Reik auch die besondere Bedeutung der Phantasie und weist darauf hin, daß es sich bei den masochistischen Perversionen vor allem um die (ansatzweise) Inszenierung von Phantasiesituationen handle. In der desexualisierten Form des Masochismus würde der einzelne allerdings nur selten individuelle Phantasien ausbilden, sondern auf die in Tradition und Religion bereitliegenden Kollektivphantasien bzw. Lebensformen zurückgreifen.

Die Analyse des sexuellen Masochismus führt nun bei Reik u.a. zu dem paradoxen Ergebnis, daß der Masochist weniger als andere Menschen bereit sei, Unlust zu ertragen. Vor dem Hintergrund der Freudschen Terminologie begreift Reik das masochistische Streben und Handeln als den Versuch, das »Realitätsprinzip« außer Kraft zu setzen. Der Masochist ist nicht bereit, das notwendige Stück Unlust zu ertragen, welches die Anpassung seines Begehrens an die Realität mit sich bringen würde, sondern er verwandelt diese Unlust in Lust. Er sabotiert die »Realitätsforderung« dadurch, daß er sie übertreibt, er widersteht ihr, indem er ihr gehorcht. Aus dem, was andere Menschen fürchten, was anderen Schmerzen bereitet, zieht der Masochist Lust.

Vor dem Hintergrund der theologischen Begriffe der Sühne und der Sünde kann man sagen, der Masochist inszeniert zu dem ihm genehmen Zeitpunkt und in der ihm genehmen Form die von ihm befürchtete »Sühne«, um danach das von ihm als »Sünde« Angesehene unbekümmert begehen zu können. Und schließlich gelingt es ihm sogar, aus der »Sühne« Lust zu ziehen, die »Sühne« zur »Sünde« zu machen. Diese masochistische »Psycho-Logik« zeigt sich nach Reik in der alltäglichen masochistischen Szene wie auch in den sublimsten religiösen Lebensformen: Was im profanen masochistischen Sexualakt die sexuelle Befriedigung gewährleistet, sichert den aus religiösen Gründen ein Martyrium Leidenden die Aufnahme in den Himmel. Und beides kann auch noch »an sich« zur Lust gereichen.

Dem Masochisten gelingt es, Niederlagen, Beleidigungen und Schmerzen in Siege, Auszeichnungen und Lust umzudeuten. Diese masochistische Lebenseinstellung garantiert dem einzelnen völlige »Freiheit«, völlige Autonomie im sozialen Bereich, denn niemand kann ihm ja ein »Leid« zufügen. Will man die »Psycho-Logik« der masochistischen Orientierung prägnant kennzeichnen, so schlägt Reik die Formel »Sieg durch Niederlage« vor, oder auf der Ebene der sozialen Beziehungen

könnte man auch die Formel »Freiheit durch Unterwerfung« ge-
brauchen.

Der weibliche Masochismus
bei Helene Deutsch und Karen Horney

Zu den repräsentativen Arbeiten in der Tiefenpsychologie, in der nun
Weiblichkeit und Masochismus miteinander verschmolzen werden,
gehören die Schriften von Helene Deutsch zur Psychologie der Frau,
deren erste Studie bereits aus dem Jahre 1925 datiert. Dabei können wir
zunächst als allgemeinen Zug der Psychoanalyserezeption durch Deutsch
eine Biologisierung der psychoanalytischen Grundbegriffe feststellen.
Begriffliche Konstruktionen, die Freud noch im Spannungsfeld zwischen Physiologie, Biologie und Psychologie verankerte und die von ihm
vielleicht auch aufgrund ihrer »beziehungsreichen« Funktion als eine
Mythologie bezeichnet wurden, werden von Deutsch eindeutig als »biologische« bestimmt. So betont sie immer wieder den biologischen Charakter der psychoanalytischen Trieblehre und zieht daraus Folgerungen
für eine Psychologie der Frau: »Die psychoanalytische Trieblehre wird
als der biologische Hintergrund angenommen, von dem sich die psychologische Persönlichkeit des Weibes abhebt« (1948, S. 2).

Diese Biologisierung kennzeichnet auch Deutschs Auffassung vom
weiblichen Masochismus. Wenngleich sie zugibt, daß die masochistische Perversion bei Frauen seltener als bei Männern sei, so meint sie
doch, daß jahrelange klinische Erfahrung sowie direkte Beobachtungen
an Tieren(!) ergeben hätten, daß für den psychologischen Begriff »Weiblichkeit« zwei Eigenschaften charakteristisch seien: Passivität und
Masochismus (1948, s. S. 199). Deutsch bekennt sich explizit zu der Auffassung, daß das weibliche Geschlecht das Leiden und den Schmerz
bejahe und sogar zu Quellen der Lust gestalte. Dieser weibliche Masochismus lasse sich sowohl auf biologische Faktoren als auch auf soziale
Einflüsse zurückführen. Biologisch gesehen resultiere der weibliche
Masochismus aus dem anatomischen Geschlechtsunterschied: Der Mangel eines aktiv-aggressiven Organs führe zu Passivität und Masochismus.
Und in sozialer Hinsicht werde aus Aktivität Passivität, weil die Frau auf
die ursprünglichen Aggressionen verzichten müsse, um geliebt zu werden.

Bei diesem Verzicht verleihen die aggressiven Kräfte dem passiv Geliebtwerden einen masochistischen Charakter.

Interessant sind nun die Beispiele weiblichen Lebensverhaltens, die Deutsch als Ausdruck des weiblichen Masochismus deutet. Dazu gehört neben dem Heroismus der revolutionären Führerinnen der antizaristischen Bewegung noch folgendes feminine Verhalten: »Eine kleine Stenotypistin, die ihren Chef vergöttert – wer er auch sein mag – und sich seine schlechtesten Launen gefallen läßt, angeblich um die Stelle nicht zu verlieren; die feinsinnige Frau, die den brutalen Gatten nicht verlassen kann, weil sie ihn trotzdem (meist deswegen) liebt; die aktive, hochbegabte Mitarbeiterin, die der Produktion des Meisters ihre ganze intuitive Begabung geopfert hat, in dieser Rolle glückselig ist und die erotische Sehnsucht verdrängt; die slavische Bäuerin, die sich von ihrem alkoholischen Mann prügeln läßt und traurig erklärt: 'Er liebt mich nicht, denn er prügelt mich nicht mehr'; die Heldin und die Dirne, alle sind sie glücklich oder unglücklich, je nach Ausmaß der Verwertung und Verarbeitung ihres weiblichen Masochismus« (1948, S. 252). Damit ist das »Rätsel Weib« so gut wie gelöst. Was auch frau tut, es ist als eine besondere Verarbeitungsform ihres Masochismus beschreibbar und erklärbar.

Dabei hat nun das Konzept des Masochismus auch eine etwas andere logische Funktion erhalten. Während dem Masochismus beim Manne vor allem die Rolle des Explanandum zufiel, wird er im Zusammenhang mit der Weiblichkeit immer mehr zum Explanans, d.h. beim Mann ist der Masochismus ein zu erklärendes Phänomen, wohingegen beim weiblichen Masochismus die Weiblichkeit selbst zur Erklärung wird. Wird weibliches Verhalten als »masochistisch« beschrieben, so scheint man damit zugleich alles Wissenswerte zum Ausdruck gebracht zu haben, während dieselbe Bezeichnung für männliches Verhalten nur als erster Schritt eines komplexen Deutungsprozesses fungiert.

Im übrigen ist nach Deutsch der weibliche Masochismus auch ein notwendiges Element in der Harmonie des Weltganzen, er kann als eine Fügung des gütigen Schicksals angesehen werden. Der konstitutionell verankerte und sozial verstärkte Masochismus erlaubt der Frau nämlich, ihre Sexual- und Fortpflanzungsfunktion angemessen zu erfüllen. »Die Anpassung an die Realität und die bereitwillige Erfüllung ihr vom Schicksal zugewiesener Funktionen erfordern vom Weibe ein gewisses Ausmaß an Masochismus. Die ganze Fortpflanzungsfunktion von Beginn bis zum

Ende, auch dort, wo sie den größten Lustzwecken dient, erfordert eine weitgehende Toleranz für schmerzhaftes Erleiden. Die realen Gefahren des weiblichen 'Dienstes für die Art' geben ihr die Möglichkeit, ihren weiblichen Masochismus und ihre allgemein menschliche Angst zu verarbeiten« (1948, S. 252). Und kurz darauf heißt es: »Ein gewisses Ausmaß an Masochismus ist dem Weibe nötig, um zur Übernahme der schmerzhaften Sexualfunktion psychologisch bereit zu sein« (S. 253).

Mit dieser Deutung des weiblichen Masochismus hat Deutsch allerdings den psychologischen Diskurs um das Leiden verlassen. Sie hat das Problem von der »Erde« wieder in den »Himmel« verlagert, und zwar auf die Ebene der affirmativen Mythen, in denen nun nicht mehr nur das Leiden, sondern für die eine Hälfte der Menschheit sogar die Lust am Leiden teleologisch gerechtfertigt und damit aber auch einem »tieferen« psychologischen Verständnis entzogen wird.

Gegen diese Konzeption des weiblichen Masochismus erhoben sich auch kritische Stimmen. Die erste Psychoanalytikerin, welche die theoretische Konzeption der Weiblichkeit durch Freud als ein vom Manne her begriffenes Verständnis der Frau erkannte und kritisierte, war Karen Horney.

Horney bemühte sich um eine psychoanalytische Deutung der spezifischen Bedingungen weiblichen Lebensverhaltens und eröffnete damit eine Forschungsperspektive, deren emanzipatorisches Potential auch heute noch nicht ausgeschöpft ist. Ihre Auffassung zu diesem Thema findet sich in dem Aufsatz »Zur Frage des weiblichen Masochismus« aus dem Jahre 1935, in dem sie sich mit der ihrer Meinung nach in der psychoanalytischen Literatur als repräsentativ geltenden Ansicht auseinandersetzt, daß der weibliche Masochismus eine psychische Folge anatomischer Geschlechtsunterschiede sei.

Ich möchte die Ansicht Horneys kurz darstellen, weil ich sie als typisch für eine bestimmte Art der Kritik am Konzept des weiblichen Masochismus betrachte, die aber nicht weit genug greift. So kritisiert Horney zwar die These von der konstitutionellen Bedingtheit des weiblichen Masochismus, hält aber dabei an dem Begriff fest, wenn sie versucht, kulturelle und soziale Faktoren für masochistische Neigungen bei Frauen verantwortlich zu machen. Sie verwirft also die biologische Erklärung des Masochismus der Frau, ohne allerdings auf der Ebene der Beschreibung weiblichen Lebensverhaltens die Angemessenheit dieses

Konzepts grundsätzlich in Frage zu stellen. So ist es für Horney auch keine Frage, ob das bereits von Deutsch angeführte Beispiel der russischen Bäuerin, die sich von ihrem Mann nicht geliebt fühlt, wenn er sie nicht schlägt, als masochistisches Verhalten zu bezeichnen sei.

Allgemein will Horney »Masochismus« als Sammelbegriff für alle Phänomene verstanden wissen, denen folgende gemeinsame Tendenzen der Handelnden zugrunde gelegt werden können: »Alle neigen dazu, Situationen latenten Leidens in Phantasien, Träumen oder in der realen Welt herzustellen; oder zu leiden in Situationen, in denen der normale Mensch nicht leidet. Leiden kann Körper oder Seelenleben befallen. Mit dem Leiden ist eine Befriedigung oder Entspannung verbunden, weshalb es angestrebt wird. Diese Befriedigung oder Entspannung kann bewußt oder unbewußt, sexuell oder nichtsexuell sein. Die nichtsexuellen Funktionen sind möglicherweise sehr verschieden: Beruhigung von Ängsten, Buße für vergangene Sünden, Erlaubnis, neue zu begehen, Taktik, um sonst nicht erreichbare Ziele zu erreichen, indirekter Ausdruck von Feindseligkeit« (1984, S. 155). Damit wird Masochismus von Horney als Bezeichnung für eine Vielzahl individueller Begegnungen mit dem Leiden gebraucht. Sie umfaßt wohl Kernelemente des Masochismuskonzepts von Reik, ist aber begrifflich weniger präzise als Reiks Bestimmung des masochistischen Phänomens, so daß sich ganz allgemein die Frage stellt, ob Horneys Masochismuskonzept aufgrund seiner Konturlosigkeit überhaupt für ein psychologisches Verständnis von Leiden fruchtbar genutzt werden kann. Diese begriffliche Unschärfe könnte darauf zurückzuführen sein, daß durch den Versuch, das Masochismuskonzept allgemein auf weibliches Lebensverhalten zu beziehen, die *differentia specifica* für eine gehaltvolle tiefenpsychologische Begriffsbestimmung fehlt.

Horney versucht nun, einige kulturelle Bedingungen zu nennen, welche ihrer Meinung nach dafür verantwortlich gemacht werden können, daß eher Frauen als Männer masochistische Neigungen entwickeln. Zu diesen Bedingungen gehören die gesellschaftlich verankerte ökonomische Abhängigkeit, die Einschätzung der Frau als Wesen, das dem Manne unterlegen sei, die Beschränkung der Frau auf bestimmte Lebensbereiche u.a. In einer Kultur, in der solche Bedingungen gegeben sind, finden sich nun nach Horney auch bestimmte starre Ideologien von der »Natur« der Frau, wie »z.B. die Lehre, daß die Frau von Geburt an schwach und emotional ist, die Abhängigkeit schätzt, in ihren Fähigkeiten zu selbständiger Arbeit und selbständigem Denken beschränkt ist. Man ist versucht, den psychoanalytischen Glauben, daß die Frau von Natur aus masochistisch ist, auch in diese Kategorie einzuordnen. Es ist recht klar, daß diese Ideologien nicht nur da sind, um die Frau mit ihrer untergeordneten Rolle, die als unveränderlich hingestellt wird, zu versöhnen, sondern auch um ihr den Glauben einzutrichten, daß in dieser Rolle die ersehnte Erfüllung ihres Lebens liegt, oder ein Vorbild, das anzustreben lobens- und wünschenswert ist« (S. 160).

Damit wird in der psychoanalytischen Literatur zum erstenmal zumindest ein Aspekt des Konzeptes eines weiblichen Masochismus als »ideologisch« bezeichnet und verworfen. Daß diese (männliche) Ideologie allerdings auch dann beibehalten wird, wenn man weiterhin die Beschreibungskategorie des Masochismus für weibliches Lebensverhalten aufrecht erhält, hat unter den »Klassikern« der psychoanalytischen Literatur sehr prägnant E. H. Erikson hervorgehoben. In seinen Ausführungen über »die Weiblichkeit und der innere Raum« plädiert Erikson für eine normative Theorie weiblicher Entwicklung, die nicht auf das »Fehlen« eines äußeren Organs, sondern auf das »Haben« eines produktiven Inneren bezogen ist. Diese Theorie, in der das Normale wie auch das Abweichende konzeptualisiert wird, dürfte dann jene Terminologie nicht übernehmen, in der die Frau vor allem als unvollkommener Mann begriffen wird. Zu dieser Begrifflichkeit, die es zu verabschieden gilt, würde auch der psychopathologische Ausdruck »Masochismus« gehören, wobei Erikson ebenfalls explizit darauf hinweist, daß dieses Wort »bedeutsamerweise vom Namen eines österreichischen Mannes« abgeleitet worden sei (1981, S. 289). Statt von einer masochistischen Lust am Leiden zu reden, sollte man die weibliche Fähigkeit betonen, »Schmerzen als einen bedeutungsvollen Aspekt des menschlichen Erlebens im allgemeinen und der weiblichen Rolle im besonderen zu ertragen und zu verstehen« (S. 288 f.). Mit dieser Auffassung wird allerdings das Masochismuskonzept in seinem negativen Bezug zum Leiden nur »aufgehoben«, um einen positiven Bezug der Frau zum Leiden herauszustellen. Der psychologische Mythos von der masochistischen Frau wird nur durch den anthropologischen Mythos von der leiderfahrenen Frau ersetzt, welche aufgrund ihrer »Weiblichkeit« die ehrenvolle Augabe erhält, die eher »schmerzlichen« Aspekte des menschlichen Lebens als sinnvoll zu deuten und zu ertragen.

Vom Mythos zum Logos:
Das Ende vom weiblichen Masochismus

Vergegenwärtigen wir uns noch einmal die bisherige Analyse »klassischer« Bestimmungen des Masochismus in der Tiefenpsychologie, so sind folgende Aspekte besonders bedenkenswert: Bei Reik wird die Phänomenologie des Masochismus, das augenscheinliche Streben nach Leiden und Unterwerfung in seinen mannigfaltigsten Formen tiefenpsychologisch nur als besonders raffinierte Weise des Strebens nach Lust und Herrschaft gedeutet. Bei dieser Deutung steht die masochistische Perversion im Mittelpunkt, in der der einzelne seine masochistischen Phantasien dadurch realisiert, daß er sich nach seinen Anweisungen lustvoll Schmerzen zufügen läßt. In Analogie zu diesem sexuellen Masochismus erkennt Reik auch im sozialen Masochismus Äußerungen eines selbstherrlichen und letztlich leidensunfähigen Subjekts, welches das Realitätsprinzip zugunsten des Lustprinzips sabotiert, seine sozialen Beziehungen herrschaftlich strukturiert und mit äußerster Konsequenz nach der Minimalisierung seines persönlichen Leidens strebt.

Diese tiefenpsychologische Interpretationsperspektive, die in ihren Ansätzen bereits durch Freud entwickelt wurde, konnte allerdings nicht beibehalten werden, als man versuchte, Masochismus als ein spezifisch weibliches Phänomen zu bestimmen. Die Diskussionen um den weiblichen Masochismus zeichnen sich dadurch aus, daß man Masochismus vor allem phänomenologisch bestimmt und auf der Orientierungsebene auf das tiefenpsychologische Deutungspotential weitgehend verzichtete. Das auf diese Weise verkürzte klinische Konzept wird dann im besten Fall zur psychologisch homogenisierenden begrifflichen Fassung von sozial auffälligen, bestimmten normativen Kriterien widersprechenden und dabei als spezifisch weiblich geltenden Lebensäußerungen benutzt. Nach den Bedingungen dieses masochistischen Verhaltens wird im gesellschaftlichen Bereich gesucht.

Im schlimmsten Fall wird allerdings (immer noch!) das Konzept des weiblichen Masochismus als Erklärung für eine Vielzahl sozialer und sexueller Verhaltensweisen der Frau benutzt und dabei implizit oder auch explizit eine bestimmte Norm weiblichen Lebensverhaltens nahegelegt, von der aus masochistische Verhaltensweisen nur als ihre extremen Ausprägungen begriffen werden. Dabei erhält das Masochismuskonzept eine eindeutig ideologische Funktion. Für beide Fälle gilt jedenfalls, daß der Versuch, Masochismus und Weiblichkeit auf der begrifflich-analytischen Ebene miteinander zu verbinden, nur auf Kosten der begrifflichen Schärfe wie auch des tiefenpsychologischen Deutungspotentials des Masochismuskonzeptes möglich ist, das ja im Anschluß an klinische Erfahrungen mit Männern entwickelt wurde.

Es ist daher nur zu begrüßen, daß in der gegenwärtigen Diskussion um die psychodynamische Interpretation masochistischer Praktiken im Zusammenhang mit der Weiterentwicklung der psychonalytischen Ich-Psychologie und des Narzißmus-Konzeptes eine geschlechtsneutrale Bestimmung des Masochismus verfolgt wird (s. z.B. Fritz Morgenthaler, 1974). Dabei wird davon ausgegangen, daß bei diffuser oder zerfallender Selbstrepräsentanz der einzelne bisweilen nach Schmerzerfahrungen sucht, um sich dadurch noch »real« und »lebendig« zu fühlen und das Empfinden wieder herzustellen, als abgegrenztes Wesen, als kohärentes Selbst zu existieren (S. z.B. R. Stolorow, 1981).

Christa Rhode-Dachser (1986) begreift die masochistischen Phantasie-Inszenierungen als ein Mittel, um einen psychischen Mangel auszugleichen, der aus der Entbehrung ausreichender empathischer Spiegelung in der frühen Kindheit stammt. Er besteht in der Unfähigkeit, ein empathisches inneres Objekt als psychische Struktur zu etablieren, welche erst zur Selbst-Spiegelung im inneren Dialog befähigen würde.

Für das psychologische Verständnis des spezifischen Leidens im Leben von Frauen, ihrer Unterscheidung zwischen vermeidbarem und unvermeidbarem Leid, ihrer Versuche, vermeidbares Leiden abzuwehren und erfahrenes Leid zu verarbeiten, wird das Masochismuskonzept jedenfalls eher den Blick trüben als daß es ihn schärfen könnte. Das gilt auch im Hinblick auf den weiblichen Umgang mit Leiden in seinem historischen Wandel und im Zusammenhang mit den verschiedensten gesellschaftlich-sozialen Bedingungen.

So möchte ich aufgrund meiner Textanalyse der amerikanischen Psychologin Paula Caplan zustimmen, die in ihrem Buch *Frauen sind keine Masochisten. Das Ende eines Vorurteils* aufgrund ihrer empirischen Untersuchungen und ihrer praktischen Erfahrungen zu dem Fazit gelangt, daß es keinen Grund gibt, in irgendeinem Kontext weibliches Verhalten als Ausdruck eines spezifisch weiblichen Masochismus aufzufassen (s. Caplan, 1986).

Literatur

Arndt, M.: »Stichwort: Leiden.« In: Ritter, Joachim (Hg.): *Historisches Wörterbuch der Philosophie.* Darmstadt, 1974

Caplan, Paula J.: *Frauen sind keine Masochisten. Das Ende eines Vorurteils.* Zürich, Köln, 1986

Deutsch, Helene: »Der feminine Masochismus.« In: *Internationale Zeitschrift für Psychoanalyse,* Vol. II, 1925

Deutsch, Helene: *The Psychology of Women.* New York, 1944/45 (dt. 1948)

Erikson, Erik H.: *Identity. Youth and Crisis.* New York, 1986

Erikson, Erik H.: *Jugend und Krise.* Wien, 1981

Farin, Susanne (Hg): *Leopold von Sacher-Masoch. Materialien zu Leben und Werk.* Bonn, 1985

Freud, Sigmund (1924): »Das ökonomische Problem des Masochismus.« In: Freud, S.: *Psychologie des Unbewußten.* Studienausgabe. Bd. III. (2. korrigierte Auflage). Frankfurt am Main, 1975

Freud, Sigmund (1933): »Neue Folge der Vorlesungen zur Einführung in die Psychoanalyse.« In: Freud, S.: *Vorlesungen zur Einführung in die Psychoanalyse und Neue Folge.* Studienausgabe. Bd. I. Frankfurt am Main, 1969

Geyer, Carl F.: *Leid und Böses in philosophischen Deutungen.* Freiburg, München, 1981

Horney, Karen: *Die Psychologie der Frau.* Frankfurt am Main, 1984

Krafft-Ebing, Richard von: *Psychopathia sexualis.* München, 1984

Morgenthaler, Fritz: »Die Stellung der Perversionen in Metapsychologie und Technik.« In: *Psyche,* 28 (1974), S. 1077–1098

Sacher-Masoch, Leopold von: *Venus im Pelz.* Mit einer Studie über den Masochismus von Gilles Deleuze. Frankfurt am Main, 1980

Sacher-Masoch, Leopold von: *Souvenirs. Autobiographische Prosa.* Mit einem Nachwort von Susanne Farin. München, 1985

Sölle, Dorothee: »Annäherungen an ein christliches Verständnis des Leidens.« In: *Merkur* 27 (1973), S. 392–403

Stolorow, R.: »Die narzißtische Funktion des Masochismus und des Sadismus.« In: Grunert, Johannes (Hg.): *Leiden am Selbst. Zum Phänomen des Masochismus.* München, 1981

Reik, Theodor (1940): *Aus Leiden Freuden. Masochismus und Gesellschaft.* Frankfurt am Main, 1983

Rhode-Dachser, Christa: »Ringen um Empathie. Ein Interpretationsversuch masochistischer Inszenierungen.« In: *Forum Psychoanalyse* 2 (1986), S.44–58

Monica Streit

»Mir geht es schlecht – Du gibst mir nicht genug!« Symbiose, Opfermentalität und Masochismus in Beziehungen zwischen Frauen

Die Determinanten des Leidens

Ich vermute, daß der »weibliche Masochismus« aus einer umfassenden *Opfermentalitätsprägung* resultiert: Mädchen werden erzogen, den Passivitätspol zu besetzen. Um vollständig zu werden, sollen sie dann später ein Wesen vom Aktivitätspol anziehen, wozu ihnen die Qualitäten Hoffen, Warten, Wünschen, Verstehen sowie Hingabe, Fürsorge und Empfänglichkeit angeblich verhelfen. All dies dient der Kognition: »Ich kann nicht schöpferisch tätig werden – du mußt es tun.«

In einer *Symbiose* mit einem tatkräftig Schaffenden sollen die Frauen dieser Erde ihr Glück finden. Es ist das wesentliche weibliche Lebensziel, den Aktivator mit Freundlichkeit, Nettigkeit, Fürsorge, Anpassungsbereitschaft in der Nähe zu halten.

Als *masochistisch* gilt erst, sich so sehr in Unterordnung und Bescheidenheit hineinzubegeben, daß auch physische und psychische Quälerei, ja fast alles in Kauf genommen wird, um das Du in der Verbindung zu halten. Daraus soll dann auch noch Lusterleben resultieren.

Sich abhängig zu machen, anzunehmen, daß ohne die Verbindung zu einem Du das eigene Leben zusammenbreche, daß Freundlichkeit und Anpassung die Bindung erhalten, daß das Du wichtiger sei, als das Ich, daß das Wir über alles andere gehe – das sind Denkmuster in symbiotischen Beziehungen. Ich behaupte nun, daß viele Beziehungen zwischen Frauen symbiotisch arrangiert sind. Über ein Jahrzehnt in der Frauenbewegung, eine gleich lange Zeit der Arbeit als Frauentherapeutin und viele private Erfahrungen haben mich zu dieser These geführt.

»Du gibst mir nicht genug« wird in diversen Variationen des Fehlenden zwischen Frauen als Vorwurf nicht ungern getauscht. Vorwürfe von Schuld und Mangel häufen sich in engen Beziehungen zwischen Frauen. Der Sog in Symbiose und Opferhaltung ist dann nicht mehr zu leugnen. Mädchen werden selten von ihren Müttern in die Autonomie entlassen. Die Liebesbeziehung zu einer Frau provoziert Mutterübertragungen und erweckt auch die alten Wünsche nach der Symbiose. In Vorwürfen zeigt sich die Opfermentalität – sie gehört zum weiblichen kulturellen Erbe. Da Frauen sich untereinander so gerne um den ersten Platz auf der Opferliste streiten, ist die andere am eigenen Unglücklichsein schuld. Die Schuldfrage zu klären, ist für Frauen wichtig. Täterin sein ist eine ungeliebte Rolle. Und doch werden in einer engen Beziehung zwischen Frauen die Rollen der Täterin und des Opfers immer neu arrangiert werden müssen. Und hat nicht auch das Opfer große Macht? Es vermag das Leiden gestisch, mimisch, in Körperhaltung und Sprache durchdringend zu machen. Bekundungen des Unglücklichseins können ebenso quälen wie Anklammern und Nörgeln. Viele Frauen sind meisterlich in den subtilen Möglichkeiten der Binnenraumdominanz. Beide Frauen in einer Beziehung gehören zum in Jahrtausenden in indirekter Machtausübung erfahrenen Geschlecht. Und da Frauen so sehr auf das Leben mit einem Du ausgerichtet sind, werden sie beide den Raum mehr und mehr verengen, während Männer sich in heterosexuellen Beziehungen nicht selten als Raumerweiterer betätigen. Hinzu kommt, daß die Notwendigkeit, sich gegen die heterosexuelle Umwelt abzugrenzen, den gewaltigen Wunsch schafft, sich innerhalb der Beziehung nicht mehr abgrenzen zu müssen. Somit ergeben sich in lesbischen Beziehungen (durch die Ähnlichkeit unbewußter Prägungen) andere Verstrickungsmomente.

Symbiotische Beziehungsstruktur, Opfermentalität und Masochismus sind unterschiedliche Abwehrmaßnahmen gegen den fundamentalen Wunsch nach Freiheit, Schöpfertum und Unabhängigkeit. Ihnen gemeinsam ist der Sog in die Abhängigkeit sowie das Schaffen von und Fixiertsein auf das Leiden.

Über symbiotische Beziehungen zwischen Frauen: »Du gibst mir nicht genug!«

»Symbiose ist die Lebensgemeinschaft von Organismen verschiedener Arten, bei denen durch das Zusammenleben eine gegenseitige Förderung stattfindet.« (Friedrich Dorsch, 1963, S. 324) Diese Definition der Symbiose fand ich in einem psychologischen Wörterbuch. Während in der Biologie symbiotische Formen des Zusammenlebens als natürlich und förderlich gelten, sind sie in der Psychologie und Psychotherapie selten gut angesehen. Jene erste zwischen Mutter und Kind gilt als lebenswichtig, und wenn sie glückt, was aber im Zeitalter des Narzißmus selten ist, sei sie ein Bollwerk gegen Neurosen. Alle nicht mit Liebe und Akzeptanz genügend gestillten Kinder nehmen in ihr Erwachsenenleben einen Zuneigungshunger mit. Ihr Unbewußtes sucht nun im Kontakt mit einem anderen Menschen den Mangel zu beseitigen. Doch »für den narzißtisch Fixierten wird jeder Mensch, der ihm begegnet, zur Versuchung, die ursprüngliche Symbiose (die er zu früh verloren hat und an die er deshalb gebunden ist) wiederherzustellen.« (Wolfgang Schmidtbauer, 1981, S. 166)

Findet sich die oder der in das frühere Schema »versorgende Mutter« passende andere, setzt ein Magnetismus ein, der als Anziehung erlebt wird und den die meisten von uns Verliebtheit nennen. Dann beginnt ein langsamer Prozeß des Wir-Werdens. Aber »da zwischen Erwachsenen diese Symbiose nicht mehr möglich ist, wird der gleiche Mensch zum Symbol für zahllose, früher erlittene Versagungen«, weshalb nur »eine zwischen Liebe und Haß schwankende, ambivalente Beziehung möglich« ist, »oder der Betroffene meidet die Menschen ganz und wendet sich den freien Räumen zwischen ihnen zu – dem Meer, der Wüste.« (ebd., S. 167)

Doch die meisten versuchen mit einem anderen, meist gegengeschlechtlichen Menschen in jene frühere Einheit hineinzuwachsen, wo Geborgenheit herrschen soll, weil das Ich und das Du im Wir verschwinden. Nach der Therapietheorie sind somit viele Menschen gefährdet, ihre Autonomie zugunsten einer Symbiose aufzugeben. Meine These ist nun, daß Beziehungen zwischen Frauen besonders symbiosegefährdet sind, und zwar aus zwei Gründen: weil Frauen das Leben für die Liebe so vorrangig setzen und weil sie viele Fähigkeiten ausgebildet haben, anderen Menschen nah und näher zu kommen. Zwischen Frauen führt die faszinierende Möglichkeit, sich in andere einzufühlen, sehr schnell zu Intensität. Wünsche und Empfindungen per Gestik, Mimik, von Ton und Blick her zu erfassen, schafft Nähe, führt aber oft auch vorschnell zu der Vermutung, die andere Person zu erkennen, bevor sie sich selbst erkannt hat. In unserer Sensibilität und Befähigung zur Gefühlsinterpretation liegt unsere Gefährdung für ein symbiotisches Miteinander, in dem die Ichgrenzen nicht mehr gewahrt sind. Schnell sind Frauen bereit, Unterschiede zu nivellieren; schnell wird Fremdheit im »genau wie bei mir« verwischt. So können die Schmerzen des Getrenntbleibens vermieden werden – ein Getrenntsein, das Frauen in heterosexuellen Beziehungen oft beklagen, wo fremde Biologie und Rollenkonditionierung immer als Barriere bestehen bleiben. Akzeptanz für unser Getrenntsein würde in Beziehungen zwischen Frauen oft Verstrickungen lösen. Wenn die andere in einem Wechsel zwischen Nähe und Distanz wahrgenommen wird, erscheint sie eher als eigen-williges Individuum. Doch im Würgegriff des symbiotischen Wir verschwinden nicht nur die andere Frau, sondern meist auch Achtung, Respekt und nicht selten die Liebe.

Symbiose als Liebesbeziehung

Fehlt auch dem heterosexuellen Paar in dem Elend des vom Zuneigungshunger gestalteten Beziehungsumfelds »ein Vorbild, konfliktfähig und liebesfähig zu werden«, weil es »keine entwickelte Liebeskultur« gibt, »deren Erfahrungen helfen könnten, das Beziehungsleben und die gemeinsame Liebe befriedigend zu gestalten« (Michael Lukas Moeller, 1986, S. 87), so gilt dies erst recht für ein lesbisches Paar. Frauen, die miteinander ihre Liebe leben, finden selten Beratungsliteratur, wie sie ihre Grundbedürfnisse nach Liebe *und* Freiheit leben könnten. Kommen sie über die Spiritualitäts- und Esoterikbewegung in die modisch gewordenen Körpertherapien, werden sie nicht selten mit dem Yin/Yang-Ansatz konfrontiert: Nur das Fließen der Körperenergien zwischen positivem (männlichem) und negativem (weiblichem) Pol gilt als gesund. Der Fluß zwischen zwei »negativen« weiblichen Polen ist somit unnatürlich und fragwürdig. Selbst wenn es schließlich gelingt, die TherapeutInnen von der Bisexualität aller Menschen zu überzeugen, bleibt meist doch Verunsicherung zurück. Und immer wieder finden sich in Esoterikliteratur Äußerungen wie: »Je unnatürlicher eine Gesellschaft wird, desto mehr scheint sie latente und offene Homosexualität zu erzeugen.«

(Christopher Markert 1983, S. 26 f.) Oder wie Bhagwan Shree Rajneesh in einem Interview der *Rajneesh Times* zu Aids meinte, diese Seuche komme aus der Vermischung positver Energien, aber er sage der Menschheit eine noch schlimmere Epidemie voraus, wenn sich weiterhin die negativen Energien in der sexuellen Liebe von Frauen mischten. Bei solcher Propaganda ist es oft schon erleichternd, festzustellen, daß lesbische Liebe in Standardwerken der Paartherapie nicht mehr unter Perversion vorkommt, sondern gar nicht.

Liebe zwischen Frauen

Hat also die Liebe zwischen Frauen (auch nach zwanzig Jahren Lesben- und Frauenbewegung) fast keine öffentlich anerkannte Kultur, so hat sie im Binnenraum einer Beziehung meist eine sehr ausgeprägte kulturelle Formung. Frauen sind die Kulturträgerinnen der Liebe, und zwei Frauen mühen sich miteinander meist sehr um sie. Zwei Frauen in Liebe vereint – das bedeutet meist ein Blühen romantischer Träume: Die Partnerin soll mich ganz verstehen, ohne daß ich mich ihr erklären muß, ein zweiter Uterus permanenter gegenseitiger Nährung und Einfühlung. Und da Frauen dazu erzogen wurden, den Raum zwischen Menschen zu verengen (während Männer dazu neigen, ihn zu erweitern), wird es im Beziehungsbereich zweier Frauen sehr schnell sehr eng. Die Fähigkeit von Frauen zu Einfühlung und Wunscherspürung, die Bereitschaft, sich anzupassen, um Liebe zu erwecken, führt zu Beginn einer Liebesbeziehung zwischen Frauen leicht zur Illusion, jene Geborgenheit und Nähe nun zu finden, die »das Leben erst lebenswert macht«. Auch bei einer autonom erscheinenden Frau stellt sich schnell das Phänomen ein, daß sie die Gefühle der anderen früher als ihre eigenen bemerkt. Da sie auch die Wünsche der anderen schneller als ihre eigenen erspürt, könnte sie den Fluß in der Befindlichkeit der Geliebten besser schildern, als ihren eigenen. Dahinter steckt die Hoffnung: »Wenn ich so sehr auf sie eingehe, sie so zufriedenstelle, wird sie auch auf mich achten und mir genug zurückgeben.« Diese Hoffnung wird leider bald enttäuscht.

»Du gibst mir nicht genug« ist ein typischer Vorwurf in einer symbiotischen Beziehung. Kleinliches Geben wird der anderen nachgesagt, das eigene Geben wird kontrolliert, das Genommene macht nicht satt, weil der Blick so sehr auf den Mangel gerichtet ist. Oft beginnt ein Spiel der Manipulationen, um Mehrgeben zu erzwingen. Mit Darstellungen der eigenen Hilflosigkeit, mit psychosomatischen Krankheiten, mit Klagen, auch mit quälenden Beziehungsgesprächen, in denen fast alle Sätze mit Du beginnen, wird »mehr« gefordert.

Da mit Anpassung, Kontrolle der eigenen und der Gefühle der Partnerin, mit der Sensorenausrichtung auf die andere das Ich nicht mehr so recht erlebt wird, gerät das real Mögliche bald aus dem Blick. Das Du und das Ich sind im Wir verschwunden, es stehen sich nicht mehr zwei autonome, ihrer Grenzen bewußt bleibende Frauen gegenüber. In einer symbiotischen Beziehung wird das Wechselspiel zwischen Nähe und Distanz vermieden. Nach dem Annähern und Vereinigen folgt nicht mehr das Trennen, sondern die Wünsche und Gefühle zweier Menschen scheinen ineinander zu fließen, existentielle Einsamkeit wird nicht mehr erlebt. So kann die Angst vor dem Verlassenwerden besänftigt, die Furcht vor Veränderung gebändigt werden.

Liebesbeziehungen zwischen Frauen sind durch Symbioseneigung gefährdet. Denn in der Symbiose verlieren sich bald Liebe, Erotik und Sexualität und machen Gefühlen der Leere Platz. Angst vor dem Alleinsein, Lahmheit, Lebensangst stellen sich ein. Folge der Anpassung ist ein niedriger Energiepegel und Depression oft das Ergebnis der Entfernung von den eigenen Gefühlen. Statt der erhofften Sicherheit stellen sich Unsicherheit und Verlustangst ein, die immer wieder zu neuer Anpassung treiben. Im Wir ist das Erleben einer selbständigen Existenz nur noch schwer möglich. Trennung löst extreme Einsamkeitsempfindung aus und nicht selten Suizidversuche. Denn geht das Wir verloren, ist auch kein Ich mehr da. Unter der Drohung einer Trennung beginnen viele Frauen eine Therapie und machen auch der Therapeutin erstmal ein Symbioseangebot:

Klientin: Du siehst heute so müde aus. Geht es dir nicht gut? Hast du Probleme?
Therapeutin: Wie kommst du darauf?
Klientin: Du hast die Augen geschlossen.
Therapeutin: Ich versuchte mich zu konzentrieren. Wo bist *du* gerade?
Klientin schweigt. Sieht ihrem Gegenüber unverwandt in die Augen. Beginnt über den Augenkontakt zu weinen. Sagt nach Minuten: Ich weiß nicht so recht.
Therapeutin: Ist es deshalb einfacher zu wissen, wie es mir geht?
Klientin: Ich muß wissen, ob du mich aushalten kannst.

159

Therapeutin: Kannst du aushalten, was du spürst?
Klientin: Sehr schlecht.
Therapeutin: Deshalb sollte ich dich um so besser aushalten können ...
Klientin: schweigt. Fixiert minutenlang. Fragt dann: Was denkst du gerade?
Therapeutin: Ich hatte gerade ein Bild: Ein Kaninchen und eine Schlange. Bloß daß das Kaninchen die Schlange mit seinem starren Blick unschädlich macht.
Klientin lacht: Sie könnte sonst zubeißen.
Schweigt. Fixiert weiter. Fragt: Was denkst du gerade?
Therapeutin: Es ist nicht ungeschickt, die Schlange zum Nachdenken zu bringen. So wird sie sich endlich ihrer Gefahr bewußt ... und denkt, statt zu handeln.

Aggression bedeutet Gefahr für die Symbiose, ein klares Gefühl, das mittels Verstrickung erstickt werden soll. Nettigkeit, Freundlichkeit beherrschen die Oberfläche der Begegnung. Groll und versteckte Feindseligkeit toben sich untergründig aus. Eine Vielzahl manipulativer Spiele dient dazu, doch das zu bekommen, was frau sich nicht offen zu wünschen wagt. Die offene Äußerung von Wut und Ärger ist selten, seltener noch im Moment des Entstehens. Denn die andere muß freundlich gestimmt bleiben – sonst wäre die Harmonie gefährdet, und sie könnte gehen. Alles oder Nichts ist die Dramaturgie des ungesättigten Kindes. Und da die Symbiosepartnerinnen sich gegenseitig die Mutter zu ersetzen haben, lautet einer der häufigsten Vorwürfe: »Du gibst mit nicht genug!« Nicht genug Aufmerksamkeit, nicht genug Unterstützung, nicht genug Zärtlichkeit, nicht genug von deiner Zeit.

Wie wenig dabei an tatsächlicher Nähe zu erfahren ist, versuchte ich meiner Klientin mit Hilfe einer Abmachung vorzuführen. Sie verpflichtete sich, eine Woche lang mit ihrer »Du gibst mir nicht genug von deiner Zeit«-klagenden Gliebten alles zu teilen. Sie sollten jede Nacht in einem Bett schlafen, so eng wie gewünscht aneinander geschmiegt. Sie standen zur gleichen Zeit auf, frühstückten gemeinsam, gingen zusammen zum Klavierunterricht, zur Universität, zum Karate, von dort gemeinsam in die Kneipe, fuhren miteinander nach Haus zum wieder gemeinsam genutzten Bett. Sie erlebte in diesem überpointierten Arrangement die Leere, die diffuse Angst, den Groll und Haß, über die sie auch sonst klagte; jetzt aber mit Bewußtheit.

Rettung durch romantische Liebe

In jenen Phasen meines Lebens, die vom Alleinsein bestimmt waren, habe ich oft mit Erstaunen festgestellt, daß Frauen untereinander kein wesentlicheres Thema als die Liebe kennen. Ob ich ein Gedicht geschrieben hatte, ein faszinierendes Buch las, ob ich kreativ meine Arbeit gestaltete, war unwesentlich. Selbst die Supervisionsstunden in unserem Projekt wurden genutzt, um zu klären, wie jener Gesichtsausdruck und diese Geste einer nicht Anwesenden denn zu verstehen sei, wie dem entgegenzutreten wäre. Selbst in Gesprächen mit Außenstehenden verfolgen Frauen oft nur ein Ziel: Der/dem Nächsten näher und näher zu kommen. Dahinter ist die Hoffnung zu erkennen, daß es möglich sein *muß,* einem Menschen in dieser Welt so nah zu rücken, daß ich Teil von ihm werden und meinen Kampf um Individuation aufgeben kann. Erst dann hat alle Unsicherheit und Ungeborgenheit ein Ende. Auch in fast jeder lesbischen Frau lebt untergründig jene »alte Seite weiblicher Identität und weiblicher Tradition, die die Begrenzungen des Patriarchats in ihrer emotionalen Wucht durchbricht …: in einer Beziehung bis zum Untergang aufzugehen, die lustvolle Verleugnung der Möglichkeit und Notwendigkeit, ein eigenständiges Selbst zu werden, die Besessenheit, für andere und nicht für sich selbst zu leben, die machtvolle Phantasie, andere zu ändern, ohne Konzept der Selbstveränderung.« (Margit Brückner, 1983, S. 44)

Wenn auch im Lebenskonzept der meisten lesbischen Frauen die Selbstverantwortung steht, wenn sie auch früh realisiert haben, daß die Bewältigung des eigenen Lebens nicht an eine andere delegiert werden kann, sondern aus dem Wachsen der eigenen Kräfte entstehen muß, so träumen doch viele von der einen großen Liebe, die das Leben in den Sinn und ins Glück rettet. Dann wird Leben bedeutsam sein: Wenn die aufregende und faszinierende Geliebte mich begleitet.

Alleinsein wird dagegen als eine Zeit des Mangels mißverstanden, in der ich warte und hoffe. Oft bin ich in Frauenkneipen von Bekannten gefragt worden, ob ich verliebt sei, nur weil ich offenbar strahlte und es mir gut ging. Fast schien es Betrug, nein zu sagen, zuzugeben, daß in meinem Leben kein Paßstück war, daß die »glücklichmachende Geliebte« fehlte und ich dennoch glücklich war.

Der Traum von der »wirklich zu mir passenden Frau« wird auch in einer Beziehung nicht aufgegeben. Er bleibt als Fluchtort bei allen Enttäuschungen. Aber da mit jeder gescheiterten Beziehung das Analyse-schema über die fremden Persönlichkeitsmängel wächst, wird der Kreis potentieller Partnerinnen kleiner und das Warten länger. Denn: »Die faszinierende, kontaktfähige Geliebte, die mich wirklich versteht, wird noch auftauchen – ich weiß es.« Auch heterosexuelle Frauen retten sich mit der Hoffnung auf den kommenden Helden vor dem kränkend banalen Suchen nach kleinen Lösungen.

An diesem großen Traum bemessen ist die alltägliche Notwendigkeit, sich der eigenen Wünsche zu vergewissern, die eigenen Gefühle zu konstatieren, darüber mit der anderen zu kommunizieren, sich von ihr abzugrenzen oder sich mit ihr punktuell zu vermischen, oft demütigende Banalität. Es gehört Stärke dazu, sich der Tatsache zu stellen, daß die Kinderzeit des einfühlsamen Spendens vorbei ist und die Zeit des Handelns längst begonnen hat. Wenn ich trotz des alltäglichen Kleinkrams im Wünschen und Wollen lebe, kann ich aber auch Erfüllung erkennen. Und ich sehe, was ich mir selbst an Verwöhnung, an Zuneigung, an Liebe, auch an Entspannung gewähren muß, um gesättigt zu werden. Ich werde dann vermutlich eher feststellen, »ich gebe mir selbst nicht genug«, als vorzuwerfen, »du gibst mir nicht genug«. Viele Frauen haben über den Weg der Spiritualität begonnen, ihre Individuation ernst zu nehmen und mit Meditationen und über Therapien ihr Selbst zu stärken und weniger sich in Bedürftigkeit an andere zu wenden. Viele Frauen mit der Ausstrahlung von Kraft und Stärke suchen sich für ihre Liebesbeziehung eine Partnerin, die drogen- oder alkoholgefährdet ist, die Kontaktschwierigkeiten hat oder zum Tablettenmißbrauch neigt. Nach einer oft sehr leidenschaftlichen Anfangsphase beginnt der Prozeß des Umerziehens. Dies erfolgt meist mit Rationalisierungen: Lieben sei Geben, Geben sei seliger denn Nehmen, oder frau müsse in der Liebe gemeinsam wachsen. Und Frauen sind von der Rollenkonditionierung ja als Geberinnen der Liebe vorgesehen. Gebenkönnen schafft auch die Illusion, sehr mächtig zu sein. Die Partnerin aus dem Alkoholismus zu befreien, die Beziehungsunfähige kontakt- und liebesfähig zu machen, die tablettengefährdete Frau von ihren Ängsten und Spannungen zu befreien, ist eine große Aufgabe und setzt die Hoffnung voraus, »vereint mit der Geliebten bin ich sehr viel größer, als ich bin«.

Doch die Retterin wünscht Belohnung, sie erwartet den Rückfluß der investierten Energie, sie wünscht eine harmonische, glückliche Beziehung ab dem Tag des Entkommens aus der Sucht. Aber dieser Tag wird zum Sankt-Nimmerleins-Tag, der Traum von der Liebe, die aus dem Sumpfbeet erblüht, erfüllt sich meist nicht. Die aufgesparten Rabattmarken aus einseitiger Geduld, Nachsicht, Unterstützung, das Verschweigen von Wut, Groll und Haß, werden nicht mit einer angemessenen Gegengabe entlohnt.

Nun fühlt sich die Retterin leer und ausgepumpt. Da die Gerettete sich manchmal – flügge geworden – nach jemand anderem umsieht, erlebt die Retterin auch überwältigenden Haß, verbunden mit massiven Rachewünschen. Sieht sie sich in ihrem eigenen Leben um, vermag sie nur wenig Reizvolles zu erkennen. Das Alleinsein erscheint ihr unlebbar, da sie ihr Paßstück verloren hat; war es auch schwarz, so ergänzte es sie trotzdem. Die Wiederbelebung der oft tot erscheinenden Beziehung scheint das einzig Erfolgversprechende.

Rettung durch die coole Frau?

Vielen symbiosegefährdeten Frauen erscheint die Aufnahme einer Beziehung zu einer coolen Frau als Rettung vor der eigenen Tendenz zur Selbstaufgabe. Diese so kühl bleibende Frau scheint ihrer Gefühle sicher zu sein. Sie erklärt ihre Wünsche und setzt sie durch. Sie scheint souverän über allem Beziehungsgezerre zu stehen, da sie Eifersucht und Besitzenwollen offenbar nicht kennt. Sie vertritt eine Liebesphilosophie, in der es mehr um Freiheit und Autonomie als um Nähe geht. Die coole Frau bildet offenbar mit ihrer gefestigten Abwehr einen guten Wall gegen die Wünsche nach Verschmelzung. Da sie sich gegen ihre (meist extreme) Angst vor Nähe Distanzhalten verschrieben hat, wird die »Symbiotikerin« die Beziehungsarbeit leisten müssen. Der Sturm gegen die Mauer beginnt, das Zerren an einzelnen Steinen, Pfeile werden mit dem Gift geschossen: »eigentlich bin ich dir doch gleichgültig«, oder beide werden zusammen in das Wurfgeschoss eingewickelt: »du kümmerst dich überhaupt nicht um uns!«

Doch auf eine den beiden oft undurchsichtig bleibende Weise bilden auch sie bald ein Paar, in dem sich die kühle und die warme Hälfte zu einem lauen Gemisch zusammenfinden. Statt des erhofften Fließens der Liebe zwischen Plus- und Minuspol, wie es zwischen zwei in ihren Ichgrenzen stabilen Menschen geschieht, herrscht auch hier beidseitige Kontrolle der Gefühle. Die kühle Frau beherrscht sich selbst, deshalb vermag sie gar nicht mit der anderen zu fließen. Sie hat ihre starren Abwehrgrenzen errichtet, und nur wenn sie radikal gefordert wird, paßt sie sich an.

Und wieder setzt der psychische Mechanismus ein, daß Kräfte, die völlig aus dem Bewußtsein verbannt werden, um so kraftvoller, aber unerkannter im Umfeld wirksam werden. Der Angst vor Nähe, die sich im permanenten Distanzsichern manifestiert, liegt fast immer ein starker Symbiosewunsch zugrunde. Eine Frau, die ihre eigenen Wünsche nach Hingabe, Fallenlassen, Verschmelzen nicht erkennt, d.h. ihren »weiblichen« Teil nicht anerkennt, wird sich nicht selten eine Partnerin suchen, die »fraulicher« lebt. Aber in dieser Fraulichkeit wird sie die andere auch bekämpfen. Und bei diesem Kampf gegen ihren eigenen, abgespaltenen Teil wird sie sich mehr und mehr mit der anderen verstricken, ihre eigenen Grenzen werden immer undeutlicher. Der Beziehungsalltag ist dann trotz scheinbarer Souveränität der coolen Frau von beidseitigen Du-Beschuldigungen belastet. Hat sich die kühle Frau durch ihr Reserviertsein versprochen, sich nie mehr in Abhängigkeit zu begeben, so ist sie gerade durch die Abspaltung ihrer weichen »weiblichen« Seite und deren Projektion auf eine andere Frau doch wieder in Abhängigkeit geraten.

Kontakt und Nähe

In seinem Buch *Angst vor Nähe* definiert Wolfgang Schmidbauer Nähe in geradezu banal erscheinender Weise, als »das, was zwischen Menschen entsteht, die beisammen sind und nichts dagegen tun.« (1985, S. 8) Die Vermeidung von Nähe setze dagegen hochentwickelte Abwehrstrukturen voraus. Eine symbiotische Beziehung zwischen Erwachsenen ist eine Abwehrmaßnahme: Abwehr der Angst vor dem Wechsel der eigenen Gefühle, der unzuverlässig scheinenden Gefühle der anderen, Abwehr gegen die Ahnung, daß jeder Mensch in dieser Welt letztendlich existentiell allein ist; daß Leben Veränderung bedeutet, Aufbau und Zerfall, und daß auch die Liebe davon nicht verschont bleibt. Im symbiotischen Zusammenschluß versprechen sich die Beteiligten zu viel von der Liebe. Sie soll Geborgenheit bringen, Sicherheit und Glück. Statt dessen entstehen oft Lähmung, Vorwürfe und Groll. Auch Depression und Leereempfinden. Angst kommt auf: Angst, verlassen zu werden oder wegen mangelnder Liebe zu verlassen; Angst vor der alleinigen Alltagsbewältigung. Und jene diffuse Angst, die immer entsteht, wenn die Intuition die

Bilanz eines ungelebten Lebens zieht. Ängste, die oft zu noch stärkerer Bindung führen, da scheinbar nur die Anwesenheit der anderen die Angstbewältigung möglich macht. Die entsetzliche Furcht vieler Frauen vor dem Getrenntbleiben, ihre Verachtung für das Alleinsein, verbunden mit dem Hang zur Nivellierung und Raumverengung, hat viel mit Ablehnung der Individuation zu tun.

Ein einzigartiges Individuum zu werden, ist Frauen mehr als Männern verwehrt – und sie verwehren es sich untereinander. Verschiedenheit tut Frauen weh. Warum sonst werden so oft Unterschiede in der Bemerkung »genau wie bei mir« vereinnahmt? Warum sonst zieht eine Frau, die Karriere macht, soviel Neid und Haß auf sich? Warum meint frau, deren Weg mit feministisch-moralischem Reinheitsgebot begleiten zu müssen? Warum, wenn nicht aus Sehnsucht nach Gleichheit? Diese würde das Aufgeben des Individuationskampfes gestatten.

Ein Ausweg aus der Symbiose ist, »das Bedürfnis, andere nach dem eigenen Bild formen zu wollen, in sich zu begrenzen und mit den Gefühlen von Machtlosigkeit und Trauer umgehen zu können.« (Brückner, 1983, S. 55) Frau kann auch im Wahrnehmen der eigenen symbiotischen Wünsche reifen, indem sie sieht, daß es fruchtbarer ist, an der eigenen Entwicklung zu arbeiten, als an der von anderen. Danach könnte Freiheit geschenkt werden, die wahrscheinlich mehr mit Liebe zu tun hat – und mit Liebe beantwortet wird –, als eine manipulierte, kontrollierte symbiotische Dauervereinigung. Geschieht dieser Reifungsschritt nicht, wird ein symbiotisch strukturiertes Verhältnis mehr und mehr masochistische Merkmale aufweisen.

Symbiose, Opfer-Haltung und Masochismus
»Mir geht es schlecht - Du gibst mir nicht genug!«

»Die unwillkürliche Verschmelzung mit einem Menschen, in welcher Emotion auch immer, wühlt uns so auf, weil in ihr alle Erwartungen, Abgrenzungen, Unterscheidungen, die unserem Leben bisher Struktur gegeben und es vor Zerstörung geschützt haben, eingerissen sind. Bleibt es bei solchen Verschmelzungen, zahlen wir dafür einen hohen Preis, nämlich den Preis eines aus freien Entscheidungen heraus gestalteten individuellen Menschenlebens. Der unwiderstehliche Schicksalszwang, der von einer Symbiose ausgeht, macht die Gestaltung eines Lebens in Freiheit unmöglich. Die bloße Emotion des Einsseins hält zwar jung, aber wir können damit nicht älter und reifer werden. Eine persönliche Entwicklung durch aktives Eingehen auf ein Du findet nicht statt. Von daher ist es verständlich, daß der gesunde Mensch gegen jede Verschmelzung, so notwendig sie für die erste Zeit auch sein mag, nach einer Weile Widerstände empfindet, die ihn zum Verlassen dieses Zustands und zur Suche nach einer neuen bewußteren Form der Einswerdung mit dem Du motiviert.« (Peter Schellenbaum, 1987, S. 34)

Wird aber dem Verschmelzungswunsch dauerhaft nachgegeben, vielleicht aus panischer Angst vor dem Alleinsein, wird nicht selten die Grenze zu dauerhaftem Leiden überschritten. Denn wer nicht allein sein kann, wird schnell zum Opfer der Geliebten, die sich abgrenzt, aber auch zum Opfer der eigenen soghaften Wünsche nach Dauergeborgenheit und Dauerverständnis. Dieses Opfersein ergibt sich besonders schnell und gravierend im Zusammenleben mit einer sich entziehenden Geliebten. Eine Frau, die Abgrenzung ohnehin recht leidhaft erlebt, wird ein wieder und wieder ausgesprochenes Nein als »ungerecht« erleben und sich in vielfältiger, meist aber versteckter Form dagegen wehren. Wer den Vorwurf macht, »du gibst mir nicht genug«, deklariert sich ohnehin zum Opfer und hält an einer kindlichen Orientierung zur (erwachsenen) Welt fest: Andere haben mich zu versorgen, insbesondere die Geliebte. Eine Frau mit masochistischen Persönlichkeitsanteilen wird zudem anderen viel, sich selbst aber wenig geben. Sie ist es sich nicht wert – und ist es nicht auch wertvoller, von anderen Verständnis, Zuneigung und Achtung zu erhalten? Wer sich selbst nicht begreift und liebt, wird von anderen notgedrungen abhängig. Obwohl diese Frau anderen so viel gibt, sich um das Wohlergehen der Geliebten, der Freundinnen, der Frauen, der Menschheit so sehr bemüht, bleibt sie selbst ausgehungert und nicht selten unglücklich. Kummer und Sorgen, psychische und physische Verletzungen anderer ziehen sie an. So fühlt sie eine Entsprechung zum eigenen Leiden, bleibt aber in der Position der Mitfühlenden, Mitleidenden. Frausein, mit dieser konditionierten Bereitschaft zu Aufopferung, Einfühlung, Hilfeleistung und Mit-Leiden, macht es lange möglich, die eigene Leere und Bedürftigkeit zu überspielen und zu übersehen.

Frausein bedeutet seit Tausenden von Jahren ein Hineinwachsen in die Opfer-Rolle. Damit sind Selbstwertgefühle und Gedankenmuster ver bunden, die das Opfersein immer wieder neu manifestieren. Ich bin der Meinung, daß in so gut wie jeder Frau ein Sog zum Opfersein und Opferwerden »herrscht«, ein subtiles Verhaftetsein mit dem Leiden. Frauen betrachten ihr Leben und seine Umstände gerne als »Opfer« und halten am Selbstbild der Heiligen fest; ungern sehen sie sich als Schöpferin oder gar Täterin, die bewirkte, was sie bewirken wollte. Kindheit bedeutet in unserer Kultur eine Schulung im Opfersein. Dies gilt natürlich auch für Männer. Das kindliche Unbewußte wird von Erfahrungen der Hilflosigkeit, Abhängigkeit, Ohnmacht, von Grenzüberschreitungen und nicht selten Mißbrauch und Gewalt geprägt. Erwachsene haben in der patriarchalen Kultur sehr unterschiedliche Chancen, diese frühen Erfahrungen in der Gestaltung ihres Lebens zu transformieren und das »Computerprogramm« des Unbewußten zu korrigieren. Frauen haften mehr als Männer an Zuständen des Leidens. Sie verlassen sie später und seltener. Sie fixieren sich mehr auf Ohnmachtsannahmen, sie bleiben eher in Zuständen der Abhängigkeit, sie halten es schnell für ausweglos, wenn sie feststellen, daß sie sich ihr Leben als Falle arrangiert haben. Jene Haltung, die Probleme als Möglichkeiten betrachtet, das Potential zu entfalten und Wachstumsgrenzen zu erweitern und auszuloten, ist für Frauen nicht kulturell vorgegeben, sondern individuell zu erwerben. Für Frauen sind soziale Problemlagen nicht selten hinreichende Erklärungen für mangelnden Mut.

Mut gehört dazu, ein unklischiertes, aber eben auch ungesichertes Leben zu führen. Und wenn dies dann ein Leben »ohne Beziehung« wird? Dann wird die Mehrzahl der Frauen diese Geschlechtsgenossin für unglücklich und unzufrieden halten. Auch wenn die eigene Beziehung nur selten Glück gebiert. Denn in wie vielen Liebesbeziehungen wird das Leiden täglich neu kreiert? Ich benutze den Begriff Liebe hier nur, weil ich im semantischen Kontext operieren will – nicht aus Überzeugung.

Frauen wurden strikt auf ein Leben mit einem Du orientiert. Sei das nun ein Mann oder eine Frau. Nun scheint sich aber in unserer patriarchalisch-christlichen Kultur die Liebe im Land des Leidens angesiedelt zu haben. Susan Sontag ist der Meinung, der Kult unserer Liebe sei »ein Aspekt des Kults des Leidens – des Leidens als höchstem Zeichen der Ernsthaftigkeit.« Dagegen wurde in früheren Kulturen die Ernsthaftigkeit eines Menschen »gerade an seiner Fähigkeit« gemessen, »die Strafe

167

des Leidens zu umgehen und zu überwinden […], den Zustand einer inneren Ruhe und eines inneren Gleichgewichts zu erlangen.« Erst im Christentum wurde »Geistigkeit und Ernsthaftigkeit gleichgesetzt mit Unruhe, Leiden, Passion. Seit zweitausend Jahren gilt bei Christen und Juden das Leiden als Zeichen geistiger Modernität.« (1980, S. 83)

Frausein und der Hang zum Leiden
Die Orientierung auf ein Du, der hohe Rang der Liebesbeziehung in der weiblichen Prioritätenliste, der Kult der romantischen Liebe – sie siedeln ein Großteil des Frauenlebens im Leiden an. Leidenschaft definiert sich geradezu durch die Qualität und Quantität des geschaffenen Leids. Auch eine lesbische Frau ist Teil der Leidenskultur. Auch ihr Unbewußtes kreist um die Große Obsession. Auch in ihrem Vorbewußten sind die Archetypen der Heiligen und der Leidenden angelegt. Lesbenfilme beziehen oft ihre Macht durch die Größe des dargestellten Leids. Wie im Leben wurde das Drama durch Abhängigkeit geschaffen. Die Mystifikation der Großen Dramen im Scene-Diskurs, die Gespräche über die Unwiderstehlichkeit einer spezifischen Anziehung, der Mythos der gewaltigen sexuellen Erfahrung in sado-masochistischen Begegnungen – sie alle haben mit dem Land zu tun, das Liebe-und-Leiden heißt. In ihm soll sich eine Frau beheimatet fühlen?

Nicht an das eigene Glück zu denken, ein spannendes, buntes Leben nicht anzuvisieren, sondern sich für andere einzusetzen und sich aufzuopfern sind die Grundthesen der Indoktrinationskampagne der Weiblichkeit. Muttertagsgeschichten kreisen um die Hergabe des Wichtigsten und rühren Schulklassen zu Tränen. Anderen zu helfen – und von sich selbst abzusehen, aber auch auf andere einzuwirken, um zum eigenen Glück zu gelangen, sind die Leitlinien der Mädchenerziehung. So gehen viele Frauen »aus ihrer Kindheit mit einem beschädigten Selbstwertgefühl hervor. Dann bekräftigt die Gesellschaft […] dieses deformierte Selbstbild, statt ihnen zu helfen […], etwas so Hartnäckiges, Zwanghaftes und Zerstörerisches wie den Masochismus zu besiegen.« (Natalie Shainess, 1987, S. 10)

Wenn ich auch nicht vom Masochismus sprechen möchte, weil dieser Begriff im gesellschaftlichen Diskurs so eng auf Lusterfahrung durch Gequältwerden festgelegt ist (und ich zudem den psychischen Masochismus als starkes Verhaftetsein mit dem Leiden für weiter verbreitet halte), so erkenne ich doch starke Überschneidungen zwischen sogenanntem »weiblichen« und »masochistischen« Verhalten, Erleben und Erkennen. Warten, hoffen, wünschen, vertrauen, eigene Gefühle und Ansichten verschließen, andere beruhigen und erfüllen, mit weiblicher Indirektheit umgarnen und beherrschen, das Geheimnis bewahren und unerreichbar sein: Dies leugnet den Impuls nach Eroberung und Gestaltung. Wer auf Erweckung und Beschenkung wartet, leitet seine Kraft nicht in die Realisation eigener Entwürfe. Selbstsicherheit und Autonomie sind die Grundpfeiler eines schöpferisch gelebten Lebens. Wer sich aus Angst vor dem Verlassenwerden anklammert, geht nicht den eigenen Weg. Wer Alleinsein als Bankrotterklärung über sein Leben ansieht, wird alles tun, um einen Menschen in sein Leben zu ziehen. Und darin dann zu halten. Wenn sich dieses Du-und-Ich-Werk aber als quälend und selbstdestruktiv erweist? Dann muß es endlos restauriert oder schnell durch ein anderes ersetzt werden.

Natalie Shainess meint, es entgehe »keine Frau in unserer Gesellschaft dem Masochismus ganz und gar, gesellschaftliche Haltungen garantieren dies. Intelligenz, Bildung, berufliche Karriere, gesellschaftliche Stellung – nichts davon kann uns immunisieren.« (ebd., S. 21) Dies mag sehr pointiert erscheinen, aber ich glaube, Frauen können es sich mit Blick auf ihr Lebensglück gar nicht leisten, an den psychischen Tatsachen, die weibliches Erbe sind, vorbeizusehen.

Wie mag es kommen, daß Freude und Leichtigkeit erklärtermaßen das Ziel der meisten Menschen sind, und daß doch die Identität vieler im Leiden verwurzelt ist: »Ich leide – also bin ich.« Die klassische Masochismustheorie behauptete, daß dieses Leiden genossen werde. Nun mag in der sexuellen Begegnung zwischen »Opfer« und »Täter«, wo sich die Distanz zwischen beiden so radikal verringert, die erlebte Lust mit der reduzierten Entfernung korrelieren, weil die Angst vor der Macht der/des anderen überwunden und endlich Verschmelzung möglich scheint. Doch aufgrund meiner langjährigen Tätigkeit als Frauentherapeutin halte ich diese Form des Masochismus für relativ selten. Der »psychische Masochismus« scheint unter Frauen weiter verbreitet; jedenfalls unter Frauen, die therapeutische Hilfe suchen.

Frausein heißt, zum Opfer erzogen zu sein, und Opfersein grenzt nicht selten an masochistische Persönlichkeitszüge. Masochistisches Verhalten ist umfassend vom Unbewußten diktiert. Natalie Shainess spricht nicht umsonst von hartnäckigen, zwanghaften und zerstörerischen Zügen. Auf die Gegenwart wird reagiert, als handle es sich immer noch um Kindheit, um Situationen umfassender Abhängigkeit. Panikartige Angst vor Liebesverlust, Ausdruck blockierende Furcht vor dem Grenzenziehen, Nein-Sagen mit Vernichtetwerden assoziieren – so spricht das Unbewußte, das Zeit nicht kennt und gerne darauf beharrt, alles sei noch wie früher.

Der psychische Masochismus und seine Etablierung
Das Unbewußte wird hier von Programmierungen gesteuert, die aus umfassendem Machtmißbrauch der Eltern resultieren. Allzu häufig bestraften sie das Kind mit Liebesentzug; Schuldzuweisungen beantworten die Frage nach der Berechtigung elterlicher Strafen. Nicht selten operierte die Mutter mit Krankheitsdrohungen, und oft fiel der Satz: »Du bringst mich noch ins Grab!« Dramatisches droht, wenn das Kind »störende« Gefühle zeigt. Es soll seine Emotionen kontrollieren – und es soll an seine grundsätzliche und umfassende Schuld glauben. Dann wird es auch nicht mehr rebellieren. Ein braves, nettes Mädchen ist erwünscht. Dem Masochismus liegt immer eine symbiotische Verstrickung zugrunde. So wird dann Rebellion mit Verlassenwerden assoziiert; Tod und psychischer Untergang drohen, wenn das Kind Wut und Zorn zeigt. Diese unbewußte Verknüpfung von unerwünschten Gefühlen mit massiver Bestrafung ist sehr eng. Und ihr ist schwer gegenzusteuern.

Die Angst der Erwachsenen, durch mangelnde Anpassung Liebe zu verlieren, und auch der Verlust des Kontakts zu den eigenen Stärken resultieren aus den Versuchen der engen Bezugspersonen, »das Kind zu brechen«. Eigenständigkeit war unerwünscht, Abhängigkeit sollte bestehen bleiben, zornige, aggressive Lebensäußerungen wurden bestraft, Schuldgefühle vermittelt. Das Mädchen bemühte sich, lieb und nett zu werden, was nur über die Kontrolle der eigenen Gefühle möglich schien. Den eigenen Willen verbergen – und ihn doch in trotziger Verweigerung aufleuchten lassen, auch im Dummstellen und Langsamwerden. Da es erfahren hat, es werde nur geliebt, wenn es sich unterwirft, unterwirft es sich. Scheinbar.

Doch es erkennt, daß sein Weg über die Loslösung von den engsten Bezugspersonen führen muß. So befindet es sich in einem enormen Konflikt. Aus meiner psychotherapeutischen Praxis weiß ich, daß viele Mütter ihre Mädchen mit dramatischen Drohungen wie »Wenn du so weitermachst, sterbe ich« (bevorzugt den Herztod), zu unterwerfen suchten. Und wenn in der Symbiose »die Mutter stirbt, stirbt das Kind mit.« Daher die oft dramatischen Gefühlsreaktionen masochistisch orientierter Menschen. Das Kind scheint sein Leben und das Leben anderer aufs Spiel zu setzen, wenn es autonomer wird. Es tobt ein überaus tiefer Konflikt »zwischen dem Bedürfnis nach Liebe oder Anschluß und dem Freiheitsbedürfnis ... Einfacher gesagt: Wenn ich frei bin, wirst du mich nicht lieben. Angesichts dieses Konflikts erklärt der Masochist: Ich will dir gehorchen, und du wirst mich dafür lieben.« (Alexander Lowen, 1988, S. 150) Eine erwachsene Frau mit so geprägtem Unterbewußtsein wird auch in einer nahen Beziehung wieder und wieder in den Sog dieser unbewußten Programmierungen geraten. Und auch bei ihr wird dann untergründig Rebellion herrschen. Wie als Mädchen bekundet sie über Verhaltensbotschaften: Wenn ich nicht sein kann, wie ich will, dann werde ich auch nicht so sein, wie du mich haben willst; das werde ich dir nicht sagen, aber du wirst es bemerken! Mit Nettigkeit, Freundlichkeit, mit lieber Stimme wird Übereinkunft bekundet, mit Auflaufenlassen, mit Vergessen, mit Wartenlassen, mit Langsamkeit und Dummstellen wird Ärger provoziert. Da das Kind seinen Ärger nicht ausdrücken durfte, machte es die Bezugsperson ärgerlich. Die rastet aus – und ist selber schuld.

Somit wäre auch die wichtige Schuldfrage geklärt. Da im Mädchen aufgrund der vielen Schuldzuweisungen, und nicht selten durch die Übernahme der Sündenbockrolle in der Familie, die Überzeugung einer fundamentalen Schuld besteht, berührt jede neue Schuldzuweisung eine tiefe Wunde. Es versucht mit allen Mitteln, Rechtfertigungen, Argumenten »unschuldig« zu sein. Es versteckt seine unerwünschten Gefühle, seinen Zorn, seinen Ärger, seine Freiheitsbedürfnisse, seine Rachsucht und den Haß – und weiß doch von ihnen. Masochisten bestrafen sich häufig selbst – vorsorglich, um Strafe und Schuldzuweisungen zu umgehen. Wieder und wieder erinnern sie sich ihrer Demütigungen und ihres Elends. Es ist wie ein Sog, wie ein Zwang, sich im Leiden bewegend nach einem Ausweg zu suchen. Leidvolles in der Welt zieht die Aufmerksamkeit an. Andere finden hier einen Aufnahmeplatz für ihren Müll. Da die Verhinderung der Autonomie in symbiotischen Beziehungsmustern resultiert, wird Leid von außen »zu sich genommen«. Eine Frau mit masochistischer Persönlichkeitsstruktur sollte ihren Zuständen der Verliebtheit gegenüber unbedingt skeptisch bleiben: Nicht selten wird sich das Unbewußte aus der Vielzahl möglicher PartnerInnen eine Täterin/einen Täter herausgesucht haben. Das Unbewußte führt mit Vorliebe das alte Drama wieder auf.

Zum alten Drama gehören: das Provozieren von Liebesbeweisen, das Kleben am Objekt der Liebe, die Unersättlichkeit des Liebesverlangens, der zwanghafte Sog zur Verschmelzung mit dem Ziel, sich das Liebesobjekt zu sichern. Eine Masochistin wehrt sich gegen die Enttäuschung dieser Wünsche mit Schweigen, um Schuldgefühle zu verursachen, mit trotzigem Auflaufenlassen, mit Provozieren von Ärger oder mit dem Demonstrieren ihres Leidens. Ihre Enttäuschungen resultieren in einem geringen Wertempfinden, in einem Fixiertbleiben auf das Dunkle, einem sturen Warten in belastenden Situationen. Eine Masochistin glaubt nicht, daß die Fülle des Lebens durch Loslassen und Wandel erfahrbar ist.

Doch wie kann ich loslassen, wenn ich das Alleinsein so sehr fürchte? Wie kann ich Grenzen ziehen, wenn ich damit den Untergang »meiner« Symbiose vorwegnehme? So beherrscht unklares Handeln und Mitteilen den Beziehungsraum. Sich kundgeben, Wünsche und Bedürfnisse in Klarheit zu äußern, Zumutungen abzuweisen, Ziele zu formulieren, die auch Entfernen bedeuten, wurde in der Kindheit scharf sanktioniert. Und im Unbewußten herrscht immer noch die Grundüberzeugung, ein nahes Gegenüber sei zur Fürsorge verpflichtet, und wenn dieses seine Zuwendung entzieht, drohe Untergang. So bestraft frau sich lieber selbst und prophylaktisch für Grenzüberschreitungen und unterwirft sich, um Trennung und Konflikt zu vermeiden. Eher leidet sie, als daß sie ihre Sehnsucht, lustvoll und freudvoll zu leben, zur antreibenden Kraft werden läßt. Leidenmüssen und Schuldigsein scheinen die Determinanten des Lebens. Die des Kindes und die der Erwachsenen. Und es ist nicht so, daß sich mit einfachen Formeln und Ratschlägen dagegen viel ausrichten läßt. Ohne das Bemühen um Achtsamkeit, Wachsamkeit, ohne die Kenntnisse der ehemals unbewußten Reaktionsmuster setzt masochistisches Verhalten wieder und wieder ein. Und wird von den beiden Hauptvektoren des Unbewußten gelenkt: Leiden und Schuld!

Über Leiden und Schuld

Wer in seinem Gedächtnis wieder und wieder Verletzungen erinnert, erweckt wieder und wieder leidvolle Gefühle. Wer seine Aufmerksamkeit auf das Elend der Welt richtet, wird sich immer wieder elend fühlen. Wer viel von seinen Schwächen erzählt, wird keineswegs bewirken, daß sie mit Mitgefühl behandelt werden; wer die Aufmerksamkeit der anderen auf seine Verletzbarkeit lenkt, wird nicht selten verletzt werden. Verletzungen lassen sich eher mit Selbstsicherheit als mit Schwächebekundungen vermeiden. Selbstbewußtsein und Autonomie korrelieren eng. Doch wer sich im Kern für sehr zerbrechlich hält, wird seine Aufmerksamkeit eher auf Schutz als auf Expansion richten. Und sich gegen Versuche, gebrochen zu werden, mißtrauisch wappnen.

Wenn der Kern als so zerbrechlich angenommen wird, ist es fast eine überlebenssichernde Aktion, sich einem kraftvollen, Zugeneigt-Scheinenden anzuschließen. Mit einem starken Du in einer engen Liebesbeziehung vereint ... Doch eine masochistische Struktur läßt sich nicht so einfach heilen. Die »unklare Frau« lebt auch in der Verbindung weiter. Sie wird weiterhin von ihrem unklaren Wollen, ihrem unklaren Fühlen und ihren unklaren Wünschen hin- und hergezerrt. Sie kann Klarheit schaffen, indem sie sich dem fremden Grenzverlauf anzupassen sucht. Sie kann Klarheit suchen, indem sie das Du im Blick behält. Sie kann versuchen, sich nach vertrautem Muster Liebe zu sichern. Aber sie wird früher oder später Gefühle in sich konstatieren müssen, die Abhängigkeit bedeuten, die Ausgeliefertsein, Ohnmacht und Selbstverlust dokumentieren. Auch in der Liebesbeziehung zu einer Frau.

Eine lesbische Frau mit deutlich masochistischer Struktur wird sich vermutlich per Verliebtheit eine Frau suchen, die gut abgegrenzt ist, Stärke und Macht auszustrahlen vermag und nicht selten meint, Liebe sei das Problem, Souveränität zu bewahren. Diese Frau wird, wie gewohnt, die Rolle der Täterin übernehmen. Aber da Frauen sich so gerne um die Rolle des Opfers und die Frage der Schuld-»Abgabe« streiten, wird auch sie ab und zu im Anspruch auf die Opferrolle als souveräne Erscheinung untergehen.

Warum ziehen Frauen in einem so starken Ausmaß die Opferrolle vor? Dies kann nicht nur Resultat kultureller Prägung sein, sondern muß auch mit den Vorteilen der Opferrolle zu tun haben.

Die Gewinne der Opfer-Rolle

Wer das Opfer-Rollen-Script lesen kann, weiß: In dieser Rolle kann ich
der Tatsache des Alleinseins (scheinbar) entkommen, denn es gibt mich
und eine Täterin/einen Täter. Ist sie oder er aus meinem Leben bereits
entkommen, kann ich per Erinnerungen mit ihr/ihm verbunden bleiben.
Bleibe ich Opfer, kann ich nichts machen. Ich brauche keinen eigenen
Lebensentwurf, da ich zu beschädigt oder unfähig oder behindert bin.
Ich bin als Opfer schwächer als andere. Meine Geschichte ist bereits zu
verfahren. Qua Geschlecht, Herkunft, Erziehung, Tat. Ich erkläre mich
für abhängig und bin so Teil einer/eines anderen. Ich kann nicht mehr
allein gehen, schon gar nicht seiltanzen. Ohne Netz und doppelten Boden
aufzutreten? Bleibt mir erspart. Ein abenteuerliches Leben ist viel zu
gewagt. Dazu fehlen mir auch Talente und ökonomische Voraussetzungen und das »richtige« Geschlecht. Freude, Zufriedenheit über geglückte
Schöpfungen? Erlebe ich selten. Alles hat seinen Preis. Liebe ist Leiden,
doch mein Leben ist relativ sicher. Ich bin in einer Liebesbeziehung –
daß ich darin so wenig Freude erlebe, ist eine Frage der Schuld. An meinem Unglück ist mein Gegenüber schuld, mehr aber noch meine Eltern,
auch meine Situation als Frau. Psst, im Grunde bin ich schon selbst
schuld. Aber das ist nicht zu ändern. Würde sich meine Geliebte ändern,
wäre vieles anders. Ich versuche, sie zu erziehen, mit Nörgelei, mit
Schuldvorwürfen, mit Trotz, auch mit Hoffen und geduldigem Warten.
Überhaupt läßt sich mit Warten einiges erreichen. Der Preis ist meine
eigene Unklarheit. Aber im Land des Nebels sehe ich auch nicht viel,
was Änderung fordert. Ohne Klarheit über meine Talente bin ich mir
selbst zu nichts verpflichtet. Ich muß meine Kraft so nicht realisieren. Ich
bin auch viel zu sehr in Sorgen, Kämpfe und Klagen verstrickt. Ich habe
keinen freien Blick auf das in der Ferne Mögliche. Wie soll ich mutig
meine Grenzen weiten, wenn ich momentan gefesselt bin? Wer in chaoti-
schen Verhältnissen steckt, blickt nicht auf den hellen Morgen. Ich bin
im Sumpf, wer beschäftigt sich da mit der Möglichkeit des Fliegens?
Bestenfalls selbstquälerisch. Ich habe ein vertrautes Muster des Liebes-
gewinns. Ich mache mich klein, ich zeige mich schwach, ich passe mich
an, ich bin nett und gebe viel. Damit kann frau Menschen halten. So
mögen mich die anderen. Wenn ich von meinen Mißerfolgen erzähle,
gibt frau mir Trost. Wer von seinen Erfolgen erzählt, erntet doch nur
Neid. Wenn ich im Leid meinen Schwestern begegne, fühle ich mich

unter ihnen geborgen. Wenn ich mein Desaster zeige, weiß frau, daß ich zerbrechlich bin. Frau wird mich schonen. Mir Trost geben. Mich befürsorgen. Frau würde mich nicht für meine Stärke lieben. Nein, ich kann warten. Ich muß nicht handeln. Ich sehe mir lieber die gesellschaftlich bedingten Grenzen an. Wer handelt, setzt sich übrigens leicht ins Unrecht. Macht kommt von machen, und wer etwas macht, macht sich angreifbar. Einem vollendeten Werk weist man die Fehler nach – nicht einem Plan. Ich kann gut hoffen. Ich vermag auch zu dulden. Ich richte mich im Kleinen ein. Bescheidenheit ist eine Tugend. Fülle gibt es für Frauen nicht. Ich bekomme mehr, wenn ich mich noch mehr in Hingabe, Geduld und Warten übe. Die anderen brauchen mich – und deshalb werde ich auch geliebt. So habe ich sie sicher. Wenn ich weniger gäbe, verließen sie mich. Mir selbst mehr zu geben? Wer bin denn ich? Zum Schluß vielleicht allein. Es ist überaus gefährlich, alleine zu sein. Wer allein seinen Weg geht, wird abstürzen. Wer fängt mich dann auf? Fliegen? Ich beherrsche nicht das Landen. Ich bleibe lieber auf dem Boden. Leiden macht mich schwer. Wer hochfliegt, kann zerbrechen. Der Absturz bemißt sich am Aufstieg. Frau könnte übrigens auch vor Freude und Glück zerfließen. Wie sich das aushält, das weiß ich nicht. Ich bleibe lieber gefesselt. Ich erkläre mich für gebunden. Jede Versuchung wird verbannt. Das ist eine Vorsichtsmaßnahme, über die ich nicht weiter nachdenke. Wer im Engen steckt, beschäftigt sich doch nicht mit der Weite. Das ist zu fern. Nein, ich könnte nichts Neues versuchen. Dazu bin ich zu schwach, zu zerbrechlich, zu mutlos, zu klein und auch schon zu alt. Und vor allem bin ich gebunden. Das ist die Sprache des Unbewußten. Mit diesen Sätzen wird die Individuation als gefährlich gebrandmarkt.

Die Schwierigkeit der Ich-Werdung

Symbiotische und masochistische Verhaltensmuster dienen dem Zweck, die Gefahren der Ich-Werdung zu vermeiden. Der Mut fordernde Entschluß, Furcht vor dem Allein-Sein auszuhalten, Verlassenheitsgefühle in Kauf zu nehmen, um zu wachsen, wird nicht gefaßt. Oder nicht durchgehalten. Der Wunsch, die Verbindung zu einem Du zu behalten, ist zu stark. Die Fähigkeit, Leidvolles auszuhalten, auch so gut entwickelt. Verlassen wiederum so stark mit Schuldgefühlen belastet, daß ein quälender Beziehungszustand »einfacher« erhalten als verändert werden kann. Wie viele sogenannte Liebesbeziehungen sind eher durch Leiden und Bedrückung gekennzeichnet, als durch Freude und Leichtigkeit? Wer Liebe nur von anderen erhofft, weil sie/er sich selbst nicht liebt, wird vieles hinnehmen, um sich Chancen zu erhalten. Wer sich selbst liebt und den Reichtum des Alleinseins bereits erfahren hat, wird Demütigungen, Verachtung und Quälen nicht lange hinnehmen. Liebe, die erarbeitet oder erzwungen wird, kann den Verdacht der Liebesunwürdigkeit andererseits nicht beseitigen. Gefühle, die über Manipulationen, per Taktik und Strategie erweckt werden, vermögen das tiefe Mißtrauen, das hinter diesen Spielchen steckt, nicht zu korrigieren.

Es besteht ein fataler Kreislauf. Und solange frau glaubt, nur in der Verbindung mit einem anderen Menschen ihre Liebe erfahren zu können, wird sie vieles in Kauf nehmen, um sich Liebe zu erhalten. Die Sicherheit, daß ich in mir selbst Liebe für mich habe, kann so nicht etabliert werden. Wenn ich mich selbst nicht liebe, muß ich jemanden finden, der mich liebt. Da ich nicht glaube, wie ich bin, geliebt zu werden, muß ich mich anstrengen, meine wahren Gefühle oft verbergen, denn wenn ich bin, wie ich bin, bin ich nicht liebenswert.

Gelassenheit, Zulassen, friedvolles Sein mit einem nahen Menschen scheint gefährlich. Zusammensein besteht eher aus Kämpfen, aus verborgenen meist, da oberflächlich Nettigkeit gezeigt wird. Klare Gefühlsäußerungen sind nicht gut möglich, zielgerichtetes Handeln ebensowenig. Ein Dilemma, aus dem im Grunde nur der langsame Prozeß der Ich-Werdung, der Grenzenbestimmung, der Gefühlswahrnehmung, des Alleinseins führen kann.

Subtilität des Masochismus

Leider sind masochistische Persönlichkeitsanteile sehr änderungsresistent. Sie weben sich subtil in Wahrnehmung, Denken und Fühlen ein und sind eher einem Gegenüber offensichtlich: als Fixiertsein auf Sorgen, auf negative Gedanken, auf subtiles Klagen und Jammern. Durch die grobe Annahme, Masochismus zeige sich vorwiegend in der Sexualität, wird dieses große psychische Phänomen im gesellschaftlichen Kontext weitgehend ignoriert. Auch deshalb ist die Korrektur des Masochismus schwer. Denn um unbewußte Anteile der Psyche zu ändern, müssen sie erst einmal ins Licht der Bewußtheit »gehoben« werden. Doch ich bin davon überzeugt, daß fast jede Frau im Laufe ihres Lebens, vor allem durch Wiederholungen, auf ihre Leiden fördernden Persönlichkeitsanteile stößt. Sie wird erkennen, daß sie zur Zeit oder schon wieder die Opfer-Rolle spielt. Und sie wird Möglichkeiten sehen, dies zu ändern, Verantwortlichkeit für diesen Vorgang zu übernehmen, nicht nur zu sagen »das Patriarchat« sei schuld. Sie wird sich vermutlich nicht aufmachen, um eine Heldin zu werden, aber sie wird vielleicht auch nicht länger glauben, daß sie ein noch zu erlösendes Dornröschen ist. Für die eigene Negativität Verantwortung zu übernehmen, ist ein großer Reifungsschritt; und im Grunde der erste, um sich den subtilen Selbstdegradierungsbemühungen mit sensibler Wahrnehmung zu stellen. Zu begreifen, daß es Wahlfreiheit gibt, günstige oder weniger günstige Gelegenheiten, um zu wachsen und zu lernen; zu erkennen, daß die Opfer-Story eine Betrachtungsweise unter mehreren ist – und nicht notwendig zu bevorzugen –, wird mühsam, aber ein guter Ausweg sein.

Masochismus in der lesbischen Beziehung

Machte in den ersten Jahren der Frauenbewegung die Ursachenzuschreibung für weibliches Elend an die Männer eine Weile gemeinsam zufrieden, so hat sich seit einiger Zeit die Erkenntnis eingestellt, daß sich »das Dunkle« durch ein radikales Leben unter Frauen nicht aussperren läßt. Gerade ein relativ ausschließliches Leben unter Frauen vermittelt das Wissen, daß es Sadismus unter Frauen gibt: als Dominanz- und Herrsch-Sucht, als Unterwerfungsmanöver, als Ausnutzen von Schwäche und auch als Gewalt. Verachtung, Haß, Rache – sie mögen sich im Schattenreich aufhalten und selten beleuchtet werden, aber sie sind vorhanden und werden erfahren. Das frühere Klischeebild, »unter Frauen ist alles anders«, wird vielleicht nicht mehr erinnert – es stimmt zu bitter. Psychologische Fachliteratur führt an, daß dem Masochismus so gut wie immer ein versteckter Sadismus zugrundeliegt. Meist hat sich dieser sadistische Persönlichkeitsanteil in Schuldvorwürfen gegen das eigene Selbst betätigt – aber gelegentlich bricht er nach außen durch und kann in Therapien als Phantasie und Wunschvorstellung anerkannt werden.

Die meisten lesbischen Frauen bekennen sich deutlich zu ihren Wünschen nach Initiative, nach offensivem Zugriff, nach Gestaltung. Viele lesbische Frauen spielen in Körperbau, Körperhaltung und Kleidung mit der irritierenden Frage, Frau oder Mann? Nicht wenige lesbische Frauen ziehen es vor, cool und rational zu wirken, statt weiblich, verletzlich und

177

weich. Eine coole Frau hat wenig Angst vor dem Abgrenzen. Sie hat Angst vor dem Verschmelzen. Sie behauptet gerne, Abhängigkeit nicht zu kennen, sie scheint überhaupt über ihren Gefühlen zu stehen. Sie kann gut verschweigen, ein Geheimnis aus sich machen, sie gibt nicht viel von sich preis. Sie gibt überhaupt nicht sehr viel, insbesondere nicht Liebe. Darin besteht nicht selten ihre Faszination. Dieses Wenige wird signalisiert als Unabhängigkeit und begriffen als Stärke und Macht. Plötzlich ist sie nicht mehr erreichbar, sie war eben ganz woanders, sie hat zur Zeit kein Interesse, ist in einem anderen Beziehungsraum, sie weiß nicht, ob sie sich wieder zuwenden will. Sie versteht das Spiel mit der Distanzierung – und manipuliert sich so Beweise der Zuneigung und Bedürftigkeit ins Haus. Doch falls sich die Geliebte ganz entzieht, wird sie ihr nachsetzen. Und irgendwann wird auch sie das unter Frauen so beliebte Drama spielen, »ich bin dein Opfer, du liebst mich nicht genug!« Dann läßt sie ihre Geliebte wieder die Verbindung pflegen, sie hat bereits herausgefunden, wie sie die Klaviatur der Dominanz zu spielen hat. Da aber die klar faßbare Täterinnen-Rolle bei Frauen so überaus unbeliebt ist, wird sie ihre Herrschaft meist mit Nettigkeit und Diplomatie verkleiden. Da im Unterbewußten einer masochistischen Frau ein starkes Strafbedürfnis (aufgrund des tiefen Schuldgefühls) angelegt ist, wird diese ein solches Wechselbad für den Ausdruck einer besonderen Bindung halten. Diese wechselhafte Behandlung wird dazu dienen, sie zu halten. Zudem ist sie zu sehr von den Fähigkeiten der Partnerin fasziniert. Kann jene doch das, was sie sich selbst als Unfähigkeit ankreidet: allein sein, sich autonom bewegen, abgrenzen, nein sagen, mit Macht dominieren. Jene wird nicht von Verlassenheitsängsten zur Unterwerfung gedrängt. Eine solche starke, machtvolle Frau in der Symbiose zu halten, scheint den eigenen Selbstwert zu stabilisieren. Und Sexualität? In starker Gegenpoligkeit baut sich eine intensive sexuelle Spannung auf, Anziehung wird als soghaft und fast unausweichlich erlebt. Die Erfahrung von Kühle und Grenzen treibt den Wunsch nach Symbiose an: Verschmelzung erleben, statt Abgrenzung. Endlich die Geliebte zugeneigt erfahren, erkennbar in ihren liebevollen Gefühlen. Überhaupt in ihren Gefühlen. Denn diese abgegrenzt erscheinende Frau hat meist als Notbehelf ihre Gefühle hinter einer starken Abwehrmauer verborgen. In Begegnungen trägt sie ein tiefes Mißtrauen, ob sie ohne Machtmanöver geliebt werde. Macht und Kontrolle spielen für sie eine übergroße Rolle. Unbewußt sagt sie sich,

»Wenn mich keine freiwillig liebt, dann werde ich die Liebe eben erzwingen.« Daß frau dies Liebe nennt, ist üblich, aber nicht folgerichtig. Hinter vielen Grenzverletzungen dieser Frau steckt der Wunsch, ein reales Gegenüber zu erfahren, Grenzen gesetzt zu bekommen, sei es auch durch Zorn, Wut oder Ärger. Endlich in einen realen Kontakt zu kommen – und nicht in symbiotischer Verhaftung zu bleiben.

In der Literatur von Lesben, Filmen über lesbische Frauen, kulminiert das Geschehen nicht selten in Suizid und Mord, Unglück von Außen und Innen. Dies spiegelt den Wettlauf im Opfersein – aber auch die soghaft zu nennende Tendenz zum Auflösen aller Grenzen: der eigenen Ich-Grenzen, der Grenzen zwischen Menschen, schließlich auch der Grenze zwischen Leben und Tod. Psychisches Gequältwerden und sich selbst quälen spielt in diesen Geschichten eine große Rolle. Sadismus wendet sich nicht selten gegen die eigene Person. Scharfe Selbstanklagen anhand der Schuldfrage, Auto-Aggression, Suizidversuche, Selbstverletzungen vielfältiger Art, dies alles sind Tendenzen, sich gegen das eigene Sein zu richten, sich im Leiden deutlich zu spüren. Zudem wird sich der leidensorientierte Persönlichkeitsanteil, der zum kulturellen weiblichen Erbe gehört, auch bei der offensiven und handlungsorientierten Frau immer wieder äußern.

Vermutlich sind zwischen Frauen die Rollen des Opfers und der Täterin selten so starr und dauernd festgelegt wie in ähnlich strukturierten heterosexuellen Beziehungen. Dazu trägt die Konditionierung zur Opferrolle bei, die im allgemeinen auch eine »Täterin« erfahren hat, und ein langjähriges Training in weiblichem Machterwerb, das Indirektheit und Erreichen des Ziels auf Umwegen beinhaltet. Frauen werden mit einem starken psychischen Sog zum Passivitätspol auch dann rechnen müssen, wenn sie ihr Leben auf bewußter Ebene nach dem Aktivitätsprinzip ausgerichtet haben. Der Sog zum anderen Pol wird sich vermutlich in der Nähe (einer Liebesbeziehung) besonders fordernd zeigen, wenn sich Übertragungen und Projektionen gegen bewußte Intentionen durchsetzen. So wird auch eine initiative Frau nicht selten Opfer ihrer eigenen Passivitätswünsche werden – und dies projektiv ihrer Partnerin zum Vorwurf machen: »Du machst mich schwach, kraftlos, ich bin dein Opfer.« Die vielen Unterwerfungsakte, Demütigungen, Entwürdigungen, die ein Mädchen im Laufe seiner Kindheit erfährt, haben nicht selten ein starkes Bedürfnis nach Rache erzeugt. Tiefenpsychologisch wird angenommen, daß einer masochistischen Persönlichkeitsstruktur so gut wie immer ein

Sadismus zugrundeliegt. Soziokulturell kann angenommen werden, daß das Opfersein einen tiefverborgenen Wunsch nach Heimzahlung, Widerstand und Rache erweckt hat. Das Wissen um diese »unbenennenbaren Tendenzen« macht die Schuldfrage so brisant und jede Berührung mit dem Schuldgefühl so gefährlich. Lieber Opfer sein, als den Vorwurf ernten, sich selbst gedemütigt, gequält, unterworfen zu haben. Es ist vermutlich schwer, sich selbst gegenüber soviel Distanz zu haben, daß auch sadistische Persönlichkeitsanteile Verständnis finden. Denn ist es ein Wunder, daß ein Mensch, der vielen Versuchen unterworfen wurde, gebrochen und unterwürfig zu sein, sich in Rachephantasien und Rachewünschen ergeht? Ich glaube, daß sich Frauen mit sadistischen Persönlichkeitsanteilen in Taten oder Worten für tief erlebte Demütigungen entschädigen, nur daß die Rache im allgemeinen nicht den Verursacher, den ursprünglichen Täter trifft. Nicht selten war es eine Täterin: die Mutter, die das Mädchen an das weibliche Werteideal anzupassen suchte – und ihre eigene Selbstverachtung, ihr Wertlosigkeitsempfinden strafend gegenüber den Autonomiewünschen des Mädchens ausagierte. Warum soll das Mädchen freier, unabhängiger, bewegter und freudvoller leben als sie selbst? Das ist die Kette der weiblichen Opfer-Konditionierung, die nicht erst bei der Mutter, sondern schon Generationen vorher begann. Jahrtausendealte Muster, von Mutter zu Tochter gereicht, eine lange Kette der Negation. Ich vermute, daß in so gut wie jeder Frau ein mächtiges Rachebedürfnis für all die erfahrenen Demütigungen und die Indoktrination der eigenen Wertlosigkeit vorhanden ist, das sich aber aufgrund der gesellschaftlichen und sozialen Machtlosigkeit kaum öffentlich, sondern vorwiegend privat ausdrückt: in der Sexualität, in Beziehungen, in der Kindererziehung und zwischen Frauen auch in der Liebesbeziehung. Und es ist auch festzuhalten, daß ein Mensch, der Unglück und Elend festhält, über seine Nächsten eine enorme Macht ausüben kann, da so Stimmung und Befinden im Umkreis weitgehend determiniert sind.

Zwischen Masochismus, Opfersein und Symbiose gibt es also Überlappungen. Die Opferrolle ist eine der wesentlichsten Erfahrungen, die Frauen in unserer Kultur prägen. Kindheit scheint für uns darin zu bestehen, diese Rolle für den Ernstfall »Leben« zu erproben. So sind auch die Denkmuster von Frauen vorwiegend die von Opfern, so streiten sich

Frauen auch vorwiegend um die vorderen Plätze der Opferliste. So ist unter Frauen die Schuldfrage ein weitverbreitetes emotionales Rechtsprechungsinstrument. Frauen erklären sich nicht ungern für »schuldig« und meinen, sich so aus der Verantwortung für ihr Leben entlassen zu haben. Jeder Glaube an Schuld schafft eine starke Affinität zu Leid. Wer sich für ein Opfer der Kultur oder der Umstände oder einer Person hält, macht sich selbst schwach und hält die Annahme der eigenen Ohnmacht aufrecht. Da Mädchen von ihren Müttern so selten aus der Symbiose in die Autonomie entlassen werden, da sie so stark auf ein Leben mit einem Du orientiert sind und meinen, dafür mit Anpassung und Freiheitsaufgabe »zahlen« zu müssen, ist die »Täterschaft« im Sinne von Initiative, Tatkraft und Schöpfertum zeigen riskant. Sie bedeutet, Schritte aus der Symbiose zu wagen und auch das Alleinsein zu riskieren. Alleinsein verstößt aber, fast noch mehr als Lesbischsein, gegen die Weiblichkeitsklischees. Der Weg aus der Symbiose fordert geradezu die Möglichkeit zu Selbstbestimmung und Selbstsicherheit. So besteht ein Zirkel des Mangels, wenn der Mut und die Neugier auf ein »anderes Leben« nicht reicht. Wer diese Schritte nicht wagt, wird sich aber vermutlich wieder und wieder in Opferkognitionen und Opfergefühlen ergehen, denn eine symbiotische Beziehung fühlt sich früher oder später schwer und lastend an, und das Suchen bei der anderen, um das endlich zu bekommen, was ich brauche, führt nur zeitweilig zum Erfolg. Mehr aber zum anhaltenden Konstatieren von Mangel und Mängeln.

Für lesbische Beziehungen gibt es die Ideale Gleichheit, Große Liebe und Schwesterlichkeit. Das Unbewußte hält sich nicht mit Idealen auf. Symbiotische Wünsche und Opfer-Kognitionen sind mit Idealen nicht zu ändern. Ich glaube aber, daß die tiefe Erfahrung des Opferseins (endlich in die Bewußtheit gehoben und damit in die Möglichkeit von Wahl und Freiheit) wie eine intensive Kontrastzeichnung dienen kann, bei dem Versuch, das Helle und Leichte zu wählen. Eine Frau, die die Ursachen der Schwere und die eigene Vergangenheit kennt, besitzt mit der Aufhellung dann auch eine förderliche und sehr gute Orientierung über das, was sie unglücklich macht. Sie kann nun Wiederholung oder Entkommen wählen. Auch besitzt ein Mensch mit einer starken symbiotischen Tendenz die Befähigung, Liebe grenzübergreifend zu erleben und andere Menschen umfassend zu verstehen. In Meditation ist mehr als die Verschmelzung mit einem einzigen Du erfahrbar: das Glück und die Freude, die nicht aus Abhängigkeit resultieren. So kann ein Weg eröffnet werden, der zu Freiheit führt. Wo endlich das Leiden als Kontrastzeichnung zur Kraft wird und zum Antrieb, das Helle zu erlangen.

Ich habe mich diesem Thema als Frauentherapeutin genähert, in Erinnerung und Reflektion vieler Jahre der Arbeit, um Unbewußtes ins Bewußtsein zu bringen – um Veränderbarkeit erfahrbar zu machen. Eine soziologische Analyse über Macht war nicht mein Thema. Vielmehr jene Momente psycho-logischer weiblicher Existenz, die erfreuliche oder unerfreuliche Umstände kreieren. Fällt das Urteil mit »unglücklich« aus – führt der Weg nicht selten in Therapie. Triebkraft ist auch nicht selten eine Ahnung, daß es nicht darum gehen kann, die Schwerkraft der Erde mit dem eigenen Sein noch zu verstärken. Im Grunde geht es nie um »Schuld«. Ganz sicher auch in diesem Essay nicht. Es ging mir darum, relativ schonungslos eine Situation zu analysieren, aus der eine Vision von mehr Freiheit und Leichtigkeit und Freude auftauchen kann.

Literatur

Brückner, Margit: *Die Liebe der Frauen.* Frankfurt, 1983
Dorsch, Friedrich: *Psychologisches Wörterbuch.* Hamburg, 1963
Lowen, Alexander: *Bioenergetik.* Reinbek, 1988
Markert, Christopher: *Yin Yang.* Düsseldorf, 1983
Moeller, Michael Lukas: *Die Liebe ist ein Kind der Freiheit.* Reinbek, 1986
Schellenbaum, Peter: *Das Nein in der Liebe.* München, 1987
Schmidtbauer, Wolfgang: *Die Ohnmacht des Helden.* Reinbek, 1981
Shainess, Natalie: *Keine Lust zu leiden.* Zürich, 1987
Sontag, Susan: *Kunst und Antikunst.* München, 1980

Cheryl Benard / Edit Schlaffer

Selbstblockierung: Ein zentrales weibliches Lebensmuster?

Jahrelang war die Frauenbewegung damit beschäftigt, sich gegen die These des angeborenen weiblichen Masochismus zu wehren. Luce Irigaray kämpfte gegen die Argumente Freuds und seiner Epigonen; Phyllis Chesler und die gesamte Prominenz der US-amerikanischen feministischen Theoretikerinnen verwendeten ihre intellektuelle Kapazität, um dem Masochismus, dem Penisneid und anderen männlichen Projektionen auf die weibliche Psyche mit logischen, ausgefeilten analytischen Kategorien entgegenzutreten. Wir erkannten schon in den frühen siebziger Jahren in der Hartnäckigkeit, mit der die internationale analytische Gesellschaft an der Existenz des weiblichen Masochismus festhielt, ein gezieltes Ablenkmanöver (Benard u. Schlaffer, 1984). Als Landsfrauen des Österreichers Leopold von Sacher-Masoch durchforschten wir die Biographie dieses Herrn, der an der Grazer Universität gelehrte Vorlesungen hielt und uns die ersten Anhaltspunkte dafür gab, daß das Problem des Masochismus eine relevante psychische Kategorie des Seelenlebens darstellt und eine starke sexuelle Ausprägung hat: Dieses Phänomen tritt aber verbreitet bei Männern auf. Sacher-Masoch bedrängte seine erste Frau immer wieder mit dem Wunsch, daß sie ihn doch schlagen solle. Sie wehrte sich lange; als sie sich schließlich doch dazu überreden ließ, »nahm seine literarische Kreativität erst Aufschwung.« (H. Ward, 1964, S.124)

Im Rahmen unseres jüngsten Forschungsprojektes »Frauen und Karriere« hatten wir Gelegenheit, die Biographien von 200 Frauen in qualifizierten Berufen zu studieren. Es waren Frauen, die sich in der Männerwelt durchgesetzt haben, die über Prestige, Geld und Status verfügten. Nur eines fehlte ihnen trotz allem: Selbstvertrauen. Der Erfolg beruhigte diese Frauen nicht, sondern löste das Gegenteil aus: ein Gefühl der Unsicherheit, der Panik, den Vorstellungen nicht gerecht zu werden. Diese

Grundhaltung vermittelte sich natürlich ihren Lebensgefährten, ihren Chefs und Mitarbeitern und richtete sich gegen andere Frauen. Die Schlußfolgerung aus den zahlreichen unterschiedlichen Zugangsformen zur weiblichen Lebensgestaltung zeigten ein klares, erschreckendes Muster: Der weibliche Masochismus ist weder sexueller noch biologischer, sondern sozialer Natur und heißt Selbstblockierung. Dazu ein Beispiel, das im letzten Jahr Schlagzeilen der österreichischen Boulevardpresse machte: Helene van Damm, populäre und beliebte amerikanische Botschafterin in Wien, verließ ihre Residenz, um Hausherrin im Hotel Sacher zu werden. Die einen sahen darin eine romantisch-tragische Entscheidung à la Duke of Windsor: Schon wieder mußte jemand Amt und Würden aufgeben im Namen der Liebe. Für die meisten ÖsterreicherInnen war das aber eher ein Auf- als ein Abstieg: der Umzug von der Botschaft ins traditionsreiche Sacher als Krönung der austro-amerikanischen Karriere der Helene van Damm. Sie ist nicht nur eine *self-made-woman,* die mit achtzehn ohne Englischkenntnisse und ohne abgeschlossene Schulbildung in die USA auswanderte und dort innerhalb weniger Jahre bis ins Weiße Haus gelangte. Sie ist vor allem auch eine Frau, die es versteht, statt einem einzigen geradlinig verlaufenden Leben mehrere zu führen: das Leben der jungen Braut des gutmütigen Kleinstadtamerikaners, der nichts lieber wollte als jeden Tag fischen zu gehen; das Leben der alleinstehenden Karrierefrau, die zielstrebig Büro und Abendschule bewältigt; das hektische Leben als Reagans rechte Hand in einem aufreibenden Wahlkampf. Sehen wir uns einige Gesprächspassagen genauer an, die ein klares Bild davon zeichnen, welche Taktiken und Strategien Frauen in ihrem Alltag verfolgen. Als Botschafterin war Helene van Damm terminlich sehr beansprucht. Sie betont, daß sie sehr viel auch selber telefoniert habe und sich nicht immer von der Sekretärin vermitteln ließ, denn »ich bin ein spontaner Mensch, und nicht jemand, der alles sehr formal entsprechend seiner Position tun muß.« Sicher ist es erfreulich, wenn zwischenmenschliche Werte wie Spontaneität und Herzlichkeit auch in Machtzentren ihren Stellenwert haben, aber es fiel in keinem einzigen der Interviews ihres unmittelbaren Nachfolgers Lauder der Satz, daß er seine Sekretärinnen entlaste, indem er seine eigenen Telefonate durchstelle. Auf die Frage, ob es ihr schwergefallen sei, den Posten als Botschafterin aufzugeben, um Herrn Gürtler vom Hotel Sacher zu heiraten, antwortete sie:»Wissen Sie, ich bin kein Sesselhocker von Natur. Außerdem: Wie vereinbart man als Frau Familienleben und Karriere? Ich bin jetzt entschlossen, nicht mehr die eigene Karriere zu verfolgen. Eine Arbeit schon, denn da besteht ein großer Unterschied. Bei einer Karriere muß man immer verfügbar sein, mit ganzer Kraft, sie muß vor allem anderen kommen. Bei einer Karriere ist es so: Wenn das Sprungbrett da ist, muß man springen. Es gibt Männer, die das bei einer Frau auch verstehen, die anfangs Verständnis haben. Aber irgendwann kommt der Punkt, wo sie nicht mehr wollen. Früher oder später ist es so.« Diese Meinung vertritt eine Frau, die eine phantastische Karriere gemacht hat, deren Weg symbolisch ist für viele Frauen. Ihre Existenz in der internationalen Diplomatie vermittelte die Botschaft: Frauen können es schaffen, auch dann, wenn es sehr schwer ist, wenn sie als Immigrantinnen mit einer fremden Sprache, mit kulturellen Unterschieden, mit härtester Konkurrenz konfrontiert sind.

Helene van Damm arbeitete zunächst als Stenotypistin in einem Versicherungsbüro. »Ich war fünf Jahre dort, viel zu lange, aber ich hatte von zu Hause auch einfach kein Selbstvertrauen. Ich habe mich nicht einmal getraut, das Telefon abzunehmen, wenn es geläutet hat. Wie ich das geändert habe? Ich glaube, man kann sich im Leben sehr ändern, wenn der eiserne Wille da ist.« Mit eisernem Willen schlug sie ihren Weg nach oben ein, absolvierte parallel dazu noch drei Ehen, die sie rückblickend nicht als gescheitert betrachtet, sondern als Ausdruck ihrer jeweiligen Lebensphase. Wenn sie das Gefühl hatte, nicht mehr zurechtzukommen mit dem jeweiligen Partner, gelang es ihr immer wieder, sich relativ zielstrebig aus der Beziehung zurückzuziehen. Zu ihren besten FreundInnen zählte ein älteres Ehepaar, das ihr immer wieder zu vermitteln versuchte, daß sie tolle Fähigkeiten habe. »Das hatte ich bis dahin noch nie gespürt. Sie sagten: 'Du bist jung genug, du bist intelligent genug. Du bist in Amerika, wo es alle Möglichkeiten gibt'.«

Helene van Damm hat alle Möglichkeiten gehabt und auch genutzt, aber am entscheidenden Punkt in ihrem Leben, als Botschafterin auf dem Höhepunkt ihrer Karriere, hat sie plötzlich alles stehen- und liegenlassen und sich dazu entschlossen, ihr privates Hobby, die Wohnraumdekoration, zu ihrer zentralen Aufgabe zu machen und für sich und ihren jüngsten Ehemann ein gemütliches Heim zu schaffen. Er war nicht so glücklich über diese Wende; ihm gefiel das Haus gut so, wie es seine erste Frau eingerichtet hatte. Sie begründete diesen selbstdestruktiven Akt so: »Ich bin entschlossen, mein persönliches Leben an die erste Stelle zu setzen. Ich habe auch schon Zeiten gehabt, wo ich dachte, ich kann alles haben. Aber jetzt glaube ich, es ist nicht so. Man muß sich entscheiden.« Ob sie anders gehandelt hätte, wenn sie ein Mann wäre?»Eine Frau in meiner damaligen Position kann es sich eben nicht leisten, sich zu verlieben. Als Mann hätte ich halt ein Verhältnis gehabt, und nichts wäre dabei gewesen. Aber ich wollte es legal machen, keinen Anlaß zu Kritik bieten, weil ich weiß, daß das bei einer Frau immer ganz anders bewertet wird, aber auch das war nicht recht.« Diese Frau hat fast dreißig Jahre ihres Erwachsenenlebens um Erfolg, Einfluß, Geld, Prestige gekämpft und läßt nach ein paar romantischen Wochenenden im Wienerwald für einen mäßig begabten, mäßig interessanten und durchsetzungsfähigen Mann alles sausen. Wenige Monate nach der Hochzeit sah man die beiden in einem TV-Werbespot für eine Kreditkarte. Der Ehemann repräsentiert im Vordergrund das traditionsreiche Sacher, während sie – drei Schritte hinter ihm – mit Hollywoodlächeln an der Sachertorte vorbeitänzelt und dabei die Kreditkarte einladend in der Luft schwenkt. Heute ist sie bereits wieder geschieden und mit der Vermarktung ihrer Memoiren beschäftigt, die den bezeichnenden Titel tragen:»Wirf die Angst weg, Helene«.

Die Arbeit war ihr immer wichtig, wenn es auch nicht immer glamouröse Jobs waren, die sie über die Jahre hatte, aber trotzdem, meint sie rückblickend, verband sich damit ein Gefühl der Sicherheit.»Ich steh' auf meinen zwei Beinen« war das Leitmotiv in ihrem Leben gewesen, bis ER in ihr Leben trat. Es war ein kurzes Intermezzo, die Ehe dauerte nur ein dreiviertel Jahr, mit hohen Folgekosten. Es gab eine aufsehenerregende Scheidung, das Leben der Helene van Damm wurde als Fortsetzungsroman in den Tagesblättern abgehandelt.

Was war tatsächlich passiert? Helene trifft Peter. Sie mögen sich, werden ein Liebespaar. Ihm gefällt natürlich auch, die Frau Botschafterin als Herzensdame gewonnen zu haben; sie sieht in ihm vielleicht den Walzerkönig ihrer Jungmädchenträume und phantasiert ein Happy-End in der Wiener Society, die vor vierzig Jahren, als sie nach Amerika auswanderte, unerreichbar für sie war. Für dieses flüchtige Klischeebild von der eleganten Dame im Festtagsdirndl aus Brokat (in dieser Aufmachung heiratete sie in den Tiroler Bergen) an der Seite des feschen Herrn Sacher gab sie ihr solides Fundament, an dem sie ein Leben lang hart gearbeitet hatte, über Nacht auf, um sich auf das glatte und intrigante Parkett der

Wiener Gesellschaft von Adabeis und Möchtegerns zu begeben. Statt die Teilnehmer der Abrüstungsgespräche zwischen Ost und West in ihre Residenz zum informellen Meinungsaustausch zu bitten, stritt sie mit Peter darüber, ob apricotfarbene Taftvorhänge dem gemeinsamen Haus im Wiener Cottageviertel nicht eine zu feminine oder zu amerikanische Note gäben. Eigentlich hatte er sich in Helene, die Botschafterin, verliebt und nicht in Helene, die Hobby-Innenarchitektin. Sie wollte vielleicht aber genau das: den großen Test, ob sie um ihrer selbst geliebt wurde. Vielleicht nicht einmal bewußt, aber doch tendenziell: Wenn er mich mag, dann zählt nicht, wer ich bin, was ich kann und was ich geleistet habe, sondern nur die Person und ihre inneren Qualitäten. Hier macht sie – wie viele andere Frauen auch – den entscheidenden Denkfehler. Ein Mann sieht sein Leben, seine Erfolge, seine Leistungen – berechtigt – untrennbar mit seiner Identität verknüpft. Aber Helene – und viele andere Frauen auch – wertet sich im Namen der Liebe ab. Plötzlich geht es ihr um die wahren Werte des Lebens, um die reine, ungetrübte Zuwendung, und sie übersieht dabei, daß sie entscheidende Lebensbereiche eliminiert, eine mutwillige psychische Amputation vornimmt, sich reduziert auf den Bereich der Emotionen.

Diese Bereitschaft zur Selbstschädigung entspricht der traditionellen weiblichen Lebensperspektive. Die – einseitige – Fixierung auf die Beziehung hat Priorität. Einseitig insofern, als der jeweilige Partner sich anders verhält. Seine Prioritäten sind klar definiert. Er versucht, erfolgreich im Beruf zu sein, geht ambitioniert seinen Interessen nach und präsentiert sich als erstrebenswerter Ehemann. Die Beziehung findet nach Dienstschluß statt, die Anforderungen des Privatbereichs werden delegiert. Dafür finden sich eine Reihe von Frauen, die bereitwillig die Kinderbetreuung, die Versorgung des Haushaltes und die Erfüllung der Wünsche des Hausherrn übernehmen.

Bei den Frauen, und gerade auch bei Frauen in qualifizierten Berufen, die eine Reihe von alternativen Möglichkeiten hätten, läuft das Muster genau entgegengesetzt. Das Privatleben findet ohne Unterbrechung statt; selbst wenn es gelungen ist, alle(s) bestens zu versorgen, bleibt noch ein unbewältigbarer Rest in Form von Schuldgefühlen. Die Frauen quälen sich mit Selbstvorwürfen, ihren eigentlichen Verpflichtungen nicht nachzukommen: Statt in der Firma Brainstormings über Profitmaximierung zu veranstalten, sollten sie vielleicht gerade den sich ewig verzögernden

187

Hausumbau beaufsichtigen, endlich die für ihren Mann so wichtigen Geschäftsfreunde mit ihren Frauen einladen etc. *Dieses typisch weibliche Lebensmuster ruht auf einem Fundament von stillschweigenden Annahmen, die alle einer masochistischen Orientierung zuzurechnen sind.*

Die erste Annahme ist die der allumfassenden Zuständigkeit. Der jeweilige Partner wird als Gast im eigenen Heim behandelt. Es wird ihm dieselbe Zuvorkommenheit entgegengebracht, die sonst ein Hotelgast oder Besucher erfährt. Bei seiner Ankunft steht ein gutes Abendessen bereit, die Wohnung ist aufgeräumt, die Wäsche liegt exakt gefaltet im Schrank, die Anzüge sind gebügelt und die Schuhe auf Hochglanz poliert. Nach mehreren entspannenden Stunden vor dem Heimvideo legt er sich ins frisch bezogene Bett und ruht sich für den folgenden anstrengenden Arbeitstag aus.

Die zweite Annahme geht davon aus, daß eine positive Selbst*einschätzung,* aus der auch eine positve Selbst*darstellung* folgt, mit Weiblichkeit unvereinbar ist. Eine Frau hat sich in den Dienst einer Sache zu stellen, am meisten Bestätigung wird sie erfahren, wenn sie ihre Interessen den Ansprüchen des Partners und der Familie unterordnet. Auch im Berufsleben lastet man ihr Freude an der Arbeit, Durchsetzungsbereitschaft und Konkurrenzfreudigkeit negativ an. Sie sollte doch eher durch ihre angeborenen weiblichen Instinkte für Ausgeglichenheit und Friedfertigkeit in der harten Arbeitswelt sorgen.

Die dritte Annahme geht von der grundsätzlichen Relativierung des weiblichen Erfolges aus. Gelingt eine Sache besonders gut, hat sich die Frau als speziell qualifiziert in einer Angelegenheit erwiesen, darf sie sich nicht zu sehr und vor allem nicht zu früh freuen. Die negativen Folgen des positiven Ereignisses werden von der Gesellschaft und vor allem von der Frau selbst bereits antizipiert als eine Art kosmische Lynchjustiz für erfolgreiche Frauen.

Das Leitmotiv weiblichen Lebens heißt immer noch Harmonie, auch um den Preis der Anpassung und Unterordnung. Und die Sozialisationsanforderung an Mädchen setzt nach wie vor den Schwerpunkt auf Anpassung und Bravheit, anstatt Widerstandsgeist und Selbstbehauptung zu trainieren – Eigenschaften, die Frauen erst in reifem Alter bei den Grauen Panthern entschlossen an den Tag legen. Dazwischen liegt ein langer Weg. Die objektiven Hürden werden erst durch die ausgeprägten selbstdestruktiven Tendenzen der Frauen zu den Eckpfeilern des Patriarchats.

Literatur

Benard, Cheryl u. Edit Schlaffer: *Der Mann auf der Straße.* Reinbek, 1984
Ward, H.: *A History of Pornography.* London, 1964

Die Herausgeberinnen

Roswitha Burgard, Dr. phil., Diplompsychologin, arbeitet als Psychotherapeutin im TUBFF (Therapie und Beratung für Frauen) in Berlin und ist Lehrbeauftragte an der Universität Innsbruck. 1976 initiierte sie mit Kolleginnen das erste Frauenhaus in Berlin, in dem sie vier Jahre lang mitarbeitete.
Sie veröffentlichte u.a.: *Wie Frauen »verrückt« gemacht werden* (Berlin, 1977), *Mut zur Wut* (Berlin, 1988), beide im Orlanda Frauenverlag erschienen, sowie *Mißhandelte Frauen: Verstrickung und Befreiung* (Weinheim: Beltz, 1985).
Arbeitsschwerpunkte: Gewalt gegen und unter Frauen, Feministische Therapie, Selbstbehauptungstraining für Frauen.

Birgit Rommelspacher, Dr. phil., Diplompsychologin; Studium der Psychologie, Philosophie, Wirtschafts- und Sozialgeschichte. Sie arbeitete in verschiedenen sozialwissenschaftlichen Forschungsprojekten mit, u.a. im »Tagesmütterprojekt« am Deutschen Jugendinstitut in München. Sie war Dozentin an der Freien Universität Berlin und der Fachhochschule für Sozialarbeit und Sozialpädagogik und ist derzeit Gastprofessorin an der Technischen Universität Berlin.
Sie ist Mitherausgeberin von *Das Modellprojekt Tagesmütter* (Weinheim: Juventa, 1977) und *Die Zukunft des Helfens – Neue Wege und Aufgaben psychosozialer Praxis* (Weinheim, München: Psychologie Verlags Union, 1986). Weitere Veröffentlichungen u.a.: *Weibliche Beziehungsmuster. Psychologie und Therapie von Frauen* (Frankfurt: Campus, 1987).
Arbeitsschwerpunkte: Frauen in sozialen Berufen, geschlechtsspezifische Sozialisation, Psychologie der Frau.

Die Autorinnen

Cheryl Benard und Edit Schlaffer leiten als Sozialwissenschaftlerinnen die
»Ludwig-Boltzmann-Forschungsstelle für Politik und zwischenmenschliche
Beziehungen« in Wien. Sie sind Mitbegründerinnen der Menschenrechtsorgani-
sation *Amnesty for Women*.
Zahlreiche Veröffentlichungen zum Geschlechterverhältnis, u.a.: *Die ganz ge-
wöhnliche Gewalt in der Ehe* (1978), *Der Mann auf der Straße* (1980), *Liebesge-
schichten aus dem Patriarchat* (1984), *Die Grenzen des Geschlechts* (1984), *Viel
erlebt und nichts begriffen* (1985), *Rückwärts und auf Stöckelschuhen* (1989).

Jutta Heinrich, geb. 1940, Schriftstellerin, Studium der Literatur- und Sozialwis-
senschaften; vorher: Sekretärin, Handelsvertreterin, Unternehmerin, Wochen-
marktbeschickerin, Imbißinhaberin. Seit 1975 arbeitet sie als freie Schriftstellerin. Sie erhielt mehrere Auszeichnungen durch Stipendien und KünstlerInnenauf-
enthalte. Sie war Lehrbeauftragte für Politik an der Universität Bremen und ist
zur Zeit Lehrbeauftragte für Literatur an der Universität Hamburg.
Jutta Heinrich ist Autorin zahlreicher Erzählungen, Romane und Theaterstücke.
Bekannt wurde sie vor allem durch ihren Erstlingsroman *Das Geschlecht der
Gedanken* (München: Frauenoffensive, 1977), der in fünf Sprachen übersetzt
wurde. Letzte Veröffentlichung: *Eingegangen* (Berlin: Orlanda, 1987), ein Pa-
thogramm unserer Gesellschaft nach einer Reaktorkatastrophe.

Maria Marcus, geb. 1926, studierte Vergleichende Literaturwissenschaft (M.A.).
Sie arbeitete jahrelang als Kritikerin und Journalistin und war Mitarbeiterin in
der Kulturabteilung des dänischen Fernsehens. Heute ist sie als diplomierte
Gestalt- und Körperpsychotherapeutin tätig. Sie lebt in Dänemark.
Wichtigste Veröffentlichungen: *Die furchtbare Wahrheit. Frauen und Masochis-
mus* (Reinbek: Rowohlt, 1982). In diesem Buch bekennt sich Maria Marcus zu
ihren masochistischen Gefühlen und stellt die Verknüpfung der Forderung nach
Autonomie einerseits und den Genuß sexueller Phantasien andererseits dar. Das
Buch »Küss den Prinzen«, aus dem die in diesem Band veröffentlichten Auszüge
entnommen wurden, ist bislang noch nicht auf Deutsch erschienen. Hierin
beschreibt die Autorin ihre Entwicklung über den Masochismus hinaus.
Zwei Jugendbücher, *Ein starkes Frühjahr* (1981) und *Das Himmelbett* (1982), liegen in der Reihe rororo panther vor.

Ulrike Pohl, 1944 in Berlin geboren, diplomierte Spiel- und Theaterpädagogin, Lehrbeauftragte an der Hochschule der Künste in Berlin. Nach dem Graphik- und Schauspielstudium war sie als Schauspielerin an verschiedenen Theatern tätig. Sie arbeitet als Drehbuchautorin, Filmemacherin und Regisseurin. Darüber hinaus schreibt sie Geschichten und Aufsätze.

Wichtige Filme: *Weiß ist die Farbe der Verlierer, Das Portrait der bösen Königin, Das Erbe des bösen Königs, Hexenseelen.*

Darüber hinaus dreht Ulrike Pohl Filme über einen weiteren Arbeitsbereich: die Theaterpädagogik. Sie macht vorwiegend mit Frauen Theaterarbeit, »mit dem Ziel, das Selbstbewußtsein der teilnehmenden Frauen zu stärken, Belastendem die Möglichkeit zu verschaffen, 'Ausdruck' zu finden; neue unbekannte Seiten an sich und anderen zu entdecken und Schwierigkeiten mit anderen auf die Schliche zu kommen«. Filme über diese Arbeit: *Frauen Spiel Theater, Die Ratinger Stadtmusikanten, Das rituelle Spiel.*

Ulrike Popp, geb. 1956, Dr. phil., Diplompsychologin. Studium der Psychologie, Philosophie und Germanistik. Sie ist seit 1986 wissenschaftliche Angestellte am Institut für Psychologie an der Universität Erlangen-Nürnberg.

Arbeitsschwerpunkte: Geschichte der Tiefenpsychologie, Autoritarismus-Forschung, Literaturpsychologie, philosophische Grundlagen der Psychologie, Religionspsychologie.

Wichtigste Veröffentlichung: *Mythen und Motive autoritären Handelns. Ein kulturpsychologischer Beitrag zur Autoritarismusforschung* (Frankfurt/New York: Campus, 1989).

Monica Streit, 1948 im Saarland geboren, Lehre als Industriekauffrau, Abitur auf dem zweiten Bildungsweg in Speyer, Studium der Psychologie (Diplom) und Politologie. 1978 gründete sie in Berlin die Frauenpsychotherapiepraxis THEFFRA. Heute arbeitet sie freiberuflich als Psychotherapeutin und Schriftstellerin. Sie ist mit verschiedenen Arbeitsstipendien im Kulturbereich sowie Künstlerinnenaufenthalten ausgezeichnet worden.

Veröffentlichung von Gedichten, Erzählungen, Romanen, Essays, Reiseberichten, frauenpolitischen Kommentaren u.a.: *Issi Marocco* (Erzählungen; Berlin: Guhl, 1982), *Busy to be Free* (Gedichte; Berlin: Guhl, 1984), *Joschi. Eine Kindheit nach dem Krieg* (Roman; Hamburg: Hoffmann und Campe, 1984).

Cheryl Benard, Edit Schlaffer   Foto: S.D. Czernitzki

Monica Streit

Ulrike Pohl   Maria Marcus   Foto: Christina Voigt

Jutta Heinrich   Ulrike Popp

PSYCHOLOGIE & GESELLSCHAFTS KRITIK 49/50

NEUERSCHEINUNG

ISBN 3 - 925007 - 49 - 0

Frauen & Psychologie III

Eine psychologiekritische Zeitschrift für Psycholog/inn/en, Pädagog/inn/en, Sozial-
wissenschaftlerInnen in Theorie und Praxis.
Hrsg.: Initiative kritischer Psychologinnen und Psychologen e.V.
Einzelheft 12,– DM / Doppelheft 18,– DM / Jahresabonnement 40,– DM /
Student/inn/en, Arbeitslose u.ä. 34,– DM; jeweils zzgl. Porto.
Erhältlich in jeder guten Buchhandlung oder direkt bei der Redaktion der P & G,
Bürgerbuschweg 47, D-2900 Oldenburg, Telefon (04 41) 6 41 26 oder 50 30 93.